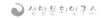
생명문화연구소

4대 중독의
한국형 치유모델 개발 연구
"K-LIFE" 모델

이 저서는 2017년 대한민국 교육부와 한국연구재단의
지원(NRF-2017S1A5B8057479)을 받아 수행된 연구임.
This work was supported by the Ministry of Education of the Republic of
Korea and the National Research Foundation of Korea
(NRF-2017S1A5B8057479).

생명문화연구소

4대 중독의 한국형 치유모델 개발 연구

"K-LIFE" 모델

강선경 · 문진영 · 김진욱 · 신승남 · 박소연 · 강준혁 · 이소영 · 최윤 · 김미숙 지음

연구수행기관	서강대학교 생명문화연구소	
참여연구원	연구책임자	강선경 서강대학교 신학대학원 교수
	공동연구원	문진영 서강대학교 신학대학원 교수
		김진욱 서강대학교 신학대학원 교수
		신승남 이화여자대학교 법학전문대학원 교수
		박소연 경기대학교 사회복지학과 교수
		강준혁 을지대학교 중독재활복지학과 교수
		이소영 서강대학교 생명문화연구소 연구교수
		최 윤 서강대학교 생명문화연구소 연구교수
		김미숙 꽃동네대학교 연구교수

한국학술정보

연구보조원 차명희 서강대학교 신학대학원 박사과정
양혜정 서강대학교 신학대학원 박사과정
김우진 서강대학교 대학원 석사과정

자문협조 김용진 중독예방연구소 소장
윤현준 중독회복연대 대표
이상훈 강서인터넷중독예방상담센터 상담원
임정민 한국중독문제관리센터 팀장

본 연구를 위해 도움을 주신 분들께 감사드립니다.

권두언

　세계적인 추세와 더불어 현재 한국사회도 중독의 시대라고 불릴 정도로 다양한 중독현상이 만연하고 있다. 이러한 상황에서 서강대학교 생명문화연구소는 2017년 한국연구재단으로부터 중점연구소로 선정되어 '4대 중독(알코올, 마약, 도박, 인터넷)의 한국형 치유모델 및 프로그램 개발 연구'라는 주제로 예방과 치유를 위한 연구에 매진해 왔다. 연구자들은 4대 중독에 대한 한국형 토착 학문 차원에서 회복모델 이론과 실천체계를 연구하였으며, 3년 연구를 통해 형성된 4대 중독의 다양한 이론들을 바탕으로 한국형 치유모델을 구축하였다.

　본서는 국내 4대 중독의 회복이론을 구성하고, 이와 관련된 국내·외 선행연구 및 법률 등의 검토를 통하여 실제 프로그램 운영 현황을 파악하고 모델을 개발하였다. 또한, 국내 중독복지 현장에서 4대 중독과 관련한 실천 프로그램을 개발하기 위해 4대 중독에 대한 이론적 논의와 개입 사례를 살펴보았다. 이러한 문헌 및 법률 검토를 바탕으로 4대 중독회복을 위한 국내형 치유모델을 도입하고자 하였고, 더 나아가 4대 중독 관련 전문기관의 전문가 의견 조사를 통해 프로그램에 대한 적절성 및 수요를 파악하였다. 대학중점연구소 지원과제에 소속된 연구원들을 주축으로 중독자의 개인(Individual), 가족(Family), 환경 및 공동체

(Environment)를 포괄하는 '총체적 삶'의 개념에서 "K-LIFE"라는 모델이 개발되었다. 이렇게 1차적으로 개발된 모델은 4대 중독 관련 현장 전문가 및 학계 전문가 자문으로 수정되어 삶의 의미 재구축(Life purpose), 자기탐색(Individual), 가족 및 공동체의 가치탐색(Family), 순환하는 삶(Ecological system)을 포괄하는 "K-LIFE" 최종 모델이 도출되었다. "K-LIFE" 모델은 2019년 10월부터 2020년 4월까지 총 7차 개발회의를 진행하여 연구진의 집중토의와 4대 중독 관련 전문가들의 자문을 통해 수정·점검 단계를 거쳐서 완성되었다.

본 연구진은 개발된 "K-LIFE" 모델을 다음과 같이 실천 현장과 대상자별로 활용될 것으로 기대하고 있다.

첫째, "K-LIFE" 모델은 정신보건, 상담, 사회복지 등 다양한 사회서비스 제공 현장에서 활용할 수 있다. 예를 들어 중독재활 관련 기관에서 활용할 수 있으며, 아동·청소년복지, 노인복지, 가족복지 등 다양한 분야에서 활용할 수 있다. 그뿐만 아니라 지역사회 내 중독관리통합지원센터, 도박문제관리센터, 중독재활전문병원 등에서 활용할 수 있다. 중독재활 관련 기관은 중독자에 대한 치료 및 재활을 담당함과 동시에 관련 연구를 수행하기 때문에 실천 과정에서 "K-LIFE" 모델을 적용할 수 있을 것이다.

둘째, 지역사회복지 현장에도 "K-LIFE" 모델을 적용할 수 있다. 지역주민센터, 지역사회 내 정신건강복지센터, 종합사회복지관 등에서 활동하는 실천가들은 취약계층에 대한 사례관리를 수행할 때 종종 사례관리 대상자의 중독문제를 접하게 되는데, 이때 이 모델을 적용해 볼 수 있다. 또한, 아동·청소년 분야에서도 "K-LIFE" 모델을 활용할 수 있다. 아동·청소년상담센터, 학교 등에서 활동하는 실천가들은 학생들의 인터넷 게임, 도박 등의 중독문제를 다루게 되는 데, 이때 이 모델을 적용할 수 있다.

셋째, "K-LIFE" 모델은 중독의 원인을 본질적으로 그리고 전체적으로 이해하고 실천의 방향을 정할 수 있도록 고안된 하나의 '틀'이지만, 실천 현장에서 실제로 활용할 때는 반드시 생애주기별 특성을 동시에 고려해야 한다. 인간발달은 생애주기 단계별로 성취해야 하는 발달과업이 다르고, 각 단계별 성숙 정도 또한 상이하기 때문이다. "K-LIFE" 모델의 삶의 의미(L: Life purpose), 나의 발견(I: Individual), 가족의 힘(F: Family), 생태: 순환하는 삶(E: Ecological system)의 각 구성 요소는 생애주기별 모든 시기에 적용가능하다. 하지만 앞서도 언급했듯이 생애주기별 특성이 각각 다른 점을 고려하여 모델을 시기적절하게 적용할 필요가 있다.

넷째, "K-LIFE" 모델을 활용할 때 도시와 농어촌의 지역적 특성을 고려할 필요가 있다. L·I·F·E 각각의 모든 구성 요소에서 지역적 특성을 고려하지 않을 수 없지만, 특히 "생태체계: 순환하는 삶(E)"을 실천현장에 적용할 때에는 지역적 특성이 더욱 고려되어야 할 것이다. 도시와 농어촌 지역은 인구밀도, 산업구조, 문화 등에서 차이를 보이기 때문에 "K-LIFE" 모델을 적용할 때 도시와 농어촌 지역의 특성을 반영한 생태환경(물리적, 사회적 환경) 분석과 회복자원(물질적, 인적 자원) 찾기 등이 이루어져야 할 것이며, 지역동질성과 익명성 같은 문화적 측면을 고려하여 사회적 역할수행과 관계 형성이 이루어질 수 있도록 지원을 제공할 필요성이 있다.

2019년 말 전 세계를 혼돈과 공포로 넣은 신종 코로나바이러스 감염증(코로나19)의 발생은 세계 간 이동 마비를 비롯한 의료시스템의 붕괴, 원격 비대면 업무, 사회적 격리(거리두기) 등을 경험하게 했고, 이러한 변화 속에서 경제, 산업, 교육, 보건, 환경 등 각 분야에서는 '포스트 코로나(post corona) 시대'라는 새로운 사회적 인식과 흐름이 형성되었다. 이러한 시대적 상황에 맞춰, 본 연구소는 '포스트 코로나 시대'라는 변화 속에서 지난 3년간의 연구에서 개발한 한국형 치유모델 "K-LIFE"를 실제 중독복지 현장에 적용하여 이를 상용화하는 실천적·활용적 성격의 현실 기반의 연구를 진행할 것이다. 특히, 포스트 코로나 시대로 인해 재정의되는 사회적 삶의 방식에 대한 분석을 통하여, 새로운 환경 속에서 나타나는 중독문제나 양상 등을 조망하고 이에 적합한 치유(회복)모델에 의거한 전문적·학문적·사회적 개입을 진행하고자 한다.

2020년 6월
서강대학교 생명문화연구소
소장 강선경

목 차

I
서론

1. 모델 개발의 필요성 및 배경

우리사회에서 중독문제는 개인, 사회, 경제, 문화적 요인으로 인하여 점점 악화되고 있다. 중독문제를 심화시키고 있는 요인들을 구체적으로 살펴보면, 첫째, 개인적인 동시에 사회·환경적 요인으로 중독에 노출되는 연령이 점차 낮아지고 있음을 볼 수 있다. 선행연구에 의하면 성인들의 전유물이라고 할 수 있는 알코올 음용과 도박 등이 최근 초등학교 학생들 사이에서도 이루어지고 있다(김영호, 2011; 신현주, 2016). 중독문제로 이어질 수 있는 위험물질들을 낮은 연령의 학생들이 아무런 제재 없이 손쉽게 접할 수 있는 사회문화적 환경으로 인해 우리사회는 점점 중독문제에 쉽게 노출되게 되는 것이라 볼 수 있겠다.

둘째, 급격한 사회변동, 특히 지속적인 경기침체와 소득양극화 등의 사회경제적 요인이다. 우리나라의 경우 90년대 이후, IMF 경제위기와 세계화라는 급격한 경제적인 환경변화를 경험하면서 사회적 양극화가 지속적으로 심각해지고 있다. 2016년 통계에 따르면, 지니 계

수[1]는 0.304로 전년 대비 0.009가 상승했다(통계청, 2017). 소득양극화 현상은 분배의 문제뿐만이 아니라 중독문제에까지 영향을 미친다고 볼 수 있다. 소득양극화가 계속되면 미래에 대한 희망을 잃어버린 개인들이 늘어나게 되고, 이중 다수의 개인이 알코올이나 마약에 의존하게 되거나 한탕주의에 빠지게 되어 도박에 탐닉하게 될 가능성이 다분하기 때문이다. 소득양극화와 중독자 수의 증가는 정적인 상관관계에 있다는 선행연구도 있다(김동수 외, 2011). 더욱이 청년실업 문제와 경기침체가 지속적으로 공존하고 있는 현 한국의 상황에서 중독문제는 더욱 심각해질 가능성을 충분히 지니고 있다고 할 수 있다.

마약류 중독은 소위 4대 중독(알코올, 마약, 도박, 인터넷) 중 예후가 가장 치명적이고 폐해가 심하다고 할 수 있다. 한국의 경우, 과거 엄격한 법률통제를 통하여 국제사회에서 '마약 청정국'으로 인정을 받았지만, 1999년 마약류 범죄로 체포된 사람이 1만 명을 넘은 이후 꾸준히 증가하고 있어 마약류 중독으로부터의 위험수위가 점점 상승하고 있다. 대검찰청(2016) 보고에 의하면, 2015년 마약류 범죄와 관련하여 적발된 사람이 1만 1천 9백여 명이고, 2016년 상반기에만 6,876명이 적발되어 전년 대비 34%가 증가했다. 한국은 이제 더 이상 마약 안전지대라고 할 수 없는 것이다. 뿐만 아니라 2019년 우리사회에 충격을 안겨 준 '버닝썬 게이트'는 마약문제의 심각성을 단적으로 드러낸 사건이다. 우리 정부 역시 마약류 사범을 줄이기 위해 처벌을 강화했지만, 지난 10년간 검거된 마약류 사범은 2011년 9,174명에서 2019년 12,613명으로 증가 추세에 있다(대검찰청, 2019). 이는 마약문제를 해결하기 위한 개입이 강력한 처벌만으로는 한계가 있고 제도의 변화를 통해 적극적인 치료와

---

[1] 지니계수란 계층 간 소득불평등을 나타내는 대표적 지표로, 완전평등을 의미하는 0에서 완전불평등을 나타내는 1 사이의 값으로 나타낸다.

재활에 대한 방안이 모색되어야 함을 보여주고 있다(박진실, 2017; 박성수, 2019). 이에 우리나라 마약범죄 계수[2]는 1999년에 20을 넘었고 2016년에 이미 23을 돌파했다. 통상적으로 마약계수 20은 마약통제의 인용치로써, 이를 넘으면 마약류 사용이 비약적으로 증가한다. 소득양극화, 향락산업의 발전, 경기침체 등은 전통적으로 마약류 사용과 범죄율을 증가시키는 원인으로 거론된다(조성남, 2009; 이해국 외, 2012; Eversman, 2009; Acevedo, 2012; Miller and Mercer, 2017). 우리나라가 '마약안전지대'를 벗어남에도 이같은 요인들과 무관하지 않다고 볼 수 있다.

중독은 한 개인과 가정은 물론 사회 전체에 막대한 폐해를 야기하는 개인적 문제인 동시에 사회적 문제이다. 동양 최대의 강국 청나라가 아편 흡입의 만연으로 인해 멸망할 지경에 이르렀고, 일부 중·남미국가의 경우도 마약으로 인해 사회 전체가 흔들렸었음을 역사를 통해 알 수 있었다. 이는 마약에만 국한된 경우라 단정할 수 없다. 중독은 의학적으로는 뇌의 도파민과 보상회로에 다양한 변화를 초래하여 분노 조절의 어려움, 우울, 무력감, 자살과 같은 정신 건강상의 문제(Saligman et al., 2014)와 더불어 직업기능, 노동 의지의 저하, 비생산적인 여가문화의 확산 등을 일으켜 다양한 사회문제를 발생시킨다(기광도, 2011; 김미선, 2011). 또한, 중독은 약물 구입자금, 도박자금을 목적으로 하는 절·강도, 사기, 횡령 등의 범죄를 유발할 수도 있다(김형중, 2012; 김은혜·이주경, 2014). 더욱이 중독은 한 사람의 개인적 차원의 문제에서 마무리되는 것이 아니라, 가족 경제기반의 붕괴와 가정폭력과도 이어지는 등의 가족문제의 중심에 있기도 하다(박진실, 2015; Choliz and Saiz-Ruiz, 2016).

따라서 중독문제 해결과 개선에 있어 인간의 이기심과 황금을 간과

---

2) 마약류 계수란 인구 10만 명당 적발된 마약류 사범의 수를 나타내는 것으로서, 20이 넘으면 마약류 확산에 가속도가 붙는다. 참고로 미국의 마약계수는 1997년에 600을 넘었다.

할 수는 없다. 즉, 중독문제를 접근함에 있어서는 개인의 욕망과 사회의 욕망 양자를 모두 다룰 필요가 있다. 지금까지 진행된 대부분의 연구들은 이같은 현실을 외면하고 개인을 변화시키고 정책을 전향적으로 개선하면 중독문제를 해결할 수 있다는 소박한 낙관주의에 빠져 있었다고 할 수 있다. 수사학적으로 간략하게 정리하면 '중독은 개인의 문제뿐만이 아니라, 개인이 중독에서 탈중독 하려해도 환경이 유혹하고 흔든다'라는 것이 우리가 마주한 중독의 현실인 것이다. 알코올, 도박, 마약중독의 경우 회복치료를 받은 후 1년 이내에 70~90% 경우 재발한다(이해국 외, 2012). 이렇듯 높은 재발률은 탈중독 의지를 지니고 재활에 들어선 중독회복자들의 개인적 의지의 무력함을 시사한다기 보다는 개인을 유혹하는 외부적 힘의 강력함을 시사한다고 볼 수 있다. 중독자를 양산할 수밖에 없는 구조 속에서 중독자들을 탈중독하고 회복시키기 위해서는 구조를 이길 수 있는 개인의 주체적 역량을 강화시킬 수 있는 접근이 필요한 것이다.

최근 중독에 대한 국내·외 연구의 주된 경향은 기존의 병리적 접근에서 탈피한 회복모델로의 전환이다(윤현준, 2013; 백형의·한인영, 2014; 강선경·최윤, 2018; White, 2009; Best et al., 2012). 회복모델은 중독문제를 조절 및 개선할 수 있는 개인의 역량과 능력을 중시하고, 단순한 중독에서의 탈출을 넘어서 성장을 도모하는 실천 접근이다(박선욱, 2010; Scott et al., 2007). 개인의 회복탄력성(Resilience), 사회적 지지, 영성과 같은 실존적 요인, 삶의 질 등에 더 큰 관심을 두고 있어, '중독자'라는 낙인감의 저하는 물론 경제적인 면에서도 과도한 의료비용을 절감시킬 수 있다. 회복모델은 그간 광범위한 차원에서 많은 논의가 지속되어 왔고 실천현장에서는 경험적으로 탈중독의 효과성이 검증되어 왔다. 하지만 회복모델은 철학적인 면과 가치론적인 면에서는 의료모델과 비교해 우위에 있지만, 의료적 모델과 경쟁할 수 있는 정교화 된 모델을 구축하지는 못했다. 회복모델의 주창자들도 회복모델은 의료적 모델의 틀 속에 제한되어 있다고 보는 경향이 있다(Noiseux and Richard, 2008; White et al., 2012). 1980년대부터 조명을 받기 시작한 회복모델은 실천가들의 통찰력에서 비롯되었고, 현장의 급박성으로 인해 이론적 토대를 확장하는 데에는 역부족이었음도 부인하기 어렵다. 하지만 이론의 취약 상태에서 실천만 무한 확장한다면 이는 사상누각에 불과할 것이다.

회복은 질병을 넘어 새로운 삶의 의미를 발견하며 스스로 회복될 수 있다고 믿는 주관적 신념이고(Anthony, 1993), 어떤 종착점이 아닌 존재로 되어가는 과정이다(Jacobson and Greenley, 2001). 또한, 회복은 과거의 문제에 초점을 두기보다는 삶의 전환점과 지향점에 관심을 두고, 개인이 중독으로 인해 생긴 신체적 정신적 상처를 치료하고, 더 나아가 사회적 관계뿐만 아니라 직업문제까지 그동안 누적된 문제를 해결하는 것과 함께 신체적, 정서적, 존재적, 관계적, 그리고 직업적 건강의 발달이 이루어지는 전인적인 과정이다(White et al., 2006; White and Cloud, 2008). 이러한 연구들은 회복을 어떤 하나의 개념으로 정의할 수 없고, 중독의 문제를 해결하는 과정에서 경험되는 매우 주관적이고 다양한 것으로 제시했다. 이는 회복을 '질병 이전의 상태로 되돌아가는 것'으로 규정했던 의료전문가의 임상적 회복개념과 차이를 보인다(Jacobson and Curtis, 2000). Powers(2013)는 의료모델의 단기접근법이 단주를 시작하고 단기간에 증상을 줄인다는 점에서는 효과적이지만 치료 중이나 치료 직후 재발률을 높여 회복을 방해할 수 있음을 지적했다. 중독회복 패러다임에서 회복은 증상을 관리하고 조절하며 생활할 수 있는 개인의 강점과 역량 등 개인의 회복특성을 강조하고 있다(Slade and Davidson, 2011).

연구자들은 이같은 관점에서 4대 중독에 대한 한국형 토착 학문 차원에서 회복모델 이론과 실천체계를 연구하였다. 특히 중독의 경우 역사와 전통은 물론 특정 사회의 문화체계, 조세, 형사정책, 치료체계 등과 밀접한 관계가 있다. 외국에서 이루어진 소수의 이론적 관점으로 실천체계를 수립하는 것 역시 사상누각의 위험을 안고 있다고 할 수 있을 것이다. 따라서 본서는 지난 3년간의 연구를 통해 형성된 4대 중독의 다양한 이론들을 바탕으로 한국형 치유모델 및 프로그램을 구축하였다.

2. 모델의 내용

본서는 국내 4대 중독의 회복이론을 구성하고, 이와 관련된 국내·외 선행연구 및 법률 등의 검토를 통하여 실제 프로그램 운영 현황을 파악하고 모델을 개발하였다. 또한, 국내 중독복지 현장에서 4대 중독과 관련한 실천 프로그램을 개발하기 위해 4대 중독에 대한 이론적 논의와 개입 사례를 살펴보았다. 이러한 문헌 및 법률 검토를 바탕으로 4대 중독회복을 위한 국내형 치유모델을 도입하고자 하였고, 더 나아가 4대 중독 관련 전문기관의 전문가 의견 조사를 통해 프로그램에 대한 적절성 및 수요를 파악하였다.

본 프로그램은 대학중점연구소 지원과제에 소속된 연구원들을 주축으로 하여, 중독자의 개인(Individual), 가족(Family), 환경 및 공동체(Environment)를 포괄하는 '총체적 삶'의 개념에서 "K-LIFE"라는 모델이 개발되었다. 이렇게 1차적으로 개발된 모델은 4대 중독 관련 현장 전문가 및 학계 전문가 자문으로 수정되어 삶의 의미 재구축(Life purpose), 자기탐색(Individual), 가족 및 공동체의 가치탐색(Family), 순환하는 삶

(Ecological system)을 포괄하는 "K-LIFE" 최종 모델이 도출되었다. "K-LIFE" 모델은 2019년 10월부터 2020년 4월까지 총 7차 개발회의를 진행하여 연구진의 집중토의와 4대 중독 관련 전문가들의 자문을 통해 수정·점검 단계를 거쳐서 완성되었다.

일정	내용	
2019년 9월	3차년도 연구 시작 및 "K-LIFE" 모델 개발 연구 설계	
⇩	⇩	
2019년 10월~ 2020년 2월	문헌 연구	1~3차년도 연구성과물 검토
		이론적 배경 및 선행연구 고찰
		한·미·일·호주 중독 프로그램 및 법적 현황 파악
⇩	⇩	
2020년 2월	"K-LIFE" 모델 개발	
⇩	⇩	
2020년 3월	4대 중독 전문가 자문회의 개최(2020.03.09.)	
⇩	⇩	
2020년 4월	"K-LIFE" 모델 구축	
⇩	⇩	
2020년 6월	"K-LIFE" 모델 특허 출원	
⇩	⇩	
2020년 7월	최종 "K-LIFE" 모델 보고	

[그림 Ⅰ-1] 모델 개념도

II
이론적 배경

사회복지실천 이론들에 대한 이해를 바탕으로 "K-LIFE" 모델의 본
질과 실천에 대한 설명력을 추가하였다. 다양한 사회복지실천 현장
에서 활용될 "K-LIFE" 모델은 각각의 이론적 배경에 따라 다른 맥
락 속에서 클라이언트에게 기여하는 성격 또한 상이하게 될 것이다.
"K-LIFE" 모델은 중독문제에 대한 다학제적 접근에 따라 단일이론에
의존하기보다는 4대 중독의 모든 측면을 포괄할 수 있는 다양한 개념
에서 비롯하는 이론들을 융합하여 "K-LIFE" 모델에 적용하였다. 실제
와의 연계성과 차이점을 고려하여 실천현장에서 실질적으로 활용 가
능한 모델개발을 위해 "K-LIFE"의 밑거름이 되는 이론의 구체적인 이
해를 기술하였다.

1. 의료모델과 회복모델

1) 의료모델

중독연구는 전통적으로 알코올 및 마약류 중독을 '물질중독', 도박과 인터넷 중독을 '행위중독'으로 구분하여 접근해 왔지만, 물질이든 반복되는 행위이든 모두 뇌에 영향을 주어 다양한 폐해를 유발한다는 점에서는 동일하다. 의료모델에서는 중독을 유전적 요인과 뇌의 문제로 설명하였다. 중독을 유전의 문제로 본 연구자들은 주로 알코올 중독에 대한 연구에 집중했다. 1960년대에는 쌍생아연구, 입양아연구, 알코올중독자의 가족력 연구가 주를 이루었다. 그후 1970년대에는 유전적 요인과 환경과의 상호작용에 관한 연구가 시도되었으며 '중독민감성'이란 개념을 도출했다.

최근에는 유전학의 발달과 함께 유전자분석 기법을 공유하여 게놈(Genome) 관련 연구가 주목을 받고 있다. 유전영향 연구에 의하면 알코올 중독과 마약류 중독은 사용하는 물질의 차이만 있을 뿐 양상은 유사하게 나타난다. 연구의 결론은 부모가 물질중독이면 자녀 역시 중독이 될 수 있는 취약성이 있다는 것을 보여주었다. 즉, 유전적 요인이 중독에 영향을 주는 정도는 약 60%이었다(이해국 외, 2012; Schuckit, 2014). 유전모델에 의하면, 중독은 유전적 취약성을 지닌 개인과 환경과의 부정적 상호작용으로 인해 생성된 발현물이다. 이런 연구들은 환경을 통제하여 중독문제를 예방하는 데에는 통찰력을 제공했지만, 중독자들의 회복을 설명하고 탈중독을 지원하는 방안의 마련에는 무력하다고 할 수 있다.

중독을 뇌의 문제로 보는 연구관점은 뇌의 보상기제에 주목한다. 반복되는 물질의 투입과 도박과 같은 행동은 뇌의 보상회로와 도파민과 같은 신경전달 물질에 다양한 변화를 초래한다. 그 결과 더 많은 물질과 더 많은 충동적이고 강박적인 행동이 필요하게 되는 것이다(이민규외, 2003; 손덕순·정선영, 2007; Bargnardi et al., 2001). 이러한 관점은 최근 뇌과학의 비약적 발전에 힘입어 중독문제는 물론 이상행동, 정서 등을 설명하는 유력한 패러다임으로 자리 잡고 있다.

'뇌 모델'에 의하면 비난받아야 할 것은 중독자가 아니라 중독자의 뇌이다. 유전적 관점, 뇌 관점은 내분비학, 생화학 관점 등과 함께 의료모델의 축을 이루고 있다. 의료모델에서는 중독을 도덕이나 의지의 문제로 보지 않고 질병으로 간주하기에 의사의 주도하에 수행되는 진단과 투약을 중요시한다. 이같은 관점은 중독자를 환자로 보고 책임을 묻지 않는다. 중독자들 역시 낙인에서도 자유롭다. 하지만 모든 것이 의학적 관점에서만 이루어지기에 의료 권력이라는 새로운 권력을 탄생시켰다. 중독자들은 낙인을 벗어버리는 데에는 성공했지만, 의사의 권력에 예속되었다고 할 수 있겠다. 또한, 이러한 의료모델은 인간 실존의 구성 요소이자 인간의 미학이라고 할 수 있는 의지, 자기책임, 상호지지와 배려 등이 저평가될 수밖에 없다. 중독이 단순히 약물로써만 치료할 수 있다면, "A(addiction)-D(drug)=R(recovery)"이라는 등식이 가능해야만 한다. 하지만 의료세팅에서 치료를 마친 중독자들의 높은 재발률은 의료모델이 능사가 아님과 회복과정에 대한 개입과 관리가 필요함을 시사한다고 할 수 있을 것이다.

2) 회복모델

'회복모델'은 의료모델의 대척점에서 출발했다. 1980년대에 등장한 회복의 개념은 정신질환을 극복하고 회복을 체험한 Deegan(1988)에 의해 시작되었다고 볼 수 있다. 회복이란 손상된 자아와 낙인을 지닌 개인이 지역사회 구성원으로서 삶, 사랑, 일에 대한 열망을 지니고 자신의 장애를 뛰어넘는 도전이며 새로운 삶의 과정이라는 철학을 지니고 있다. Deegan(1988) 이후 연구자들에 의해 제기된 회복의 개념과 정향을 정리하면, 회복은 균형 상태로의 재귀환, 자아존중감의 제고와 자기 삶의 주체적 향유, 새로운 도전과 생산적 삶의 창조 등으로 정리할 수 있다(Pearsall and Trumble, 2002; Henderson, 2004; Scott et al., 2007; Delaney and Lynch, 2008). 이와 같은 회복모델에서 중요시되는 것은 전문가 주의의 지양, 지역사회기반 및 개인 역량의 임파워먼트이다.

회복모델에서 전문가들은 조력자, 협력자의 위치에 있어야 하고, 회복의 궁극적인 주체는 당사자들이다(Fontaine, 2003; Noiseux and Ricard, 2008). 또한, 회복은 병원이나 격리된 장소가 아니라 지역사회에서 이루어져야 하며, 병원 치료는 최소한에 그쳐야 한다고 보고 있다. 회복모델에 있어 지역사회는 중독을 지니고 있음에도 불구하고 생산적이고 충만한 삶을 영위할 수 있는 '자기실존의 장'인 동시에 '전문가와 당사자들의 상호협력이 일어나는 장'이다. 이와 같은 전문가주의의 지양, 지역사회기반 실천은 중독자들의 임파워먼트와 긴밀하게 연결되어 있다.

회복연구는 그간 중독자와 가족, 실천, 전문가들이 인식하는 회복의 의미, 회복에 영향을 미치는 요인, 회복모델 패러다임을 중심으로 이루어졌다(Mead and Copeland, 2000; Kim et al., 2010; King et al., 2014; Treno et al., 2014). 그럼에도 회복모델이 의료모델의 틀 속에 갇혀 있는 원인은 철학적 기초의 부족과 함께 회복의 기전(Mechanism)을 규명하는 데에 소홀했기 때문이라고 분석된다. 즉, 대부분의 연구가 회복에 영향을 미치는 요인분석에만 치중했을 뿐 어떠한 과정과 내용으로 회복에 이르는가는 많은 부분이 미지의 영역으로 남아 있다. 회복모델이 과

학성과 함께 대중성을 획득하기 위해서는 회복 기전에 대한 설명이 축적되어야 할 것이다.

3) 사회연결망 및 회복자산

'친구 따라 강남 간다'는 옛말처럼, 중독에 이르는 과정에서 친구, 동료 등의 사회연결망은 중요한 역할을 한다고 보고된다. 역으로, 중독자들이 다시 회복하는 과정에서도 가족이나 치료자, 단주모임(Alcoholics Anonymous: A.A.)과 같은 자조모임 등의 사회연결망은 '회복자산'으로서 중요한 역할을 한다(Litt et al., 2009). '회복자산(Recovery Capital)'은 개인의 문제를 벗어날 수 있게 해주는 특정한 삶의 의미나 목적이나 사회연결망 등으로 우리의 삶에서 매우 중요한 (Granfield and Cloud, 1999; White and Cloud, 2008; Keane, 2011). 중독회복 과정에서도 회복자산은 회복의 시작을 촉진하고, 회복을 유지하는 동시에 회복을 강화하는 원천으로써 작용한다.

사회연결망은 사회적 이슈, 사회적 현상, 법 제도, 개인 및 집단의 관계성 등을 모두 포함하는 사회관계성에 의해 형성되는 관계 구조를 의미한다(김용학, 2007). 개인, 집단, 사회의 상호작용 관계에 기반을 둔 사회연결망 개념은 '사회적 지지'나 '사회적 자본'과 혼용되는 경우가 많지만, 두 개념은 명확하게 구분되는 의미를 지닌다.

먼저 '사회적 지지'는 관계의 연결망 속에 개인이 존재한다는 것을 믿고 인식하게 해주는 정보를 의미한다. 일반적으로 사회연결망을 통해 사회적 지지가 형성되고 강화되며, 사회적 지지는 대체로 어떠한 도움을 얼마나 받았는지에 대한 수혜적 관점에 국한되어 활용되는 부분이 있다(김미령, 2005; 김재우, 2015). '사회적 자본'은 관계성을 바탕으로 한 구성원 간의 신뢰와 사회에 대한 신뢰를 포괄하는 광범위한 개념이다(Coleman, 1988; Putnam, 2004). 사회적 지지가 주로 개인 단위의 개념이라면, 사회적 자본은 공동체 단위에서 논의되는 개념으로 차이가 있다.

'사회연결망'은 개개인이 지니는 관계성의 특성과 관계 사이의 상호작용을 파악하는 데에 주로 활용되는 개념이다. 예를 들어, 중독자가 누구와 관계를 가졌는지, 그 대상자와 얼마나 자주 만남을 가졌으며, 그 대상이 어떠한 특성을 지니고 있는지 등을 파악하는 것이다. 또한, 중독자의 중독 및 회복의 과정에 어떠한 대상자와 어떠한 과정이 얼마나 도움이 되었는지 등을 살펴볼 수 있다. 즉, 개인의 사회적지지 및 사회적 자본 등의 개념을 포함하는 거시적 차원의 관계 및 구조의 특징과 더불어 관계 사이의 상호작용을 파악하는 데에 주안점을 두는 것이 '회복자산'의 중요개념 중 하나인 사회연결망의 개념이다.

2. 자기초월이론

1) 자아초월이론의 개념

사회복지실천의 개입 대상은 클라이언트 체계 수준에 따라 개인, 집단, 지역사회 수준으로 나눌 수 있다. 최근 들어 개인체계의 개입 기술에 대한 중요성이 강조되고 있다. 생애주기에 따라 개인이 어려움과 도전에 직면하는 것은 모든 인간이 경험하는 현상이지만 사회가 분절되고 파편화되고 있는 시대적 특징으로 인해, 개인의 주관적 안녕감과 정신건강에 대한 근본적인 논의가 필요한 시점이다.

소수집단의 구성원들은 자신에게 주어지는 사회적 차별이나 실패를 스스로의 잘못으로 귀인하면서 자신과 자신이 속한 집단에 대한 부정적 태도와 편견을 가진다(Ruggiero and Taylor, 1997). 특히 사회에서 비롯하는 차별적 인식은 중독당사자 개인과 중독자 가족의 삶을 위협하는 존재로서 점점 확인되고 있음에도 불구하고 개인이 이를 어떻게 받아들이고 어떠한 의미를 부여하는가에 따라 삶에 대한 태도와 적응전략이 보다 주체적이고 능동적으로 변할 수 있다고 보았다. 즉, 중독당사자에게 있어서 자신이 중독자임을 수용하고 전략적 타협에서 나아가 상황개선 노력과 주체의 부활을 통해 자아를 초월하는 방식의 높은 의식 상태를 통해 이루어진다는 것이다.

내가 어떻게 '나'를 발견하고, 내가 누구인지 묻는 과정은 영적 성숙과 심리 치유과정에서 필수적인 과정이며, 인격성숙과 완성의 과정에서 자기를 발견하는 의미와 그 중요성은 심리학뿐 아니라 여러 학문분야에서도 그 의의를 강조하고 있다. 현대인들의 삶 속에서 겪는 모든 심리적, 정신적 고통의 원인도 '나 자신'이라고 부르는 관계의 주체로부터 발생한다고 가정할 수 있다. 따라서 사회복지실천가는 클라이언트의 문제를 이해하고 원인을 규명하며, 문제 상황을 해결하거나 감소시킬 수 있는 방법에 대해 클라이언트를 억누르고 있는 의미의 근원을 파악하거나, 생활조건과 대인적인 사건 등 클라이언트의 상황을 어렵게 만드는 요소들에 대한 탐색이 필요하다. Mead(1962)의 사회심리학적 관점에 따르면, 인간은 사회적인 존재이며 자아(Self) 개념은 사회적 상호작용을 통해 지속적으로 성장하고 변화한다. 인간의 자아 개념은 사회와의 상호작용을 통해 주체적 자아(I), 객체적 자아(Me), 그리고 더 큰 자아로의 통합(완성된 자아(Complete Self) 또는 통합된 자아(Unified Self))를 이룬다(김용해, 2008).

2) 자아초월이론의 역사적 배경

자아초월(Transpersonal)은 인습적·개인적 수준을 넘어선 발달을 의미한다. 자아초월적(초개인적) 발달은 전개인적(Pre-Personal, 분리된 자아의 형성 이전)인 것에서, 개인적인 것(Personal, 기능하는 자아를 가진), 초개인적인 것(자아에서 좀 더 포괄적인 참조 틀로 교체되는 영역)에 이르는 인간의 기능 또는 의식의 연속선상의 성장을 의미한다(Scotton et al., 2008).

90년대에 들어 사회복지실천이 지속적으로 개인과 환경의 다차원적 상호작용에 관심을 가져왔으나, 영적인 차원에 대해서는 중요하게 다뤄지지 못했다. 근래에는 중독을 경험한 당사자들이 자신의 삶의 완전성을 파괴하는 비극적 생애사건으로 인식하는 장애를 자아초월을 통해 재구성하는 계기가 되는 실존적 생애사건으로 받아들이고 있음을 알 수 있다. 이와 같은 접근들은 중독 당사자들이 중독에서의 회복, 중독의 주체적인 재구성, 자기계발에서 나아가 중독과 회복에 대한 경험을 공유하고 이러한 경험들을 사회적 차원의 성취로 확장한다고 보았다. 이들의 중독경험과 회복에 영향을 준 것이 자기 존재에 대한 초월과 영적 각성이라고 보고 중독당사자들에 대한 지지프로그램을 구성할 때 초월성과 영성을 중심으로 한 실존 프로그램을 제안하였다.

자아초월이론의 역사적 배경을 살펴보면, 임상적 실천을 위해 다양한 이론과 모델들이 발전했고 이를 4개의 단계(Cowley, 1994)로 나눌 수 있다. Maslow(1969)는 인간 본성을 심층적으로 이해하고자 한 심리학의 운동에 새로운 변화를 이끌었다. 그는 인간 잠재력의 독특하고 높은 측면에 집중하기 위하여 자기초월이론을 개발하고 이를 제4세력(Fourth Force)이라고 칭하였다. 여기에서 제1세력은 정신역동이론, 제2세력은 행동주의이론, 제3세력은 인본주의를 가리킨다. 제4세력은 사랑, 자발성, 유의미성, 창의성, 자유, 존엄성과 같은 인간 고유의 강점과 긍정적인 자질에 초점을 둔 인본주의 이론에서 파생하였다.

(1) 제1기

프로이드의 정신역동이론이 등장했고, 초기의 정신분석은 정신내적 기능에 관한 이론으로서 인간의 감추어졌던 무의식적 본능과 충동이 의식적 욕망을 방해할 수 있다는 것을 적나라하게 드러냈다. 프로이드는 자아초월 분야에 세 가지 범주에서 기여하였다. 첫째, 종교적 체험의 극치로서 대양적 느낌(Oceanic Feeling)에 대한 묘사들이 심리치료자들의 영성을 이해하는 방식에 영향을 주었다. 이러한 느낌은 원초적 자기애(Primary Narcissism)의 희열 즉, 엄마의 가슴에 안긴 갓난아이와 엄마의 갈등없는 합일과 같은 것으로 간주했고 이러한 설명이 명상의 경지나 신비적 성취에 대한 설명의 절대적 기준이 되었다. 둘째, 주의(Attention)의 의도적 조작에 관해 최면, 자유연상, 고르게 퍼져있는 주의(Evenly Suspended Attention)까지 명상과 감각적 자각에 대한 치료 공동체의 관심을 예견한 것이었다. 알아차림(Awareness)을 치료 도구로 인식하는 자아초월적 관점에서 선구자적인 것이었다. 셋째, 프로이드의 초월개념-삶의 고통의 근원으로서 쾌락원리와 승화를 통한 초월 개념은 자아초월적 주제들 보다 앞선 것이었다(김명권 외 역, 2008: 57). 프로이드의 본능심리학, 발달과 기능에 초점을 맞춘 자아심리학, 초기 대상관계의 중요성, 영아기의 발달 상 결핍, 방어기제에 대한 이해를 덧붙인 대상관계이론이라는 세 개의 흐름을 거치며 진화되었다(Pine, 1985; Cowley, 1994; Turner, 2004). 그러나 정신역동이론의 모델들은 임상적 개입을 위한 지침보다는 문제 발생의 원인을 발달과정을 통해 설명하고 병리를 드러내는 역할을 했다.

(2) 제2기

제2기에서는 프로이드의 이론이 과도하게 환원론적, 결정주의적인 특성을 가지고 있다는 비판으로 인해 보다 실용적이고 정확한 개념화 방법을 모색하였다. 행동주의이론은 불안한 시대를 살아가는 타자지향적 사람들의 스트레스와 긴장 완화를 위해(London, 1974) 등장했다. 이 이론은 사회적 학습 및 사회화과정의 중요성에 집중하면서 질서를 구축하려는 시도였다. 행동주의이론은 많은 인간의 행동들을 객관화, 조작화, 검증할 수 있고 적절한 강화를 통해 형성할 수 있다는 것을 드러냈다.

(3) 제3기

기계론적 방식의 행동주의에 대한 반동으로 치료자와 클라이언트 사이의 인격적인 관계에 대한 새로운 접근방식을 모색하였다. 이를 통해 인본주의, 경험주의, 실존주의라는 세가지 이론의 발전을 가져왔고, 치료보다는 성장을 목적으로 하는 관점의 변화를 가져왔다. Maslow(1970)는 인간존재의 가치있는 삶은 생물학적 뿌리를 내리고 있다고 확신했다. Maslow(1968)의 욕구위계(Hierarchy of Needs)에 의하면, 인간은 생리적 욕구, 안전의 욕구, 소속감과 사랑의 욕구, 자기존중의 욕구와 같은 결핍의 인식과 동기를 가진다. 이러한 결핍의 욕구들이 우선 만족된 후 사람들은 자기실현의 욕구인 존재의 인식과 동기를 향할 수 있다. 자기실현의 욕구는 이타적인 사랑, 아름다움, 창조성, 정의 등을 포함하는데, 자기실현은 타자실현과 상호보완하여 자기초월(Self-Transcendence) 단계에 이른다(Robbins et al., 2012: 381). 이러한 가치들이 충족되지 않을 경우 영적 질병(무규범, 소외, 의미 없음, 삶의 열망 상실, 절망, 권태,

가치론적 우울증 등)이 나타난다고 하였다.

이후 Maslow는 인간잠재성에 관한 시각을 더욱 확장했는데, 인간 잠재성 탐구에서 최상의 건강한 사람들이라는 집단을 그려냈다. 자아실현, 초월자(Transcenders), 초월하는 자아실현자가 바로 그 집단이었으나 이 집단조차도 가장 높은 수준의 인간잠재성을 포괄할 정도로 완벽히 확장되지는 못했다고 생각했다. 모든 세속적 욕구들이 충족되었더라도 초월을 향한 갈증은 해소되지 않아 실현된 자아 또한 외부세계와 여전히 고립될 수 있다는 것이다. 자기실현이란 사람들에게 사랑, 창의성, 영성을 위해 타고난 잠재력을 표현하고자 하는 자연적 경향이 있음을 의미한다. 자기실현이 성공적으로 이루어지려면 적절한 자양물과 사회적지지, 그리고 성장에 대한 개인적인 의지가 필요하다. 자기실현이 잠재력의 최대치에 이르게 되면, 자기몰두, 자기도취, 자기중심적인 자기정체성을 뛰어넘어 자기초월에 이른다. 자기초월은 자기를 부인하거나 포기하는 것이 아니라 타자 및 절대적 존재와의 교감 안에서 자기를 완성하는 것이다(Robbins et al., 2012: 380).

(4) 제4기

인간발달의 최신 자기초월 이론가인 Wilber(2006)의 AQAL(All Quadrant, All Levels) 모델은 심리치료의 통합적 접근에 필수적인 모든 사분면(실재에 대한 네 가지 관점), 모든 수준(현상의 복잡성 정도), 모든 라인(인지, 도덕, 정서 등), 모든 상태(깨어 있는, 꿈꾸는, 깊은 수면, 명상적), 및 모든 유형(MBTI 등)을 포함한다(문일경, 2009). 이 단계의 자아초월 이론은 약물과 폭력적 사회의 탈근대적 병폐를 치료하는 데 적합하다고 본다. Bradshow(1988)는 이 시대의 공통된 증상을 '영혼 속의 구멍(Hole in the Soul)'으로 표현했다. 문제들이 많은 사회에서 영적 공허함에 대한 반동으로 많은 자아초월 문헌들이 축적되었다. 임상치료사들은 죽음, 소멸, 중독, 영적 성장에 대한 갈망과 같이 영적 차원을 포함한 이슈들을 해결하는 연구에 관심을 두었다.

<표 II-1> 4세력 이론들의 개념 요약

주제	역동	행동주의	경험주의	자아초월
주요 관심	성적억압	불안	소외	영적 차원
병리의 개념	본능적 갈등 : 의식되지 못한 초기 리비도의 본능과 욕망들, 즉 무의식	학습된 습관 : 환경적으로 강화된 결핍행위의 과다	실존적 절망 : 가능성의 인간상실, 자기의 파편화, 경험과의 일체감 부족	자아애착 : 환영과 동일시, 영적 차원의 불편함, 영혼의 구멍, 생기 없음, 병적 보존
건강의 개념	내재된 갈등의 해소 : 원초아를 넘어선 자아의 승리	증상제거 : 특정 증상의 부재와 불안의 감소	잠재력의 실현 : 자기성장, 진실성과 자발성	자아초월 : 전체성, 균형, 조화, 나아감(자아를 넘어서), 개별화
변화 양식	깊이의 통찰 : 먼 과거의 이해	직접학습 : 지금 그대로 행동하기(행동, 수행)	직접체험 : 그 순간 느끼는 감각이나 감정, 체험의 자연스러운 표현	자기치유 : 탈 동일시, 영적 실천, 홀로트로픽, 호흡활동, 심상
치료자의 업무	무의식의 내용과 그것의 역사와 감추어진 의미 이해	계획, 보상, 금지 또는 불안을 야기하는 자극에 대한 특정 행위의 반응을 형성	자기표현(신체부터 정신까지)을 고양하기 위한 상호수용적 분위기로 상호작용	탐구자가 내면의 진실/초이성적 자원탐색을 도와준다.
일차적 도구 기법	해석 : 자유연상, 전이, 분석, 저항, 실수, 꿈	조건화 : 체계적 둔감법, 긍정적·부정적 강화, 조성	참만남 : 공유된 대화, 체험게임, 극화 또는 감정놀이	영적/관조적 수행 : 명상, 심상, 자기긍정, 요가

3) Maslow의 자기초월이론: 자기실현과 자기초월

자기초월이론(Transpersonal Theory)에서 인간발달의 목표는 자기실현(Self Actualization))과 타자실현(Other-Actualization)이 수렴되는 지점을 성취하는 것이다. Maslow(1968)의 욕구위계(Hierarchy of Needs)에 의하면, 인간은 생리적 욕구, 안전의 욕구, 소속감과 사랑의 욕구, 자기존중의 욕구와 같은 결핍의 인식과 동기를 가진다. 이러한 결핍의 욕구들이 우선 만족된 후에야 사람들은 자기실현의 욕구인 존재의 인식과 동기를 향할 수 있다. 자기실현의 욕구는 이타적인 사랑, 아름다움, 창조성, 정의 등을 말하며, 자기실현은 타자실현과 상호보완하여 자기초월(Self-Transcendence) 단계에 이른다(Robbins et al., 2012: 381).

자기실현이란 사람들에게 사랑, 창의성, 영성을 위해 타고난 잠재력을 표현하고자 하는 자연적 경향이 있음을 의미한다. 자기실현이 성공적으로 이루어지려면 적절한 자양물과 사회적지지, 그리고 성장에 대한 개인적인 의지가 필요하다. 자기실현이 잠재력의 최대치에 이르게 되면, 자기몰두, 자기도취, 자기중심적인 자기 정체성을 뛰어넘어 자기초월에 이른다. 자기초월은 자기를 부인하거나 포기하는 것이 아니라 타자 및 절대적 존재와의 교감 안에서 자기를 완성하는 것이다(Robbins et al., 2012: 380).

Maslow(1970)는 세가지 자기초월적 경험으로서 절정경험(Peak Experience), 절망경험(Nadir Experience), 고원경험(Plateau Experience)을 제시하였다. 절정경험은 짧지만 강력하고 충격적인 경험으로서 평범한 삶 속에 인생을 통찰하도록 도전을 한다. 절망경험은 죽음과의 직면, 응급 의료 및 심리적 외상과 같은 강렬한 경험으로서 평범한 정체성에서 벗어나 자기초월적 인식을 시작하게 한다. 고원경험은 침착하고 고요하며 통쾌한 기쁨과 행복감을 포함한다.

4) Jung과 Assagioli의 자기초월적 정신역동이론: 집단 무의식과 참된 자기

Jung과 Assagioli의 자기초월적 정신역동이론(Transpersonal Psychodynamic Theory)은 정신의 구조에 대한 지형학적 모델(Topographical Model)을 담고 있다. Jung의 모델은 우물로 묘사되는데, 개인적 의식, 전의식, 개인적 무의식을 넘어서 우물 지하 깊숙이 집단 무의식(Collective Unconscious)이 흐르게 하여 Freud의 도식을 확장하였다(Robbins et al., 2012: 385). Assagioli(1965)는 Jung의 모델에 깊이뿐만 아니라 높이의 차원을 더하였다. 이 모델은 계란의 형태로 묘사되는데, 계란 중심부에 의식적인 자기 또는 나(I)를 두고서 이것이 자기의 최고 경지까지 의식의 범위를 확장하도록 의지와 노력을 기울이게 한다. 완전한 계란의 모습은 완성된 (Complete) 자기 또는 참된 자기(True Self)를 나타낸다.

5) Wilber의 AQAL 모델: 우리(We) 의식

인간발달의 최신 자기초월 이론가인 Wilber(2006)의 AQAL(All Quadrant, All Levels) 모델은 심리치료의 통합적 접근에 필수적인 모든 사분면(실재에 대한 네 가지 관점), 모든 수준(현상의 복잡성 정도), 모든 라인(인지, 도덕, 정서 등), 모든 상태(깨어 있는, 꿈꾸는, 깊은 수면, 명상적), 및 모든 유형(MBTI 등)을 포함한다(문일경, 2009). AQAL은 아래 [그림 II-1]과 같이 개인적인 것과 집단적인 것에 대한 외적 객관적 측면에 개인적인 것과 집단적인 것에 대한 내적 주관적 측면을 더한 4가지 주요 차원 안에서 우주에 대한 이해를 체계적으로 통합하는 틀이다.

상위 좌측은 개인의 내적 부분으로서 한 개인(I)의 주관적 사고, 감정, 감각, 의식 등을 의미한다. 하위 좌측은 집단의 내적 부분으로서 한 집단의 상호주관적 인식, 공유된 가치, 느낌, 세계관과 같은 문화가 자리 잡고 있으며, '우리(We)'라는 목소리로 묘사된다. 상위 우측은 외부에서 바라본 개인의 객관적 특성이다. 하위 우측은 외부에서 관찰되는 집단 조직인 사회와 환경을 의미한다. Wilber의 통합심리치료는 일반적인 심리치료가 목표로 하는 정상적인 자아 기능의 성취와 더불어 자아 중심적인 경계를 넘어서는 자각의 계발이나 영적 각성을 추구할 뿐만 아니라, 내담자가 현재 처한 상황에서 보다 건강하게 기능하도록 치료적 개입하는 것을 목표로 한다(문일경, 2009; 박주원 외, 2019: 5-7, 재인용).

상위 좌측(UL :Upper Left) -개인적, 내적 -나(I) -의식	상위 우측(UR : Upper Right) -개인적, 외적 -그것(It) -인간(유기체)
하위 좌측(LL : Lower Left) -집단적, 내적 -우리(We) -문화	하위 우측(LR : Lower Right) -집단적, 외적 -그것들(Its) -사회와 환경

[그림 II-1] Wilber의 AQAL 모델(Wilber, 2006: 20-22)

3. 실존주의 심리치료

1) 게슈탈트 심리학

게슈탈스 심리학은 인간을 어떤 대상을 부분으로 보지 않고 '의미 있는 전체'로 체계화해서 받아들인다(Perls, 1973). 예를 들면, 우리는 사람을 인식할 때 팔, 다리, 얼굴을 따로 인식하지 않고 하나의 전체적인 사람으로 인식한다. 이때 만일 얼굴에만 관심을 가질 경우 얼굴은 전경으로 다가오고 나머지는 배경으로 물러난다. 중독의 경우도 마찬가지다. 누군가 만약 중독대상에만 관심을 갖는다면 그것이 전경으로 다가오고 나머지는 모두 배경으로 물러난다. 보통 사람은 갈증과 같은 다른 욕구가 발생할 경우 중독행동을 멈추고 물을 마시러 갈 것이다. 이때는 물이 전경으로 다가오고 중독대상은 배경으로 자연스럽게 물러난다. 이것이 인간의 전체성이 유지되는 과정이다. 이러한 작용을 통해 유기체는 항상성을 유지하면서 환경에 적응할 수 있다.

그러나 중독자는 오직 특정 행동이나 물질에만 관심을 두기 때문에 자신의 신체 감각이 주는 신호를 무시한다. 결국, 이렇게 고착된 사고나 행동은 인간의 전체성을 무너뜨린다. 그렇기 때문에 게슈탈트 심리치료는 알아차림을 통해 주체가 자기 자신을 찾고 원래의 전체성을 회복하는 데 관심을 갖는다(김정규, 2009; Perls, 1973). 인간은 자신의 욕구에 따라 배경을 전경으로 떠올려 적절히 게슈탈트(전체성)를 형성할 수 있다. 하지만 적절히 욕구를 해소하지 못할 경우 그 욕구는 지속적으로 전경으로 떠오르게 된다. 가령, 결핍이나 충족되지 않은 욕구가 미해결 과제로 남아 게슈탈트를 붕괴시킨다.

2) Yalom의 실존주의 심리치료

Yalom(1980)은 역동적 심리치료의 한 형태인 실존주의 관점의 심리치료를 제안하면서, 인간이 일상생활에서 직면하는 궁극적인 관심(Ultimate Concern), 즉, 죽음, 자유, 소외, 무의미를 집중적으로 다루었다(임경수 역, 2007). Yalom의 실존주의 심리치료는 개인의 존재에 깊게 뿌리내리고 있는 관심에 대하여 초점을 맞추고 있는 직관적이고 역동적인 접근이다. 여기서 역동적이라는 표현은 정신역동학에서 자주 사용되는 용어인데, 개인의 정신역동성은 개인의 내부에서 발생하는 다양한 무의식과 의식의 힘, 동기, 공포 등을 포함한다. Yalom의 정신역동은 Freud의 정신역동과 견주어 비교할 수 있다. Freud의 정신역동에서는 인간이 본능적인 욕동(Drive)에서 불안에 직면할 때 방어기제라는 정신작용 또는 정신병리를 발생시킨다고 본다. 반면에, Yalom의 실존적 정신역동은 인간이 네가지 궁극적 관심사(죽음, 자유, 소외, 무의미)에서 불안을 경험할 때 방어기제라는 정신작용을 발생시킨다고 가정한다. 즉, 인간이 심리적인 불안을 경험할 때 방어기제라는 정신작용을 발생시키는데, 불안의 원인으로 Freud는 욕망(drive)을, Yalom은 궁극적인 관심을 지목하였다는 점에서 양자 간에 유사점과 차이점이 있다(임경수 역, 2007).

죽음, 자유, 소외, 무의미의 네가지 궁극적인 관심은 실존주의 정신역동의 본체를 이룬다. 첫째, 죽음은 불안의 가장 근원적 요소이고 정신병리의 주된 원천이다. 죽음불안은 죽음의 두려움, 인간의 공포, 유한성의 두려움, 존재의 약함, 비존재의 두려움, 높은 가능성에 대한 불가능성, 존재적 불안 등 다양한 용어로 표현된다. 사람들은 죽음불안에 대항하여 방어기제를 사용하는데, 예컨대, 일중독자는 일에 몰두함으로써 자신이 영원히 앞으로 나아가고 있다는 신념을 유지하고자 한다. 둘째, 실존주의 심리치료에서는 인간의 자유와 관련하여 책임감, 실존적 죄책감, 의지, 결심과 선택, 행동 변화 등을 함께 다룬다. 셋째, 인간은 자신의 삶을 책임져야 하는 고독한 존재로서 실존적 소외 상태에 있다. 인간은 타인과의 친교—대인관계를 통해 소외의 두려움을 줄이고자 하지만, 인간과 인간 사이의 참만남이 실존적 소외를 완화시킬 수는 있어도 이를 제거하지는 못한다는 사실을 직면하고 받아들여야 한다. 넷째, 인간은 절대적인 의미가 존재하지 않는 우주 안에서 의미를 필요로 하는 실존적이고 역설적인 존재이다. 인간은 인생의 의미를 찾는데 실패하여, 무엇을 위해 살아야 하는지를 잃어버리고, 삶의 열정을 잃어버리고, 바라고 기다리던 것을 잃고, 인생의 목적과 방향을 찾을 수 없을 때 실존적 공백을 경험한다(양유성, 2004: 136). 심리치료에서는 삶의 의미의 문제와 관련하여 쾌락주의적 해결, 자기실현, 자기초월성, 이타주의 등을 두루 다룬다. 여기에서 무의미에 대한 치료적 해답은 삶의 참여이다. 심리치료에서는 내담자에게 삶에 참여하려는 욕구가 있다고 전제하며, 치료자의 임상적 활동은 내담자의 길을 방해하는 요소를 제거하고자 함으로써 내담자 자신이 행동 속으로 뛰어가도록 돕는 역할을 한다(임경수 역, 2007).

3) van Deurzen의 실존주의 상담 및 심리치료

영국 실존분석학파의 대표적 상담자인 van Deurzen은 실존분석 심리치료를 체계화하여, 4가지 차원의 인간경험을 통해서 작업하는 기초모델을 제시하였다. 실존의 영역들은 물리적, 사회적, 개인적, 영적 영역을 포함하는 4차원으로 묘사된다.

첫째, 물리적 영역은 우리를 둘러싼 물질적 세계 곧 자연환경에 대한 우리의 관계적 영역이다. 이것은 이 세상에서 우리 자신을 참여시키는 것과 우리에게 나타난 사실적 한계와 우리에게 전개되는 도전에 관련된 우리의 관계를 포함한다. 둘째, 사회적 영역은 세상에서 우리와 함께 살아가는 다른 사람들과의 사회적 관계를 말한다. 이것은 문화적 규범과 사회적 인습 그리고 개인 간에 역동적으로 일어나는 힘의 관계들이 우리의 행동과 경험에 영향을 미치고 있는 공적인 영역에서 우리의 참여적 관계를 나타낸다. 셋째, 개인적 영역은 내적 성찰에 의해서 만들어지는 매우 개인적인 방법을 통하여 우리들 스스로 자신과의 관계 맺음을 가리킨다. 이것은 우리들 자신의 일부로서 우리가 경험하는 사물이나 동물 또는 사람에 대한 우리의 관계를 포함하기도 한다. 넷째, 영적 영역은 우리가 살아가는 데 있어서 추구하는 믿음, 이상, 가치와 원칙을 말한다. 이것은 우리가 다른 영역들에 대해 작동하는 방식과 우리가 세계를 이해하는 방식을 결정해 주는 총체적인 세계관과 이상적 전망의 영역이다(한재희 역, 2017).

4. 내러티브 연구

1) 내러티브 탐구

최근 인문사회과학 분야에서는 인간의 삶에 대한 연구방법으로서 이야기(Narrative)라는 패러다임을 통해 인간의 삶의 정황을 종합적으로 이해해보려는 학문적 관심과 노력이 커지고 있다. 그중에서도 내러티브 탐구는 질적연구 방법의 하나로, 이야기 치료는 상담과 심리치료의 새로운 패러다임과 방법론의 하나로 사용되고 있다. 내러티브를 활용한 연구는 이야기를 매개로 하여 개인의 경험을 이해하고 해석함으로써 긍정적인 미래의 전망을 도출하는 것을 주된 내용으로 한다. 기존 연구 (유정·최남희, 2015; Jirek, 2016)에서 내러티브 재구성이 트라우마 생존자들의 외상 후 성장을 이끈다고 주장하였는데, 이는 중독회복자의 성장을 위한 도구로도 활용될 수 있을 것으로 사료된다.

내러티브 용어는 '말하다' 또는 '해명하다(Narrare)'라는 동사와 '직면하다(Gnarus)'라는 형용사의 합성어이다. 내러티브는 '직면하기(Encountering)', '알기(Knowing)', '말하기(Telling)'의 인간행동을 종합적으로 포함한다 (유정·최남희, 2015). 내러티브 구성은 개인적 경험을 사회문화적 연계 속에서 부호화하여 연속적 기억으로 조직하는 행위인 동시에 자기해명을 타인과 공유하는 소통의 행위이다. 내러티브 구성은 경험 자체에 대한 구성이 아니라 경험에 대한 해석의 구성이다. 따라서 모든 종류의 내러티브는 재구성의 가능성을 태생적으로 포함하고 있다.

최남희와 유정(2010)은 외상 후 성장에 도움이 되는 도구로 내러티브 재구성을 제안하였는데, 내러티브 재구성은 이야기 만들기, 구성하기, 검토하기, 자기상 그리기의 네 단계로 구성된다. 첫째, 이야기 만들기 (Story Telling)는 경험의 재처리 단계로서 전체적인 사건을 개괄적으로 그려보는 것이다. 둘째, 구성하기(Exposure and Mapping)는 산만하게 열거된 경험적 내용을 가능한 만큼 구도를 그리고 구성하는 단계이다. 셋째, 검토하기(Review)는 스스로 그려본 경험의 구성을 재검토하고 수정·보완하는 단계이다. 넷째, 자기상 그리기(Self-Empowering)는 자신을 새롭게 구상하는 단계로서 현재의 시점에서 과거의 경험을 종합하고 맥락화한 결과를 토대로 미래의 전망을 구체화하여 가능한 미래의 상을 그려보는 것이다.

내러티브 탐구는 사회적, 역사적 맥락 안에서 개인 경험의 연대기를 통해 그들의 이야기를 전하는 살아있는 이야기다. 내러티브는 질적 연구방법의 하나로서 인간 경험에 초점을 두고 특정한 맥락 안에서 사람들에 의해 경험된 현상을 기술하고 설명함으로써 인간 경험에 대한 큰 이해와 의미를 얻는 데 그 목적이 있다(신경림 외, 2004). 이러한 패러다임 안에서 내러티브 탐구는 기술적이며 설명적으로 행해진다. 내러티브는 해석을 지향하는데, 해석이 추구하는 것은 이해이며 그것의 주요 수단은 내러티브이다(박민정, 2006). 내러티브 탐구의 분석 절차는 크게 두가지 방식으로 접근할 수 있다. 첫째는 Yussen과 Ozcan(1996)의 방식으로서 텍스트 자료를 인물, 장소, 문제, 행동, 해결의 5가지 구성요소로 분석하는 것이다. 둘째는 Clandinin과 Connelly(2000)의 방식으로서 개인적·사회적 상호작용, 과거·현재·미래의 연속성, 물리적·화자의 공간 차원의 3가지 요소로 분석하는 것이다(소경희 외 공역, 2007).

2) 이야기 치료

사람들의 삶 속에서 이야기는 빼놓을 수 없는데, 이야기는 일반적으로 심리적 기능, 사회적 기능, 신비적-종교적 기능, 우주적-철학적 기능 등을 한다. 이야기 치료는 이야기의 치유적 기능을 전제로 한다. 인간은 자신의 삶을 이야기로 표현할 수 없을 때 자기 안의 혼돈을 이겨내지 못하고 술, 마약, 돈, 권력 등 다른 대상에 빠져들게 된다. 이야기 심리 치료에서는 상담자가 내담자로 하여금 자신의 이야기를 재구성하여 삶의 목적과 의미를 찾도록 돕는 역할을 한다(양유성, 2004). 인간의 삶은 이야기 형식을 띠고 있고 사람들은 이야기를 만들고 또 그 이야기에 의해 자신의 삶을 형성해 나가기 때문에, 치료자는 내담자를 원치 않는 방향으로 이끌어 가는 문제적 이야기를 수정해 다시 쓸 수 있도록 도와

줄 수 있다(고미영, 2000). 화자는 이야기를 하는 과정에서 자신의 경험에 대한 기존의 의미를 새로운 의미로 변화시킬 수 있다(정연옥·박용익, 2012).

이야기 치료 기법으로는 문제의 외재화, 재저술 대화, 회원 재구성 대화, 외부 증인 반응 등이 있다. 첫째, 문제의 외재화란 개인의 내면화된 문제에 초점을 맞추어서 그 문제를 외부로 끄집어내어 객관화시키는 것을 의미한다. 이때 사람이 문제가 아니라 문제가 문제라는 관점으로 접근한다. 둘째, 재저술 대화란 치료자가 문제적 상황이나 이야기와 상반되는 예외적이고 독특한 사건들을 찾고 주목함으로써 내담자의 정체성을 재규정하도록 돕는 과정이다. 셋째, 회원 재구성 대화란 내담자 자신의 삶에 중요한 위치에 있는 회원들을 재구성하는 것을 의미한다. 회원 재구성 작업은 우리들의 정체성이 다른 사람들과의 관계를 통하여 형성되어 간다는 후기 구조주의적 사고에 기초하고 있다. 회원 재구성 대화에서는 내담자의 삶에 긍정적 또는 부정적 영향을 미친 중요한 타자들과의 관계를 중심으로 대안적인 이야기의 출발점을 만들어간다. 넷째, 외부 증인이란 치료를 위한 대화 과정 중에 초대된 청중을 말하며, 외부 증진 반응은 주로 내담자가 속한 공동체의 일원, 즉 가족이나 친구, 또는 전문적인 상담자 팀(반영팀)을 구성하여 함께 생각을 나누는 과정이다. 외부 증인 작업은 종종 인정 의식이라는 작업을 거친다. 인정 의식이란 내담자가 가진 진정한 정체성의 회복을 위하여 외부 증인들이 함께 모여 내담자의 안에 잠재된 가치에 대한 증거를 모으고 그 존재에 대한 기회를 제공해 주는 것이다(최민수 역, 2010).

5. 체계이론

사회복지실천이론의 체계론적 사고는 von Bertalanffy(1969)의 일반 체계이론에서부터 시작된다. 세상에 존재하는 모든 유기체는 다른 체계의 하위체계인 동시에 상위체계 일부분이라는 생물학적 관점에서 비롯하였으며, 인간 역시 사회의 부분으로서 구성되어 있다는 것이다. 이 이론은 개인, 가족, 집단, 사회 등 사회복지실천의 근간이 되는 '환경 속의 인간(PIE)'인 사회체계에 적용된다(Payne, 1994). 체계이론은 기존 이론들과 달리 개인이나 사회 일부분만을 다루는 것이 아니라 전체(Whole)적인 관점에서 바라보는 관점이라는 것에 그 가치가 있다.

체계이론의 주요 개념은 아래와 같다.

체계의 실체는 물리적·정신적 경계선을 지니고 있다.

- 개방체계: 에너지가 경계선을 넘나들어 마치 홍차 여과지에 찻잎은 걸러지고 물은 안팎으로 넘나드는 형상을 의미한다.
- 폐쇄체계: 에너지가 경계선을 넘지 못하고 교환되지 못하는 경우를 뜻한다.
- 엔트로피: 체계가 스스로의 생존을 위해 에너지를 사용하는 것으로, 경계선 밖 체계로부터 에너지를 받지 못하게 되면 무질서와 분열을 향하게 되어 결국 소멸하게 된다.

이러한 체계이론은 1970년대 이후 사회복지실천에 지대한 영향을 미치게 되었고, 이후 ①일반체계이론과 ②생태체계이론의 두가지 형태로 구분되고 있다. Hearn(1958, 1969)은 최초로 체계이론을 사회복지실천에 적용시켰고, 1973년 Goldstein(1984) 및 Pincus와 Minahan(1973)의 출판물이 발간된 이후 체계이론은 본격적으로 사회복지실천에 영향력을 미치게 된다. 이후 Elliott(1993)과 Kabadaki(1995) 등이 다양한 수준에서 체계이론을 사회 차원 개입을 위해 노력하였다.

1) 사회복지실천과 체계이론의 관계

체계이론은 프로이드로 대표되는 정신역동이론에 대한 비판으로 발달 된 이론 중 하나로, 정신역동이론이 사회복지실천에서 사회적 측면을 적절히 다루지 못한 결과로써 발달하게 되었다. 미국에서는 1950년대부터 독자적으로 활동하던 사회복지사들이 전문가 조직을 구성하여 활동하는 것이 일반적인 현상이 되었고, 영국에서는 1960년대부터 시작된 Seebohm 조직개편을 통해 분리되어있는 지방정부 기관들이 합병되면서 통합된 단일화된 전체를 강조하는 체계이론이 대두되었다(Hanson, 1995). 1970년대 중반 이후 '가족치료'의 사회복지실천 영역에서도 체계이론을 중시하기 시작했다. 체계이론은 가족구성원들의 상호작용 형태와 어떻게 서로 영향을 주고받는지의 체계를 이해하는 하나의 방법을 제시해 주어 이전의 가족치료 관점에서 벗어나 매우 새로운 관점으로 떠오르게 되었다. 이처럼 체계이론은 집단 속에 있는 사람들 간의 관계를 분석할 수 있게 해 준다는 특성으로 거주보호(Residential Care)에서도 유용하게 활용되었다(Atherton, 1989).

체계이론은 기존의 사회조직과 사회정책의 측면들에 반기를 들거나 비판적 사상을 제시하고 있지는 않다. 오히려 기존의 사회질서를 수용하며 분석한다는 특징이 있어 권위와 권력을 지닌 전문직 또는 공공기관 구조에 적절한 이론이라 할 수 있다. 체계이론은 인간 개개인 본연의 행동에 대한 심리학적 수준에서의 이론들을 부정하지 않는 동시에 사회를 포괄하는 관점인 보다 넓은 체계이론이라는 렌즈를 통해 개인을 분석하고 있다.

체계이론의 초점은 광범위하므로 다른 이론들의 여러 관점을 결합할 수 있다. 체계이론은 여러 제도나 그 제도들 간의 상호작용 등 급진적으로 야기되는 변화들을 이해하는 데에 도움이 된다. 특히 인간 개인의 자기탐색, 외부세계에 대한 자신의 내적 반응 이해, 타인과의 상호작용 등을 분석하는 데에 유용하다(Preston-Shoot and Agass, 1990; Woods and Hollis, 1990). 또한, 체계이론을 통해 한 개인의 공적 영역과 사적 영역이 어떻게 상호작용하고, 그 관계에 어떠한 매개체가 작용하는지 등을 살펴볼 수도 있다. 예를 들어, A라는 개인이 현재 스트레스에 극심히 시달리고 있다면, 그 원인이 자신만의 정서적 압박에서 비롯한 것인지, 대인관계 때문인지, 아니면 보다 큰 사회적 맥락에서 야기된 것인지 체계이론을 통해 살펴볼 수 있다.

2) 체계이론의 전제

우리가 살아가는 환경이나 인간이 서로 정보를 주고받는 과정은 체계 또는 환경 하나로만 그 성격을 이해할 수 없으며, 체계와 환경이라는 쌍방의 상호작용이라는 일정한 형태에 근거를 두고 있다. 정보를 주고받는 과정은 체계의 자율통제 기능에 의해서 조절되고 통제된다는 내용이 체계이론의 근거를 이룬다. 체계(System)는 상호작용을 하는 요소들의 합으로 정의되며, '요소'와 '상호작용'의 부분으로 구분된다. 요소는 체계를 구성하는 대상들을 의미한다. 대상이란 체계 속에 존재하는 개체들을 지칭한다. 개체들은 체계 속에서 일정한 속성을 지니고, 다른 개체들과 상호작용을 한다. 체계란 개체들 간의 상호작용과 개체들이 지니고 있는 속성들의 상호작용 모두를 합하는 전체를 의미한다(Miermont and Jenkins, 1995).

이러한 점에서 가족은 하나의 체계로서 이해된다. 가족구성원들은 개체로서 작용하며, 일정한 속성을 지니고 서로 상호작용한다. 예를 들면, 아버지와 어머니는 전체의 개체로서 상호작용을 하는 동시에 이들의 성격 특성들로 상호작용하기도 한다. 이러한 상호작용들의 모든 합은 가족이라는 독특한 전체를 만들어 낸다.

　체계는 그 자체적인 체계 안에 하위체계(sub-systems)를 지닌다. 전체 속에 있는 각각의 개체들은 상호작용의 유형과 각각의 개체들이 지니고 있는 속성에 따라서 여러 단위로 나누어진다. 여러 단위들은 또 하나의 전체로서 기능한다. 각각의 단위들은 그 자체로서 완전한 체계를 형성하고 있다. 즉, 각 단위들은 자체로서의 개체들, 개체들의 속성들과 그들의 상호작용으로 이루어지는 것이다. 하위체계들은 전체체계들과 동일한 방식으로 존재하며, 전체체계들이 지니고 있는 요소들과 그들의 상호작용을 갖는다. 하위체계는 전체체계를 유지하는 기능을 한다. 전체체계는 하위체계들을 지니며, 하위체계가 없이 전체체계는 그 전체를 유지할 수 없다. 하위체계는 전체체계의 하부구조 역할을 하면서 전체를 유지하는 기능을 한다. 한 국가라는 전체체계는 여러 사회체계들을 갖는다. 여러 사회체계들은 그 자체로서 하나의 전체를 이루는 동시에 한 국가를 이루는 하부구조로서 존재한다. 하나의 사회체제는 결국 전체 국가를 유지하는 하나의 단위로서 역할 하는 것이다.

　마찬가지로 핵가족이라는 전체는, 여러 하위체계를 갖는다. 부부라는 하위체계, 부모라는 또 다른 종류의 하위체계, 자녀라는 하위체계 등으로 구성되어 있다. 이러한 하위체계들은 가족이라는 전체체계의 단위로서 존재하면서 그 자체로서 전체를 이루고 있다. 가족이라는 전체체계는 각각의 하위체계가 없이는 존재할 수 없다. 전체체계는 하위체계와 위계질서를 지니고 있는데, 이를 체계 간의 위계질서라고 한다. 어떤 체계들은 다른 체계들보다도 상위의 규칙과 질서를 가지고 있어서 하위체계들을 통제하고 조정하는 역할을 한다. 전체체계는 하위체계들에 비해서 상위체계이다. 체계들 사이에 위계질서가 있고, 체계들이 가지고 있는 행동들도 위계질서를 지니고 있다. 상위체계의 어떤 행동들은 하위체계의 어떤 행동들보다도 위계질서 상에서 우선순위를 지닌다.

3) 체계이론의 주요 개념

체계와 환경을 구분하거나 체계와 체계 사이를 구분은 '경계선(Boundary)'으로 개념화된다. 경계선은 어떤 개체들과 상호작용들이 체계 안에 존재하는가, 아니면 체계 밖에 존재하는가 하는 부분이다. 전체체계와 하위체계들 사이의 구분도 경계선에 의해 이루어진다. 경계선은 체계와 체계 간 상호작용의 특징을 구분하고, 이러한 상호작용이 그 체계 내에 머물도록 하는 주요 역할을 한다. 즉, 체계는 경계선을 통해 그 자체의 독특성을 유지할 수 있게 된다. 경계선을 통해 환경으로부터 정보가 들어오면, 경계선을 통해 환경으로 정보가 나간다. 체계와 체계 간의 상호작용도 경계선을 통해 이루어진다. 한 체계가 내보내는 정보는 다른 체계의 경계선에 의해 걸러지거나 받아들여지게 된다. 경계선은 환경과 체계 사이나 체계들 간의 정보 흐름과 피드백을 조절하거나 통제하는 역할을 한다(Nichols and Everett, 1986). 정보의 흐름과 피드백은 경계선의 모양에 따라서 달라진다.

경계선의 모양은 여러 형태로 구분될 수 있다. 경계선이 보이는가의 여부나 투과성, 유동성, 기능성 등의 여부로 구분될 수 있다(Miermont and Jenkins, 1995). 경계선은 눈에 보일 수도 있고, 보이지 않을 수도 있다. 한 가족은 규칙에 의해서 다른 가족들과 구분된다. 이때 규칙은 눈에 보이지 않는 경계선이다. 경계선은 투과여부에 따라서 완전투과성, 반투과성, 불투과성 등으로 구분된다. '완전투과성'은 환경으로부터 정보가 아무런 거름 없이 체계 안으로 들어오도록 허용하는 경계선을 의미한다. '반투과성'은 체계가 규칙에 따라 정보를 선택적으로 받아들이는 경계선이다. '불투과성'은 환경으로부터 정보가 체계 안으로 들어올 수 없도록 하는 경계선이다. 경계선은 기능의 여부에 따라서 기능을 잘하는 경계선과 기능을 잘하지 못하는 경계선으로 구분된다. 기능을 잘하는 경계선은 체계의 규칙에 따라서 정보의 흐름을 적절하게 조절하는 경계선을 의미한다. 기능을 잘 못하는 경계선은 체계의 규칙에 관계없이 정보가 유입되거나 거부되는 경계선을 의미한다. 기능을 잘하지 못하는 병리적인 경계선은 아주 산만한 상태나 엄격한 상태를 유지한다. 산만한 상태의 경계선은 환경과 체계가 제대로 구분되지 못해서 체계의 독특성을 유지하지 못한다. 반면, 엄격한 경계선은 환경으로부터 정보의 유입이나 체계에서 정보를 내보내는 일이 거의 불가능해진다. 이때의 체계는 환경으로부터 고립되고 격리되는 현상을 초래한다.

경계선의 모양에 따라서 체계의 성격이 달라지기도 하는데, 경계선이 기능을 잘하여 환경과 체계가 상호작용을 활발하게 하는 체계를 '열린 체계'라고 한다. 열린 체계(Open System)는 체계안의 개체들이 환경이나 다른 체계들과 상대적으로 높은 상호작용을 하며, 정보의 유입과 방출이 자유로운 상태를 의미한다. 반면, '닫힌 체계(Closed System)'는 체계 안의 개체들이 체계 안에서만 상호작용을 하고 체계 밖의 환경이나 다른 체계와 상호작용을 하지 않는 상태를 의미한다. 체계 안의 정보는 환경이나 다른 체계로 나갈 수 없고, 환경이나 다른 체계의 정보는 체계 안으로 들어올 수 없는 상태가 닫힌 체계인 것이다.

모든 체계는 열린 체계와 닫힌 체계의 연속선상에 존재한다. 체계가 외부로부터 정보를 얼마나 체계 안으로 투과하도록 하는가의 정도에 따라서 체계의 열려 있는 정도가 달라진다. 체계가 지닌 특성에 따라서 체계는 환경과 상호작용을 적절하게 할 필요가 있다. 때문에 체계의 열림 정도는 일정하게 결정되기보다, 체계가 지닌 특성에 따라 이해될 필요성이 있다. 필요에 따라서는 경계선을 많이 열어서 정보를 많이 유입하고 유입된 정보가 소화될 때까지 시간이 필요하기 때문에 당분간 환경과 최소한의 상호작용만을 하는 방식이 필요하기도 하다. 경계선의 투과성은 때와 시기에 따라 적절하게 기능해야 하는 '기능성'과도 밀접하게 관련을 지닌다. 경계선이 기능적으로 유동성의 성격을 지니고 있으면 체계는 필요에 따라 적절하게 경계선을 활용하여 환경으로부터 정보의 유입을 조절하고 통제할 수 있다. 체계는 열린 체계와 닫힌 체계 사이의 연속선상에서 기능성과 유동성을 발휘하여 체계의 특성을 유지하는 동시에 체계의 상호작용을 원활하게 하는 경계선을 지닐 필요가 있다.

4) 체계이론의 사회복지실천에의 적용

"모든 사람은 삶의 만족을 이루기 위해서 자신들이 살아가는
사회환경(삶) 속에 존재하는 체계들에 의존하게 된다. 따라서
사회복지실천은 그러한 사람들의 체계들에 초점을
두어야 한다(Pincus and Minahan, 1973)."

Pincus와 Minahan(1973)은 다음과 같은 체계이론 원리를 통해 사회복지실천에의 적용을 시도하였다. 특히 Pincus와 Minahan은 다음의 세 가지 체계에 특히 집중한다.

① 비공식 또는 자연체계: 가족, 친구, 동료 등
② 공식체계: 지역사회 집단들, 노조 등
③ 사회체계: 병원, 학교 등

체계이론에서 문제를 가진 사람들은 자신의 사회환경에 존재하는 체계를 적절히 활용하지 못하는 경우로 보고 있다. 사회환경 체계 속에 필요한 자원이 없거나 자원이 있어도 개인이 직면한 문제에 적절하지 않은 경우(예: 가족이나 친척, 가까운 이웃이 없는 노인들 - 비공식체계의 부재), 자신에게 주어진 원조체계에 대해 모르고 있거나, 또는 주어진 원조체계를 활용하기 싫은 경우 (예: 부모에게 학대받는 아동 - 비공식체계가 존재하지만, 공식체계 또는 사회체계의 지원을 받아야 함), 현 체계의 정책들이 개인에게 새로운 문제를 일으키는 경우 (예: 성적소수자 - 공식체계 또는 사회체계와 상충되는 이해관계를 지니는 경우), 원조체계들 사이에 갈등이 존재하는 경우 등이다.

사회복지실천에서는 클라이언트와 환경 간의 상호작용 요소들이 어디에서 어떻게 갈등이 발생하여 문제를 일으키게 되는지 알아내고자 한다. 클라이언트나 환경 그 자체가 문제를 지니고 있다고 전제하지는 않으며, 관계 사이의 상호작용에서 문제가 발생한다고 본다. 사회복지실천의 목표는 사람들이 생활과업을 수행하고, 욕구를 충족하고, 목적을 달성하고, 클라이언트에게 중요하다고 생각되는 입장을 존중하여 궁극적으로 클라이언트의 삶의 만족도를 향상시키는 것이다. 사회복지사와 클라이언트 간의 관계는 목적을 공유하는 ①협조적(Collaborative) 관계, 합의를 바탕으로 하는 ②협상(Bargaining) 관계, 각자의 목적이 상반되는 ③갈등(Conflictual) 관계로 맺어지게 된다. 이러한 관계를 전제로 하여 사회복지사와 클라이언트는 다양한 상황에서 상호작용을 하게 되는데, Pincus와 Minahan(1973)은 사회복지실천의 기초가 되는 대표적인 상황이라 할 수 있는 4가지 체계를 규정하였다.

<표 Ⅱ-2> Pincus와 Minahan의 사회복지실천의 4체계

체계	설명	상세 설명
변화매개 체계	• 사회복지사 • 사회복지사가 소속되어 있는 조직들	
클라이언트 체계	• 원조를 구하는 클라이언트 • 집단, 가족, 지역사회 등 변화매개 체계와 함께 하는 사람들	• 실제 클라이언트: 원조를 받는 것을 동의하고 스스로 참여한 사람 • 잠재적 클라이언트: 사회복지사가 관여하고 싶은 사람(예: 보호관찰자, 아동학대 용의자)
표적 체계	• 변화매개 체계가 목적을 달성하기 위해 변화시키고자 하는 사람들	• 클라이언트와 표적체계는 일치할 수도, 안 할 수도 있음.
행동 체계	• 변화매개 체계가 목적을 달성하기 위해 함께 일하는 사람들	• 클라이언트와 표적체계, 행동체계는 일치할 수도, 안 할 수도 있음.

출처: Pincus and Minahan(1973).

또한, 실제 사회복지실천 현장에서 체계이론을 적용하기 위해서는 각각의 단계별로 진행되어야 할 활동이 있으며, 필요한 기술 및 방법 등이 존재한다.

<표 Ⅱ-3> 사회복지실천 단계와 관련 기술 및 방법

단계	활동	기술 및 방법
문제 사정	문제 진술하기	• 문제는 ①사회적 상황, ②그 상황이 문제라고 판단하는 사람, ③판단의 이유의 세 부분으로 구성되며, 모든 부분을 진술하기
	체계 분석하기	• 체계들이 사회적 상황에 어떠한 영향을 미치는지 고려하기
	목표 정하기	• 여러 목표 중 '중요성'과 '가능성'을 기준으로 중심 목표 결정하기
	전략 정하기	• 사회복지실천 기본 4체계를 중심으로, 자원에 필요한 관계, 접근할 시점, 기대되는 어려움 등을 고려하기
	변화, 노력 안정화하기	• 문제개입으로 인해 발생할 수 있는 또 다른 문제들을 확인하여 미리 예방하기

단계	활동	기술 및 방법
자료수집	질문하기	• 언어적, 투사적 검사를 통해 질문하기
	관찰하기	• 클라이언트의 집이나 모의상황을 통해 관찰하기
	기록 확인하기	• 기관의 양식이나 문서, 녹음 등의 기록 확인하기
초기 접촉	가용성	• 클라이언트 체계에 해당하는 접촉 가능한 사람 확인하기
	접촉하기	• 클라이언트 체계에서 이전에 만남이 있었던 다른 부분들과 접촉하기
	양가감정 극복하기	• 타인의 도움 받는 것에 대한 저항 극복하기
	촉진하기	• 기관의 개입활동이 클라이언트 체계의 목적달성을 위해 어떤 의미가 있었는지 클라이언트에게 알려주기
계약 협상	1차 협상하기	• 사회복지사와 클라이언트 간의 계약 협상하기
	2차 협상하기	• 사회복지사와 다른 체계들 간의 계약 협상하기
	내용 정하기	• 각자 중요한 목적, 수행할 과제, 변화과정 등을 기술하기
	좋은 관계 형성하기	• 계약 목적을 설명하고, 용어를 분명하게 하여 불일치하는 점을 논의하기
	저항 다루기	• 체계의 다른 구성원들이 저항을 인정하고 수용할 수 있도록 정보를 제공하고, 체계의 집단성을 적절히 활용하기
행동체계 형성	크기와 구성 정하기	• (예) 클라이언트+사회복지사, 클라이언트+가족+사회복지사, 클라이언트+사회복지사+다른기관, 사회복지사+다른기관
	절차 진행하기	• 만나기 시간, 빈도, 장소, 행동규칙, 기간 등 • 허용적 vs. 규제적
행동체계 유지 및 조정	체계의 엔트로피 피하기	• 역할과 의사소통, 관계, 태도, 목적 등을 일관되게 하고, 가급적 변화를 피하고, 역할에 변화가 있을 때는 분명히 언급하여 절차 및 활동체계를 적절히 유지·조정하기
행동체계에의 영향	다귀결성	• 체계 일부에 영향을 미치면, 모든 부분들이 영향을 받게 됨. • 지식, 경험, 물질적 보상, 서비스, 지위(권위), 기존 관계, 정보통제 등을 활용하기
변화 노력 종결	평가하기	• 위의 활동을 통해 변화된 것을 사회복지사-클라이언트가 함께 평가하기
	관계로부터 분리하기	-
	변화 노력 안정화하기	-

출처: Pincus and Minahan(1973).

6. 가족치료이론

> "우리는 듣지만 듣지 않고, 말하지만 말하지 않는다.
> 우리는 듣고 싶은 것만 듣고, 말하고 싶은 것만 말한다.
> 아마 우리는 우리 안에 갇혀 있는 것일지도 모른다."

가족은 개인에게 마음과 마음이 통할 수 있는 소통과 연결의 길이 되어, 우리 삶의 과정에서 지지체계로 작동한다. 즉, 가족은 한 개인의 인생에서 기쁨, 슬픔, 외로움, 고통 등을 함께 만날 수 있는 자산(Capital) 역할을 하는 것이다(Granfield and Cloud, 1999; White and Cloud, 2008; Best and Laudet, 2010; Keane, 2011). 특히 한국사회에서는 나보다 가족의 이익이나 명예를 더 중요시하는 풍조가 만연하여, 기본단위는 가족이 된다.

개인은 가족에게 의무를 다하고, 가족은 개인을 보호한다. 가족 구성원이 외부로부터 공격을 받으면, 법과 정의보다 가족의 안전과 이익을 우선시한다. 그리고 개인은 스스로를 가족과 동일시한다. 이러한 가족 중심 사회에서는 가족의 연장선에서 수많은 유사한 가족집단을 만들어낸다. 즉, 사회 속에서 집단에 충성하면서 소속감과 안정감을 보상으로 받는 것이다. 개인의 의견을 주장하기보다, 자기가 속한 집단의 이익과 소신을 따르려고 하는 특징을 보인다. 내가 속한 집단의 이익이 전체 공동체의 이익보다 먼저인 것이다.

가족 중심의 집단주의 사회에서는 타인과의 관계 속에서 존재 의미를 찾기 때문에 타인의 시선을 의식하는 경우가 많다. 타인의 눈치를 보거나 상황을 계속 살피고, 자신의 감정을 억압하고 타인의 감정을 먼저 배려하면서 갈등을 회피하려 한다. 자신의 내면을 정직하게 드러내지 않고 표현을 자제하는 것이다.

개인 중심의 개입이 중점적으로 진행되던 기존의 심리치료방식에서 가족치료가 전문영역으로 자리 잡는 데에는 개인의 심리적·정서적 병적 증상이 단순히 개인 차원의 문제가 아니라, 가족구성원들과의 상호작용 결과물이라는 1950년대 정신분열증 환자가족들에 대한 연구결과물이 결정적인 역할을 하였다. 가족치료는 형성 배경에서부터 생물학원리에 많은 영향을 받았으며, 체계이론에서의 기본적인 개념들이 주로 사용되는 특징이 있다. '체계'는 타인과의 상호작용을 바탕으로 이루어지며, 상호작용은 개인의 행동을 통제하고 지배하는 역할을 한다. 가족치료이론은 이러한 개인이 경험하는 증상이나 문제를 타인과의 상호작용하는 방식의 변화를 통해 접근하고자 한다. 생물학의 원리들을 바탕으로, 개인 간의 상호작용에 근거한 체계를 중점적으로 살펴보면서 개인의 문제를 해결하고자 하는 원리를 지닌다.

인간을 구성하고 있는 세포는 외부 환경의 영향을 받는 동시에 자체적으로 스스로를 통제하는 '자율통제기능'을 지닌다. 즉, 살아있는 세포들은 외부 자극이 자신에게 미칠 영향을 감지하고 예상하여 자신의 변화정도를 미리 통제하는 것이다. 가족치료는 이러한 생물학의 자율통제기능 원리를 가족관계에 적용한 분야이다. 가족을 구성하는 가족구성원들은 세포와 마찬가지로 각자 서로에게 영향을 미치는 존재인 동시에 서로를 통제하는 기능을 지닌 집단인 것이다. 각각의 가족마다 독특하고 고유한 특성을 지닐 수 있는 바탕에는 이러한 가족의 자율통제기능 역할이 중요하다.

1) 가족치료이론의 원리 Ⅰ: 순환의 사고

가족치료의 가장 기본이 되는 Hoffman(1981)의 '순환의 사고(Circular

Thinking) 원리'는 가족을 구성하는 가족구성원들이 각각 서로에게 영향을 미치는 동시에 서로를 통제하는 존재라는 전제를 바탕으로 한다. 이러한 순환성의 원리는 가족구성원들의 관계의 흐름이나 관계 맥락의 바탕이 되는 역할을 한다.

순환의 사고 원리는 가족구성원 한 명의 특정행동이 다른 가족구성원들의 행동에 영향을 끼치게 되고, 이렇게 발생한 가족구성원 간의 파장은 다시 처음 특정행동을 시작한 구성원에게 영향을 미치게 되는 '순환구조'에 있다고 가정한다. 이렇게 가족구성원들이 영향을 주고받는 과정에서 의식 또는 무의식에 의한 일정한 "행동흐름"이 발생하고, 이후 이러한 "행동흐름"은 가족구성원 사이에 고착화되어, 개별 구성원들이 자율적으로 자신의 생각이나 느낌대로 행동하지 못하고 가족의 행동흐름에 맞추어 일정하게 행동하도록 통제하는 역할을 하게 된다. 일정한 행동의 흐름은 일종의 대세를 형성하고, 대세를 형성한 행동의 흐름은 가족구성원들의 행동을 지배하는 역할을 한다. 행동의 흐름이 일정한 대세를 형성하게 되면, 이러한 대세는 특정 맥락으로서 가족 내에 자리 잡게 되는 것이다.

가족처럼 다수가 함께 하는 관계 속에서는 이런 특정한 행동의 맥락들이 존재하며, 맥락은 집단의 구성원들을 통제하거나 지배하는 역할을 하기도 한다. 이렇게 집단 속에 존재하는 행동의 흐름은 여러 요인으로 나뉘는데, 그중 하나는 감정의 흐름이다. 구성원들은 그 집단에서 주요하게 흐르는 감정의 흐름을 공유하며, 이러한 감정의 흐름은 구성원들의 정서에 영향을 준다. 예를 들어, 한 구성원이 분노의 감정을 흘려보내면, 다른 구성원들이 분노에 대해 어떤 역할을 하느냐에 따라서 분노감정의 흐름은 달라진다. 다른 구성원들이 분노감정을 증폭하는 역할을 한 경우, 분노감정은 더욱 커다란 흐름을 만들어 내고, 이러한 분노의 흐름은 전체 구성원의 행동이나 사고를 지배하는 '대세'로 자리 잡는다. 그러나 구성원들이 분노감정을 감소하는 역할을 한 경우에는 분노감정의 흐름은 약세로 돌아서고, 구성원들의 행동을 지배하는 주된 흐름 역시 뒤바뀌게 된다.

생각의 흐름 역시 행동의 흐름을 지배하는 요인이다. 구성원들이 서로 공유하고 있는 지배적인 생각은 구성원들의 행동을 통제하는 하나의 흐름을 구성하게 된다. 구성원들이 공유하는 생각이 많아질수록 공유된 생각은 구성원들의 행동을 통제하는 더욱 큰 움직임이 될 수 있다. 이때 구성원들이 지닌 생각이나 감정의 흐름들은 집단이 지닌 맥락으로써 작용한다. 일정한 행동의 흐름은 일종의 대세를 형성하고, 대세를 형성한 행동의 흐름은 구성원들의 행동을 지배하는 역할을 하게 된다. 행동의 흐름이 일정한 대세를 형성하게 되면 이러한 대세는 맥락으로써 자리를 잡는다. 여러 사람이 모인 곳에서는 이러한 행동의 맥락들이 존재하며, 맥락은 역으로 구성원들의 행동을 통제하고 지배하는 역할을 한다.

행동의 흐름은 여러 요인으로 나누어 생각해 볼 수 있다. 먼저, 감정의 흐름으로서, 구성원들은 자신들이 속한 집단에서 주요하게 흐르는 감정의 흐름을 경험하게 되며, 이러한 감정의 흐름은 구성원들의 정서에 영향을 미친다. 행동의 흐름을 지배하는 또 다른 하나의 요인은 '생각의 흐름'이다. 구성원들이 서로 공유하고 있는 지배적인 생각은 구성원들의 행동을 통제하는 하나의 흐름을 구성하게 된다. 구성원들이 공유하는 생각이 많아지면 많아질수록 공유된 생각은 구성원들의 행동을 통제하는 커다란 움직임을 만들어 낸다.

2) 가족치료이론의 원리 Ⅱ: 관계와 체계

가족치료는 관계하는 방식(Green, 1981)에 일차적으로 관심을 갖는 활동이다. 어떤 한 집단의 고유한 감정, 사고, 또는 생각의 흐름은 그 집단구성원들이 관계하는 양식에 의해서 이루어진다. 가족의 경우 가족구성원들 사이에 관계하는 양식이 가족 전체의 모양과 형태를 만들어간다. Balswichk와 Balswick(1989)는 그들의 책 『가족(The Family)』에서 가족의 상호작용을 전체적으로 관련을 가지고 있는 단위로 정의하였다. 한 가족을 전체적으로 하나의 단위로 생각될 수 있는 근거는 그 가족구성원들 상호 간에 관계하는 방식이 다른 가족구성원들의 상호작용하는 방식과 다르다는 생각이다. 한 가족 내에서도 상호작용의 방식에 따라서 또 다른 전체를 구성할 수 있다. 예를 들어, 가족 내에서 부부관계의 상호작용은 다른 가족구성원들의 관계하는 양식과 구분된다. 형제와 자매간의 관계하는 양식은 부부관계의 양식과 같을 수 없으며, 이렇게 관계하는 방식의 차이는 구성원 상호간의 독특한 양식과 모양을 만들어 낸다. 부부는 가족 내에서 또 하나의 전체로서 존재한다. 부부의 상호작용 방식 또는 가족구성원들의 상호작용 방식은 다른 가족이나 다른 집단들과 구분되는 전체의 특성을 만들어 내기 때문에 곧 가족치료에서 관심을 지니게 되는 일차적 대상이 된다.

집단 구성원들의 상호작용 방식은 일정한 체계를 만들어 낸다. 가족구성원들은 자체의 상호작용에 의해서 하나의 체계를 만들어 낸다. 이 체계는 스스로 변화와 통제를 할 수 있는 순환성의 원리에 의해 움직여지는 살아있는 형태이다. 가족은 자체적으로 관계양식을 조절하며 체계를 변화시키는 기제를 지니고 있다(Beavers, 1977; Hoffman, 1981; Guttman, 1991). 이러한 원리는 항상성의 원리로서, 가족구성원들은 자체적으로 전체 구성원들의 행동과 관계하는 양식을 통제하고 조절하는 기능을 지니고 있다. 예를 들어, 한 가족구성원이 지나치게 많은 말을 하려고 한다며, 다른 가족구성원의 눈치를 보게 되고, 다른 가족구성원의 반응이 좋지 않은 경우에는 스스로 자신의 말 많은 행동을 조절한다. 이 경우에 한 개인이 자신의 행동을 스스로 조절하는 것처럼 보이지만, 사실 가족구성원들이 이미 가지고 있는 관계양식은 말 많은 행동을 조절한다.

한 가족 내에서 다른 집단들도 이러한 통제의 조절기능을 지닌다. 부부는 서로 맞물려 있는 체계로 정의되며, 부부 사이의 관계도 여전히 가족 체계와 관계에 의한 원리들을 적용할 수 있다(Lederer and Jackson, 1968). 부부 중 한 사람의 행동은 배우자의 반응과 행동에 의해 민감하게 영향을 받는다. 지나치게 자신의 마음대로 행동을 하고 싶은 경우에도 다른 배우자와의 관계양식이 행동의 범위와 수위를 조절하는 역할을 한다. 부부는 서로 간에 견제와 협동이라는 관계양식을 통해서 서로의 행동을 조절하는 일정한 체계를 만들어간다. 나중에는 이러한 체계가 부부의 행동을 조절하는 역할을 하게 된다.

가족이 살아있는 체계로서 일정한 역사를 갖게 되면, 그 체계는 일정한 형태와 구조를 지닌다. 역사적으로 만들어진 일정한 형태와 구조는 가족구성원들의 행동을 일정한 방식으로 행동하도록 하는 관계의 양식을 만들어 낸다. 한 개인의 행동양식은 곧 이러한 가족구조가 지니고 있는 형태를 반영한다. 따라서 만일 클라이언트가 치료 장면에 일정한 증상을 가지고 온다는 점은 그 클라이언트는 가족의 구조와 형태를 가지고 옴을 의미한다. 클라이언트 증상은 가족의 구조와 형태라는 면에서 이해되고 해석되어야 한다.

가족이 오랜 역사를 통해서 발전시킨 상호작용의 결과인 구조와 형태가 병리적 모습을 가지고 있을 때 가족구성원 중에 누군가는 증상을 들고 치료의 장면에 나타난다. 내담자의 증상은 가족구성원들이 발달시켜 온 병리적 구조에 의해서 나타난 현상이며, 병리적 구조는 증상에 의해서 유지되는 순환과정을 겪는다. 가족치료자는 클라이언트의 증상 뒤에 숨겨져 있는 가족의 구조와 형태를 밝히는 일을 일차적으로 해야 한다. 증상을 통해서 보이는 가족의 병리적 체제와 상호작용을 변화시키는 일이 가족치료자의 일차적 관심이다. 가족의 병리구조를 파악하기 위해서 가족치료자는 클라이언트가 증상을 통해서 어떤 역할을 하고 있으며, 무엇을 얻으려고 하는가 하는 점을 파악하여야 한다. 증상이 가지고 있는 역할은 가족의 병리구조와 형태를 반영하는 중요한 요인이다.

7. 생태학적 관점

개인은 환경과 분리될 수 없으며, 서로 영향을 주고받는 관계이다. 동일한 생활공간 내에서 상호 관련 있는 체계들을 발견하고 그 체계들이 영향을 주고받는 양상의 확인을 통해 우리는 개인이 지니고 있는 문제에 개입할 수 있으며, 이는 사회복지실천에서 매우 중요한 실천도구로 활용된다(권중돈, 2014; 엄명용 외, 2016). 친밀한 사회적 관계는 사회적 문제를 해결하는 데에 큰 역할을 하는 자산(Capital) 역할을 한다(Laudet and White, 2008; White and Cloud, 2008; Pettersen et al., 2019). 친밀한 사회적 관계를 유지하기 위해서는 먼저 실존적 소외에서 벗어나 독립적인 존재가 선행되어야 한다.

1) 생태학적 관점 Ⅰ : 생태체계이론

생태체계이론(Bronfenbrenner, 1979)은 체계이론과 생태이론이 합성된 용어로, 인간과 환경은 서로 분리된 존재가 아닌 지속적인 상호교류 안에서 존재하는 하나의 체계로 바라본다. Bronfenbrenner(1979)는 인간발달 과정을 분석하는 가운데 체계이론을 확대하여 '생태체계'라는 용어를 사용하였다. 생태체계이론은 개인을 둘러싼 여러 문제들이 겹겹이 쌓인 현상을 이해하는 한 가지 방법으로서, 사례를 지나치게 단순화하거나 축소하는 것을 피하는 동시에 문제의 복잡성을 정돈하고 이해할 수 있도록 돕는다. 이 이론은 개인 사례(문제) 주변의 개념적 경계선을 설정하는 방법을 통해 개인, 가족, 집단, 지역사회 등을 대상으로 하는 사회복지실천의 기본 틀이 된다. 모든 과정을 환경 속의 인간(Person In Environment: PIE)의 관점에 초점을 두고 진행하여, 개인과 환경이 항상 서로 적응한다고 보고, 사례의 어느 한쪽이 다른 쪽에 언제나 상호작용하여 영향을 미칠 수 있다는 것을 전제로 하고 있다.

생태체계이론은 사회복지실천의 '생활모델'을 공식화한 모델이며, 광범위한 사회복지실천 영역에 적용되어 개인의 행동, 정체성, 자기관리 및 환경 등을 중시하는 이론이다. '생활모델'에서는 모든 인간을 환경 속의 여러 측면과 지속적으로 상호교환하면서 적응해가는 존재로 바라본다. 사람들은 환경을 변화시키기도 하고, 때로는 자신이 속한 환경에 의해 변화되기도 한다. 우리는 이러한 변화가 일어나는 환경, 즉 '생태체계'속에서 호혜적 적응(Reciprocal Adaptation)과 변화를 통해 성장하며 살아간다는 것을 기본적인 전제로 한다.

2) 생태체계이론의 기본 개념

환경과 상호작용하고 타인과 관계 맺는 능력은 인간 누구에게나 주어진 능력이다. 유전적·생물학적 요인은 환경과 상호작용하는 과정에서 다양한 방식으로 표현된다. 개인과 환경은 상호 영향을 미치는 단일 체계를 형성한다. '적합성'이란 개인의 적응력과 환경 사이의 상호작용을 통해 형성되는 "상호적 인간-환경"의 과정이다. 인간은 목적을 지향하기 때문에 유능성 획득을 위해 노력한다. 개인에게 주어진 환경에 대한 주관적 의미는 발달에 매우 중요한 역할을 한다. 개인의 성격은 개인과 환경 사이의 상호작용에 대한 산물이다. 개인의 생활경험에 따라 긍정적/부정적 변화가 발생한다. 개인의 생활상의 문제는 전체 생활공간을 바탕으로 하여 이해해야 한다.

생태체계이론은 인간을 매우 복잡한 존재로 간주한다. 인간은 행동, 사고, 감정을 지닌 생물학적, 심리학적, 사회적, 문화적, 영적인 존재로서, 환경을 구성할 뿐 아니라 환경에 의해 영향을 주고받는 상호교환적인 위치에 있다. 생태체계이론에서의 인간은 '환경 속의 인간'이라는 총체적 존재이다. 이 이론은 인간에 대한 낙관론적인 시각을 가지며, 인간과 환경은 지속적인 상호작용과 상호교환을 통해 서로에게 영향을 미치는 동시에 서로를 형성하는 상호적응하는 호혜적 관계(Reciprocal Relationship)를 이루고 있다고 본다.

생태체계이론에서 인간의 발달은 시간에 따른 진화론적 유전적 변화 및 성숙뿐만이 아니라 선택과정에 의해 구성된다고 본다. 인간은 자신이 생활하는 환경 속에서 상호교류를 지지받거나, 또는 방해받으며 성장하고, 이러한 산물로서 형성된다고 보는 것이다. 생태체계이론에서 인간은 사회문화적 존재이며, 생애 초기인 유아기는 발달에 있어 중요한 시기로 강조된다. 유아는 일반적으로 주양육자인 부모와의 애착관계를 유지하지 않고는 생존할 수 없으며, 생애 초기 주양육자와의 결속관계는 이후 사회적 관계를 형성하는 데에 매우 중요한 역할을 하게 된다고 가정한다.

인간은 본능적으로 사회적 관계를 맺는 능력을 지니고 태어나지만, 원만한 사회적 관계 형성을 위해서는 가족(주양육자)으로부터 시작되는 학습과 사회화가 필요하다고 보는 것이다. 생태체계이론은 인간은 생활환경 속에서 타인과 가치 있는 사회적 관계를 맺고, 존경과 관심을 주고받음으로써 자아를 적절히 발달시킬 수 있고, 사회적 역할기대를 적절히 이행하고, 일생을 타인과 상호의존성을 유지하며 생존을 보장받는 삶의 적절성을 확보한다고 주장한다.

3) 생태체계이론의 주요 내용

사회문제에 있어 개인, 환경, 개인-환경 간의 상호적 이해관계 모두에 초점을 두는 것이 생태체계이론의 특징이다. 생태학과 일반체계이론으로부터 도출된 개념들의 강점들을 통합하였으며, 사물이 어떻게 상호 적응상태를 이루고 적응하는가에 초점을 둔다. 또한, 인간과 물리적·사회적 환경 사이에의 상호교환을 강조하여, 클라이언트의 상황 일부분이나 체계 일부분에 관해 초점을 두지 않고 통합된 관점으로 환경이 개인에게 영향을 미치는 방식과 개인이 환경에 영향을 미치는 방식 등 전체 틀의 총체적 관점에서 준거 틀을 제공하는 것이 일반적이다.

생태체계이론은 진화적 시간에 따른 유전적 변화뿐만이 아니라 성숙 및 선택과정에 의해 한 개인이 형성된다는 발달론적 관점을 가지고 있다. 이러한 관점에서 개인은 환경과의 상호작용을 지지받거나 방해받는 잠재적인 요인을 유전적으로 지니고 태어난다고 간주한다. 생태체계이론에서 인간행동은 성장하는 개인-환경 사이의 상호작용 산물이라고 보는 것이다. 또한, 개인의 특성이 고립되어 존재하는 것이 아니라 전체적 환경과의 상호작용을 통해 전체적인 의미에서의 특성을 갖게 되고, 이것이 개인 고유의 성격으로 표현되는 것이라고 본다.

생태체계이론은 특정 생애주기의 발달단계를 제시하지는 않는다. 발달단계이론은 생활 일부분이나 특정 연령 또는 특정 발달단계에 중점을 두고, 각 단계의 성공여부에 따라 다음 단계의 성공여부 역시 달라진다고 가정한다. 하지만 생태체계이론에서 발달은 일생을 통해 발생하는 개인-환경 간의 상호적 관계라는 가정을 한다. 따라서 발달을 촉진 시키는 개인적 요인뿐만 아니라 개인에게 영향을 미치는 환경이라는 복잡한 관계망을 탐색하는 것을 중요시한다. Bronfenbrenner(1979)는 전 일생을 통해 이루어지는 상호교류적 발달을 개인-환경 사이에 이루어지는 산물로 보았다. 개인의 행동과 발달을 형성하는 상황적인 환경이 개인을 억압하거나 개인의 발달을 억압/지지하는 다양한 상황들을 포함하고 있다고 전제한 것이다.

우리는 환경 속에서 적응과 변화를 거듭하는 지속적인 과정을 통해 자신을 유지하고 개발시키기 위해 노력해야 하며, 개인 또는 집단 속에서 함께 살아가는 체계인 환경과의 적합성(a good fit)도 유지해야 한다. 상호교류가 적응적인 균형을 혼란 시킬 때 우리는 스트레스가 유발되고, 이는 환경 간의 적합성의 문제로도 이어지게 되는데, 스트레스는 주로 아래와 같은 상황에서 발생하게 된다고 보았다.

- 생애주기 과도기 - 발달단계의 변화, 사회적 지위나 역할의 변화, 생활공간의 재구성 등
- 환경압력 - 불공평한 기회, 비협조적인 조직구성원 등
- 대인관계 - 착취, 억압, 일관성 없는 기대 등

스트레스는 개인적·환경적 상황에 따라 상이하며, 특히 사건을 지각하는 태도에 따라 상이하게 받아들이게 된다. 생활모델에서는 이렇듯 외부 환경을 통제할 수 있는 개인의 태도와 역량의 중요성을 강조한다. 이러한 생활모델을 바탕으로 하는 사회복지실천의 주된 목적은 사람들의 환경에의 적응 능력을 함양하여 환경과의 상호교류가 보다 적응적으로 되도록 하는 것에 있다(Germain and Gitterman, 1980: 10). 생태체계이론 또한 환경적 변화를 고려하지만, 개인의 환경에의 적응을 무엇보다 중요시한다.

생태체계이론의 다른 형태로서, Meyer(1983)의 생태체계적 관점은 설명적 이론들을 체계적으로 활용하여 사회복지실천에서 생활모델보다 좀 더 유용하게 사용되는 방법이다. 특히, 가계도나 생태도 같은 시각적 도구를 활용하여 가족관계망이나 환경적 지지체계를 사정하는 데에 초점을 두는 관점이다(Gilgun, 1994).

4) 생태학적 관점 Ⅱ: 관계망 형성 및 사회적 지지체계

생태학적 관점에서 사회적 지지체계로서 공식적·비공식적 관계망은 매우 중요하다(Garbarino, 1983; Whittaker, 1986). 관계망은 관여된 사람들에게 특별한 의미를 지닌 지점들 사이의 연결패턴이나 체계를 의미한다(Seed, 1990: 19). 관계망은 관계를 이루는 특정 부분들 사이의 접촉의 횟수나 관계의 중요도에 따라 양과 질이 매우 다양하게 나타날 수 있다. 관계망은 가정, 직장, 여가, 보호 등과 관련하여 다양한 특성 또한 지니고 있다.

관계망 형성은 개인적일 수도 있고 사회적일 수도 있다(Garbarino, 1983). 개인적인 수준의 관계망에 개입을 할 때는 자조와 권한부여, 능력부여, 역량강화 등의 임파워먼트를 가능하게 하여, 문제로부터 벗어나 유능감을 개선하기 위한 노력이 중점이 되어야 하고, 사회적 수준에서 원조를 할 때는 지지체계를 활성화하기 위한 환류작업을 동원해야 할 필요성이 있다. 즉, 개인적·사회적 관계망 형성은 모두 상호의존 관계 속에 있는 다양한 체계 간의 중개역할을 바탕으로 체계를 적합하게 유지하기 위해 노력하는 과정이라고 볼 수 있다.

관계망 속에 가족, 친구, 이웃들이 얼마나 포함되어 있는지와 관계망의 상호작용의 양이 어느 정도인지에 따라 관계망의 속성과 유형이 달라진다는 것을 선행연구들을 통해 확인할 수 있었다(Wenger, 1995). 사회적 지지는 이웃이나 친구들로부터 비롯할 수 있었고, 특히 배우자와 친인척이 개인적 보호를 위해 주로 의지할 수 있는 존재인 것으로 확인되었다. 더욱이 친구 관계망은 사회적으로 고립되거나 낙인찍혀 있을 때 매우 중요한 기능을 하는 것으로 밝혀졌다(Richardson and Ritchie, 1989).

8. 커뮤니티 케어

커뮤니티 케어(Community Care)는 돌봄(Care)이 필요한 사람들이 자신의 살던 곳(집)이나 지역사회(Community)에 거주하면서 개별적 욕구에 부합하는 지원을 받고, 지역사회에서 고립되지 않고 함께 어울려 살아가면서 인간 본연의 존엄성과 독립성을 유지하고 자아실현을 할 수 있도록 하는 것을 지향한다(최윤, 2019). 즉, 복지서비스를 받는 당사자가 지역사회 내에서 최대한 자신의 의지대로 독립성을 유지하며 삶을 영위할 수 있는 지원을 하여 당사자의 자아실현과 동시에 지역사회에서의 활발한 활동을 보장하는 체계이다(보건복지부, 2018).

보건복지부는 2018년 한국형 커뮤니티 케어 도입을 현 정부의 정책 방향으로 공표하면서 지역사회 보호를 중요한 정책 아젠다로 제시하였고, 이를 바탕으로 한 보건의료와 복지서비스에 관한 관심이 커지고 있다. 커뮤니티 케어가 강조되는 것은 그동안 의료·보건·복지 영역 등에서 아동, 노인, 장애인 등을 위한 다양한 서비스가 제도화되면서 복지대상자인 당사자의 욕구에 적합하고, 포괄적이며 통합적인 서비스를 제공하는 시스템을 구축할 필요성이 확대되었기 때문이다. 특히, 각종 복지 영역에서의 탈시설화를 통한 의료비용 급증에 대응하고, 탈시설 이후에 지역사회 내에서 최대한으로 적응하며 삶을 살아갈 수 있도록 여건을 조성하는 것이 강조되면서 커뮤니티 케어는 더욱 중요한 정책으로 급부상하였다.

1) 커뮤니티 케어의 주요 내용

1970년대부터 시작된 정상화(normalization)와 탈시설 정책을 바탕으로, 대형수용시설이나 병원에서 벗어나 자신이 살던 곳이나 주거공간, 소규모 시설에서 생활하면서 공간으로서 지역사회의 한 구성원으로서 살아간다는 커뮤니티 케어는 이미 서구 복지선진국들에서 빈번하고 광범위하게 사용되었던 개념이다(김용득·이계연, 2013). 영국의 커뮤니티 케어는 포괄적인 의미에서 정부의 시장원리 채택, 지방정부 서비스 제공 책임의 이양, 케어매니지먼트 체계의 구축, 서비스 공급 주체의 다원화 등으로 요약될 수 있다. 이러한 운영원리 지향을 바탕으로 영국은 1948년 이전부터 개혁을 시도하였으나, 1990년에 「커뮤니티케어법(National Health Service and Community Care Act: NHSCCA)」의 제정과 함께 본격적으로 장애인, 노인, 정신장애인 등을 포함하는 취약계층의 사회복지서비스 제공이 시행되었다.

1990년 입법 배경에는 먼저, 거주시설 서비스 지출의 급속한 증가와 사회보장 정책의 '의도에 반하는 효과(Perverse Effects)에 대한 비판이 주요 계기가 되었다. 1980년 이전에는 거주시설서비스에 대한 비용지원이 지방정부의 책임이었으나 1980년 이후 재정지원의 책임이 중앙정부로 이관되었고, 이러한 정부 중심의 사회보장 급여로의 변경은 시설서비스에 대한 지출을 급격히 증가시켰다. 또한, 1950년대부터 계속된 정부의 지역사회기반 서비스 강조에도 불구하고, 지속적으로 증가하는 거주시설 이용자의 숫자를 감소할 수 있도록 정부 차원의 개혁적인 조치가 필요하였다.

영국 커뮤니티 케어의 핵심요소들은 다음과 같다. 먼저, 효율성 증진과 이용자 선택을 반영한 시장기제의 도입이다. 이러한 '소비자 주의'에 입각하여 서비스 구매자와 서비스 제공자를 분리하도록 한다. 둘째, 지방정부의 책임과 권한의 강화이다. 지방정부는 단순히 서비스 제공자의 역할을 하는 것이 아니라 서비스 구매자의 욕구사정, 서비스 구매, 비용지불 등의 다양한 역할을 동시에 수행해야 한다. 셋째, 사회복지서비스의 민영화(Privatization)를 통한 국가 및 지방정부의 역할 감소와 개인 및 민간기업 운영서비스 비율의 증가이다. 넷째, 지역 단위의 보편적인 서비스 지원체계 수립과 케어매니지먼트를 바탕으로 한 서비스 전달관리이다. 사회복지서비스를 필요로 하는 모든 국민은 자신의 욕구에 따른 서비스를 해당 지방정부에 요청·신청할 수 있으며, 서비스를 받게 되는 경우 국가 차원에서의 일괄적으로 관리된 서비스를 받아야 한다.

2) 한국사회에서 커뮤니티 케어의 의미

한국사회에서 커뮤니티 케어는 "케어가 필요한 주민들이 자신의 집이나 그룹홈 등의 지역사회에 거주하면서, 개개인의 욕구에 적절한 서비스를 누리고, 자아실현 활동을 통해 지역사회와 어울려 살아갈 수 있도록 지원하는 사회서비스 체계"로 정의하며, 케어는 단순히 돌봄뿐 아니라 주거, 복지, 보건, 의료 등을 포괄하는 적극적인 성격의 사회서비스 개념으로 접근하고 있다(보건복지부, 2018). 국내에서 커뮤니티 케어는 일개 단순한 복지정책이 아니라 여러 개혁적 의미를 포함하고 있다: ①보건과 복지의 주류화, ②새로운 경로(pathway)의 창출, ③저출산, 고령화, 양극화 극복과 복지국가 건설의 핵심전략

하지만 국내의 상황은 아직 커뮤니티 케어의 중요성을 인식하고 점차 확대해가고 있는 단계에 머물러 있다. 2016년 거주시설, 요양병원, 정신의료시설 등에서 약 74만 명이 생활하는 것으로 확인되었으며, 100인 이상이 거주하는 대형수용시설은 아직 전국 349곳에 존재할 뿐이다(김형용, 2018). 커뮤니티 케어가 성공적 사례가 되기 위해서는 국내 실정에 적절하게 개별화된 사례관리와 이에 따른 서비스 계획과 서비스 연계 및 조정 등이 바탕이 되어야 할 것이다. 더욱이 커뮤니티 케어의 중추적 역할을 하는 "사람 중심(Person-Centered) 사상"의 개별 맞춤형 지원의 특색을 살려, 보건·복지·주거·소득·교육 등에서 제공되는 다양한 지원을 통합적 관점에서 다루어야 할 것이다.

3) 한국사회에서 커뮤니티 케어의 과제

커뮤니티 케어는 돌봄서비스를 지원받는 이용자를 관계적 존재로서 바라보고, 이용자가 평소 친숙하게 살아온 삶의 터전 안에서 평생을 관계 맺고 살아온 사람들과 함께 지속적으로 삶아갈 수 있도록 환경을 조성해주어 연속성을 보장하는 '자신이 살던 곳에서 나이 들어가기(aging in place)'를 지원하고, 인간 중심의 이해와 존중을 바탕으로 하는 돌봄을 지향하는 인본주의와 결을 같이 한다. 또한, 모든 이용자 당사자의 죽음의 순간까지 스스로의 삶을 자율적으로 통제하고 독립적으로 살아갈 수 있는 환경을 마련해주는 삶의 질을 고려한 돌봄을 지향한다. 통합적이고 사람 중심의 맞춤된 돌봄을 제공하여, 개인 저마다의 상이한 욕구를 세심하게 고려하며, 세분화된 각각의 욕구를 충족하기 위해 노력한다. 더욱이 커뮤니티 케어는 의료적 처치가 필요 없는 경우에도 병원이나 시설에 머물러야 하는 비효율적인 돌봄의 경우를 지양하고, 지역사회 안에서 지속가능한 사회적 돌봄을 제고한다.

(1) 돌봄의 연속성: 지속가능한 사회적 돌봄

커뮤니티 케어는 '돌봄의 연속성(Continuum of Care)' 개념을 주 바탕으로 한다(Liebowitz and Brody, 1970). 이는 복지서비스 대상자의 기능과 욕구상태의 변화에 대응하여 개별맞춤형으로 서비스가 적절하게 제공되는 것으로 정의된다(정경희 외, 2016; 김남순 외, 2017; 전용호, 2018). 만약 돌봄의 연속성이 담보되지 않고 서비스가 분절적으로 제공된다면, 다수의 복지대상자에게 지역사회에서 삶을 누리는 커뮤니티 케어의 실현은 현실적으로 불가능할 것이다. 돌봄의 연속성은 커뮤니티 케어가 온전하게 실현되기 위한 중요한 전제 조건이라고 볼 수 있다(전용호, 2018).

(2) 커뮤니티 케어의 개념과 실현 공간의 확대

고령화와 양극화 등의 사회적 상황은 커뮤니티 케어를 필연적인 정책 아젠다로 지향하도록 만들고, 따라서 이러한 커뮤니티 케어의 실현 가능성은 낮다고 볼 수 없다. 커뮤니티 케어의 성공 전략에 대하여 여러 논의가 이루어져 왔는데, 요약하면 서비스 제공 및 관리체계에서 정부와 공공부문의 역할 강화라 할 수 있다(김보영, 2018; 김용득, 2018; 석재은, 2018; 이건세, 2018). 커뮤니티 케어의 성공적 시행을 위한 구체적인 제안은 다음과 같다.

- 당사자 욕구에 부응하는 통합적 급여와 서비스 및 관리 체계의 구축
- 정부 차원의 포괄적 종합계획의 수립(예: 찾아가는 동주민센터(찾동) 사업)
- 커뮤니티 케어를 보장할 수 있는 재정과 인력의 확보
- 민-관-중앙-지방정부 역할의 명확화
- 보건복지서비스의 보편성과 지속가능성 및 예방서비스의 강화
- 보건-의료-요양-주거-복지 사이의 협력이 가능하도록 부처, 정책 간 협력체계의 구축
- 일차적 의료서비스 등 기존 서비스 전달체계의 효율적 개편과 관련한 특별법 제정

위의 제언들은 한국사회에서의 커뮤니티 케어 정책이 정치적 과정임을 다소 간과하고 있다. 따라서 다음의 전제가 추가될 때 그 성공가능성은 높아질 것이다. 즉, 커뮤니티(community) 개념의 복원 또는 확대이다. 커뮤니티의 어원은 '되갚아야 하는 선물'이란 의미로 구성된 것에 주목한다(Esposito, 2010). 즉, 커뮤니티 개념에서 인간은 독립적이고 자율적인 존재가 아니라, 불완전하고 취약성을 지닌 존재이며, 서로 돌볼 의무가 있다고 바라보고 있다. 다시 말해, 커뮤니티라는 말속에 이미 돌봄이라는 의미가 내포되어 있다는 관점으로 바라보는 것이다.

지금까지의 연구에서 커뮤니티 케어는 주로 노인, 장애인, 아동 등을 대상으로 하는 서비스 제공이나 복지전달체계 등이 이루어졌다. 4대 중독자 역시 국내에서 정신질환자로 관리받고 있거나 알코올중독이나 약물(마약)중독의 경우의 의료·보건·복지 영역의 서비스를 종합적으로 다루어야 하는 영역으로서, 돌봄의 연속성의 측면에서도 연구를 다룰 필요성이 있다.

9. 공동체적 인본주의

1) 이타적 행위

프랑스의 유대계 철학자인 Levinas(1974)는 타자는 나를 책임지는 존재로 거듭나게 한다며, 타자에 대한 윤리적 책임을 강조하는 윤리설을 발전시켰다. Levinas에 따르면 인간 주체는 타자에 대하여 전적으로 책임이 있는데, 주체의 책임성이란 타자의 요청 앞에 선 인간이 자기로 말미암지 않은 타자의 고통에 대해서까지도 책임을 지는 것을 의미한다(김연숙, 2011).

> "주체가 주체로서의 의미를 갖는 것은 지식 획득이나 기술적 역량에 달린 것이 아니라 타인을 수용하고 손님으로 환대하는 데 있다고 본다. 헐벗은 모습으로, 고통받는 모습으로, 정치적, 경제적, 사회적 불의에 의해 짓밟힌 자의 모습으로 타인이 호소할 때 그를 수용하고 받아들이고, 책임지고, 그를 대신해서 짐을 지고, 사랑하고 섬기는 가운데 주체의 주체됨의 의미가 있는 것이다(강영안, 2005: 32)."

인간은 타인에 대한 책임을 다할 때 자기 주체성을 확장할 수 있다.

이 책임윤리는 개인을 넘어 공동체와 긴밀하게 관계한다. 타자에 전적인 책임을 진 운명 공동체는 열린 공동체로서 생명과 운명을 함께 하는 것을 의미한다. 미완인 인간은 결핍된 실존을 망각하지 않고 살아가는 존재이기에 공동체가 필요하며 그 공동체는 윤리적 책임의 공동체가 되어야 한다. 타자에 대한 책임 윤리의 회복이야말로 공동체의 핵심이다. Levinas가 언급한 공동체는 윤리적 주체가 모인 공동체로서 열림의 공동체를 의미한다(심상우, 2019).

이타적 행위는 공동체 안에서 타자에게 유익할 뿐 아니라 행위자 자신에게도 유익으로 되돌아온다. 예를 들면, 봉사활동과 같은 이타적 행위는 중독회복에 긍정적인 영향을 미친다는 연구들이 국내외에서 잇따라 발표되고 있다(최송식, 이솔지, 2008; 강선경 외, 2016; 박상규, 2017; 강준혁, 2018; Zafiridis and Lainas, 2012; Pagano et al., 2015; Davis et al., 2017; Johnson et al., 2018). 즉, 중독에서 회복과정에 있는 이들이 타인에게 봉사하거나 혹은 자신과 비슷한 어려움을 가진 이들을 위해 헌신하는 행위를 통해 삶의 의미와 보람을 느낄 수 있고 이는 재발률을 낮추고 회복을 유지하는 중요한 요소로 작용한다는 것이다.

2) 유가의 공동체주의

중국은 춘추시대부터 인간에 대한 학문이 발달하였는데, 공자, 맹자, 순자 등의 유가사상은 지금 이곳(Here and Now)을 중시하는 현세주의를 강조하면서 인간관계의 조화를 추구하는 도덕적·윤리적 인간관을 설정하였다. 유학의 창시자인 공자에 이어서 맹자는 인간의 본질적 속성으로 성선설을 주장하였는데, 현실적으로 존재하는 선하지 못한 사람이나 선하지 못한 행위는 인간 본성에서 비롯된 것이 아니라 후천적 환경의 영향에 의한 것이라고 보았다. 반면에 순자는 욕망을 인간의 기본적 속성으로 보았고, 인간은 본래 악한 존재이며 후천적인 노력으로 악한 본성을 착하게 변화시킨다고 주장하였다(정귀화, 이치한, 2003: 359-360).

근대 서양의 사회계약론자들은 인간을 하나의 독립적인 존재로 파악하였다. 반면에 유가는 인간에 대하여 개인주의에 반대하는 개념으로 접근하였다. 즉, 사람(人)은 혼자 살 수 없으며, 상호관계 속에서만 인간으로 살 수 있다는 인간(人間)의 개념 속에 사회적·공동체적 경향을 중시하였다. 즉, 인간은 태어나자마자 가족이나 공동체의 성원 또는 국가의 시민으로서 존재하며, 이러한 공동체 속에서 도덕성이 길러진다는 것이다. 이러한 공동체 내에서의 자아를 구성적 자아(Constitute Self)라고 하는데, 자아는 자기반성의 능력이 있으며 남들과 공유된 자아로서 자신을 이해한다. 따라서 현실적으로 존재하는 구체적인 개인은 타인과의 관계 속에서 존재 의의를 갖는데 이것은 중국 철학의 유기체적 우주관에 근원을 두고 있다. 즉, 존재하는 것은 모두 유기적으로 서로 연계되어 있으며, 유기체적 우주관에 근거하여 유가는 인간을 철저한 사회적 동물로 파악하고 있다. 이처럼 유가는 인간의 사회성, 즉 공동체 정신을 강조하며, 참된 자아(眞我)나 대아(大我)를 공공의 이익에 힘쓰고 개방적 경향을 가진 자아로 파악하고 있다. 인성에 대해서는 서양과 중국 유가사상 간에 개념 차이가 있는데, 서양의 인간 개념은 개체의 가치 실현을 추구하는 반면에, 유가사상에서는 인간이 사회적 가치를 실현하는 과정에서 비로소 개인으로서의 가치를 실현하거나 완성한다고 본다(정귀화, 이치한, 2003: 361-362). 요약하면, 인간은 혼자서 자기의 발전을 추구하는 독립적인 존재라기보다는 한 사회 또는 공동체 안에 속한 존재로서 공동체 안에서 자아를 구성하고 사회적 가치 실현을 통해 개인의 가치를 실현하는 존재라고 정리할 수 있다.

3) 한국 문화와 인본주의

한국의 인본주의 문화는 고대 경전에서부터 유교, 불교, 동학 등에서 찾아볼 수 있다. 먼저, 고대 경전에 나오는 홍익인간은 널리 인간을 유익하게 한다는 의미를 담고 있는 인간 중심 사상을 담고 있다. 유교사상의 핵심적인 개념은 인(仁)인데, 인은 자기를 극복하고 예를 행하는 것을 의미하며, 인의 함양은 곧 인간의 자아실현으로 규정한다. 불교에서는 특히 현상학적인 인간관을 견지하는데, 불안, 갈등, 불만을 촉발하는 유기체적 경험들은 현상학적 경험이며, 삶의 괴로움으로부터 벗어나려면 깨달음이 필요하고, 팔정도를 닦아 일상생활과 수행을 통해 망념의 지배에서 벗어날 수 있다고 본다. 이밖에도, 동학은 우리 민족의 주요 사상을 함축해 놓았다고 볼 수 있는데, 동학의 바탕이 되는 인내천 사상은 인간의 존엄성에 기초한 인간 중심 사상을 고취하고 있다(주은선 외, 2007: 572-573).

4) 인본주의와 인본주의 상담

한국의 심리치료자들은 상담 현장에서 다양한 이론들을 사용하는데, 그중에서 상담자의 73.8%와 심리상담자의 58%가 인본주의를 주요 이론으로 활용하는 것으로 보고된다(주은선 외, 2003). 인본주의 심리학에서는 인간은 단편적 행태로 연구하고 이해될 수 없으며 그보다는 인간이 타인과 세계와 어떻게 상호작용하는지에 대하여 연구해야 한다고 주장한다. Rogers, May, Maslow 등은 인간은 독특한 능력 즉, 사랑, 자유, 선택, 창조성, 목적 관계, 의미 가치, 성장, 자아실현, 책임 능력, 자아 초월, 유머, 자발성 등에 초점을 맞추어 인간의 능력을 보아야 한다고 주장했다. 특히, Maslow(1970)는 인간은 자아실현을 위해 노력하는 존재라고 보았다. 인본주의 심리학은 인간의 사회적인 측면을 중시하고 인간은 그가 속한 사회로부터 분리될 수 없기에 인간관계에 큰 비중을 둔다(주은선 외, 2007: 571).

인본주의 심리학을 바탕으로 하는 인본주의 상담에서는 인간은 기본적으로 합리적이고 사회화되고 스스로 자기실현을 해나갈 수 있는 존재라고 본다. 인간은 기본적으로 모든 일에 건설적이고 협조적이며 믿음성이 있는 존재이며, 본능적 방어 욕구가 필요하지 않을 때에는 긍정적이고 전진적이며 건설적으로 행동한다고 본다. 인간은 누구나 어떠한 환경에 적응하지 못하는 행동에서 심리적 적용의 행동으로 옮겨가려는 경향성이 있는데, 적절한 상황이 마련되기만 하면 자신을 인도하고 통제하고 조정할 능력을 갖추고 있으며 다만 이러한 상황이 결여되었을 때만 외부의 통제 기능이 발휘되어야 한다고 본다(주은선 외, 2007: 571).

대표적인 인본주의 상담으로는 인간 중심 상담을 들 수 있는데, 이는 Rogers의 상담이론에 근거하여 발전된 상담의 한 접근방법이다. Rogers학파에 의하면, 인간이 부적응하고 정신 병리적인 문제를 갖고 있는 이유는 적절한 성장 환경이 주어지지 못했기 때문이다. 적절한 성장 환경은 상담 장면에서 치료자가 제공해야 하는데, 인간 중심 상담은 치료적 관계와 치료자의 자질을 강조한다. Rogers는 자기실현을 돕는 관계의 세 가지 특성을 제시한다. 첫째는 공감적 이해(Empathic Understanding)로, 이는 상담자가 '나'이기를 멈추고 내담자의 속에 들어가서 내담자처럼 느끼고 생각하는 것이다. 둘째는 무조건적 긍정적 수용(Unconditional Positive Regard)인데, 이는 내담자가 진실로 그 자신일 것을 용납하고 내담자 자신이 되도록 돌보는 것이다. 셋째는 일치성(Congruence)인데, 이는 내담자가 자기를 정직하게 직면하려면 상담자 스스로가 솔직하고 거짓이 없어야 한다(주은선 외, 2007: 571-572).

10. 회복과 영성

1) 회복의 개념

국외에서는 1980년대 후반부터 중독회복 패러다임이 발전되기 시작하였으며(김나미 외, 2019), 국내에서도 중독을 바라보는 관점이 병리적 관점에서 회복패러다임 관점으로 변화하고 있다(김재영·신성만, 2018; 박상규, 2018). 회복은 단주나 단도박을 통해 중독 이전의 상태로 돌아가는 것이 아니라, 손상된 관계가 회복되고 사회적 지위와 역할이 회복되는 희망을 가진 존재로서의 전인적 회복을 의미한다(전수미, 2014). 회복은 평범한 일상으로의 복귀를 의미하는데, 이는 인간이 관계 속에서 존재하는 본연의 나로서 참자기를 이해하고 그와 일치하는 삶을 살아가는 것을 의미한다(김영숙, 2017). 정신재활 영역에서 회복(재기, Recovery)은 삶의 현장에서 끊임없는 도전과 결단을 통해 자아의 변화를 추구하고 삶의 의미와 목적을 발견하는 지속적인 성장과 발전의 과정으로 정의된다(Hunt, 1989; 전수미, 2014; 김재영·신성만, 2018). White 등(2006: 9-10)은 회복을 알코올이나 약물 등의 심각한 문제로부터 신체적, 정서적, 존재론적(영성, 삶의 의미), 관계적, 직업적 건강이 회복되는 일련의 과정이며 지속적이고 개입적 문제해결 과정으로 정리하였다. 건강한 중독회복의 개념에서는 회복이 한순간의 경험이 아닌 일련의 과정으로서, 다양한 요인들이 관여되는 복합적인 과정이며, 성장과 발전을 추구하는 과정인 점이 강조되고 있다(김나미 외, 2019). 이 밖에도 Leamy 등(2011: 448)의 연구는 정신건강의 회복을 다루고 있으나 중독의 회복과정과 무관하지 않다. 이 연구는 97개의 문헌을 분석한 결과, 회복과정에서 연결됨, 미래에 대한 희망과 긍정, 정체성, 삶의 의미, 임파워먼트를 주요 요인으로 밝혔다.

2) 영성의 개념

영성의 의미를 연구하는 접근방식에는 크게 두 가지가 있는데, 교의 신학적 접근은 위로부터의 정의라면 인간학적 접근은 아래로부터의 정의에 해당한다. Bernard(1986)는 교의 신학적 입장을 대표하는데, 영성을 성령의 소통과 하느님의 계시로 영위되는 그리스도인의 삶과 동일한 의미로 해석하였다(김용해, 2008: 128; 재인용). Schneiders(1989)는 인간학적으로 접근하였는데, 영성이란 인간이 자기초월의 관점에서 삶을 통합하려고 의식적으로 노력하는 경험이라고 정의함으로써 영성을 전통적인 종교의 정의에서 개인의 자기초월 차원으로 조정하였다(김용해, 2008: 130).

영성(Spirituality)의 근간이 되는 영(Spirit)은 호흡, 공기, 바람을 의미하는 라틴어 'spiritus'에서 기원한다. Burkhardt(1989)는 영이란 육체에 생명을 주는 힘, 절대자와 연결되는 요소, 변화와 성장을 이끄는 창조적인 힘, 내적 자원의 근거, 역동적인 힘, 자신과 타인 및 절대자와 관계를 맺게 하는 힘 등으로 묘사되는 인간의 기본적인 본성이라고 하였다(김수현·강연정, 2014: 87). Ellison(1983)은 영성을 삶의 의미와 목적을 추구하도록 동기를 부여하는 힘으로 보았다(김용환 외, 2009: 814). Paloutzian과 Ellison(1982)에 의하면 영성은 두 가지 차원의 합으로 설명되는데, 수직적 차원은 상위존재인 신과의 관계를 나타내는 종교적 영성이고, 수평적 차원은 자신과 타인, 환경과의 관계를 나타내는 실존적 영성이다(김용환 외, 2009: 814).

영성을 측정하는 주요 척도로는 이경열 외(2003: 718)의 한국형 영성 척도를 들 수 있다. 이 연구는 Howden(1992), Westgate(1996)를 비롯한 서양 연구자들의 영성 구성요인인 '삶의 의미와 목적', '내적 자원/가치', '초월성', '연결성/공동체 소속감'의 4개 요인에 한국인의 특성을 고려하여 '자각'과 '자비심'을 추가하여 6개 요인으로 구성하였다. 이 척도를 사용하여 도박중독과 영성의 관계를 분석한 결과 단도박 집단이 도박 지속집단보다 영성의 평균이 유의하게 높았고, 종교집단이 비종교 집단에 비해 영성의 평균이 유의하게 높았으며, 도박 심각도가 높을수록 영성의 내적자원, 자각, 연결성이 유의하게 부적상관을 보였고, 도박 심각도와 삶의 만족도 간에 영성(내적자원, 자각, 연결성)이 완전 매개 하는 것으로 나타났다(심수현, 2012).

오복자와 강경아(2000; 1150)는 문헌고찰을 종합한 결과 영성을 다음과 같이 정의하였다. 영성은 "종교적, 실존적 의미를 포함하는 다차원적 개념으로서 자신, 이웃/자연 및 상위존재와의 조화로운 관계를 통하여, 역동적·창조적 에너지로 작용하고, 현실을 초월하여 경험하게 하며, 그 결과 존재의 의미와 목적 및 충만된 삶을 살게 해주는 영적인 태도 및 행위"이다. 위 연구에 의하면, 영성의 선행조건은 '영(Spirit)'이며, 영성을 촉진시키는 요소는 '내적성찰/자기반성', '상위존재의 자각' 및 '관계성'이 있다. 영성의 주요 속성은 '조화로운 상호관계성', '초월성', '통합적 에너지', '삶의 의미와 목적'이 있다. 영성의 결과는 '신체적, 정신적, 사회적, 영적 안녕상태'로 나타났다(오복자·강경아, 2000: 1148-1150).

3) 중독회복을 위한 영성 프로그램

중독을 대하는 신학적 접근에서는 자아의 한계성과 무기력을 인정하고 초월자에게 의지할 때 회복이 시작된다고 보고 외부로부터의 도움에 적극적인 자세를 취한다. 20세기 중반 미국에서 시작한 알코올중독자

모임(Alcoholics Anonymous: A.A.)의 12단계 프로그램은 기독교 영성을 활용한 회복 프로그램으로서 영성, 정신, 육체, 물질, 관계, 시간, 역할, 도 등 8가지 삶의 전 영역을 회복시키는 전인적 치료의 과정으로 평가된다(김한오·박선희, 2013). 12단계는 단주모임(A.A.)뿐 아니라 단약모임(Narcotics Anonymous: N.A.), 단도박모임(Gambling Anonymous: G.A.) 등 다양한 중독치료에서 효과를 인정받고 있다. 이것은 기독교적 배경에서 출발하였으나 실제로는 기독교라기보다 영적 원리에 더 가깝다. 12단계에서 사용하는 '신(神)'또는 '위대한 힘'이라는 표현은 개인적으로 믿는 신일 수도 있지만, 이는 '초월적 능력', '신앙공동체', '자조모임', '동료애'가 될 수도 있다(김원·민은주 역, 2016: 33; 박종주, 2018:132).

중독을 대하는 동양적 수행에서는 자아의 조절능력을 높여서 중독문제를 해결할 수 있다고 보고 마음수행에 초점을 둔다. 동양적 수행법을 활용한 중독치료 연구로는 인지행동치료 연구(Im et al., 2007), 요가 니드라 프로그램(서미희, 2003), 자기사랑하기 프로그램(박상규, 2002), 명상 프로그램(윤혜진, 2017), 마음챙김(박상규, 2018) 등이 있다. 개신교에서는 자신의 무력함을 인정하고 신의 도우심을 적극 수용하기는 하지만, 그리스도인이 가져야 할 중요한 삶의 방식의 하나로 절제와 자기훈련을 강조하는 점에서 동양적 수행 방식과 유사한 면이 있다(신승범, 2015). 요약하면, 중독은 총체적이고 전인적인 자기조절 손상으로 볼 수 있고, 회복은 자기통제력을 높이는 훈련을 통해 일어나기도 하고, 종교적 회심을 통해 일어나기도 하지만, 모든 회복의 과정에서 영성이 중요한 역할을 하는 것을 알 수 있다.

III

한·미·일·호주 중독프로그램 관련 연구 및 법적 현황

1. 한국의 중독

1) 중독관리통합지원센터 관련 법안, 현황 및 주요사업

(1) 중독관리통합지원센터의 설치 및 운영 관련 법안 및 주요사업

정부에서는 중독 폐해를 예방하기 위하여 중독관리통합지원센터의 설치 및 운영에 관한 법적 근거를 마련하고 있다.

중독관리통합지원센터의 목적은 지역사회 중심의 통합적인 중독관리 체계 구축을 통해 중독자를 조기발견하고 상담, 치료, 재활 및 사회복귀를 지원하여 안전한 사회환경을 조성하여 국민의 정신건강 증진을 도모하는 데 있다(보건복지부·국립정신건강센터, 2019). 중독관리통합지원센터의 주요사업은 다음과 같다. 첫째, 중독을 조기 발견하여 단기치료를 통한 고위험군을 발굴하고 단기개입 서비스를 제공하는 것이다. 둘째, 사례관리, 위기관리 상담, 재활프로그램 등을 제공하여 중독질환을 관리하는 것이다. 셋째, 신규 발견된 고위험군과 이용하고 있는 회원 가

<표 Ⅲ-1> 중독관리통합지원센터 설치 및 운영에 관한 법적근거

관련 법규	내용
정신건강증진 및 정신질환자 복지서비스 지원에 관한 법률 (중독관리통합지원센터의 설치 및 운영)	• 제15조의3: 보건복지부 장관 또는 지방자치단체의 장은 알코올, 마약, 도박, 인터넷 등의 중독문제와 관련한 종합적인 지원사업을 수행하기 위하여 중독관리통합지원센터를 설치·운영할 수 있도록 함 • 제15조의3제2항: 중독관리통합지원센터는 지역사회 내 중독자의 조기발견 체계 구축, 중독자 대상 상담, 치료, 재활 및 사회복귀 지원사업, 중독자 가족에 대한 지원사업 등을 수행함

족을 대상으로 가족교육 및 프로그램, 사례관리를 실행한다. 넷째, 아동·청소년, 직장인 대상으로 중독 폐해 예방 교육사업, 인식개선 및 홍보사업 등 교육을 제공한다. 다섯째, 지역 특성을 고려한 서비스를 기획하며 지역사회 자원조정 및 중재를 한다(보건복지부·국립정신건강센터, 2019).

(2) 중독관리통합지원센터 현황

2019년 기준으로 중독관리통합지원센터는 총 50개소가 있다(<표 Ⅲ-2> 참조).

<표 Ⅲ-2> 50개소의 중독통합관리센터 현황

지역	시·군	운영	기관	개소
서울특별시	강북구	위탁	국립정신건강센터	4
	구로구	위탁	복지와 사람들	
	노원구	위탁	을지대학교 을지병원	
	도봉구	위탁	서진복지재단	
부산광역시	사상구	위탁	부산시립정신병원	3
	서구	위탁	부산대학교병원	
	해운대구	위탁	온사랑병원	
대구광역시	달서구	위탁	대구가톨릭 사회복지회	2
	동구	위탁	수인복지재단	

지역	시·군	운영	기관	개소
인천광역시	계양구	위탁	인천참사랑병원	5
	남동구	위탁	새희망병원	
	동구	위탁	고정선정신건강의학과의원	
	부평구	위탁	글로리병원	
	연수구	위탁	인하대학교 산학협력단	
광주광역시	광산구	위탁	보은병원	5
	남구	위탁	광주제일병원	
	동구	위탁	조선대학교 사회복지회	
	북구	위탁	(재)천주의 성요한 수도회	
	서구	위탁	의료법인 다사랑의료재단	
대전광역시	대덕구	위탁	마인드병원	3
	동구	위탁	한국생명의 전화	
	서구	위탁	대한예수교장로회 대전노회유지재단	
울산광역시	남구	위탁	고담의료재단 마더스 병원	2
	중구	위탁	고담의료재단 마더스 병원	
세종특별자치시	-	-	-	0
경기도	성남시	위탁	성남사랑의 병원	7
	수원시	위탁	인하대학교 산학협력단	
	안산시	위탁	고려대학교 산학협력단	
	안양시	위탁	이음병원	
	의정부시	위탁	경기도의료원 의정부병원	
	파주시	위탁	민들레병원	
	화성시	위탁	경산복지재단	
강원도	강릉시	위탁	강릉율곡병원	3
	원주시	위탁	연세대학교 원주산학협력단	
	춘천시	위탁	한림대학교 춘천성심병원	
충청북도	청주시	위탁	청주의료원	1
충청남도	아산시	직영		2
	천안시	위탁	나사렛대학교 산학협력단	
전라북도	군산시	위탁	군산의료원	2
	전주시	위탁	전북대학교	
전라남도	목포시	직영	-	2
	여수시	직영	-	

지역	시·군	운영	기관	개소
경상북도	구미시	위탁	대구가톨릭 사회복지회	2
	포항시	직영		
경상남도	김해시	위탁	한사랑병원	5
	진주시	위탁	경상대학교병원	
	창원시 마산	위탁	의료법인 예경의료재단	
	창원시 창원	위탁	청아의료재단 동서병원	
	양산시	위탁	양산부산대학교 병원	
제주특별자치도	서귀포시	직영		2
	제주시	위탁	의료법인 연강의료재단	

출처: 2019 전국정신건강 관련 기관 현황집 재구성(2019: 12-116)

2) SBIRT 프로그램

알코올문제로부터 시작된 SBIRT(Screening, Brief Intervention, and Referral to Treatment) 프로그램은 세계보건기구의 프로젝트로 지원되어 2000년대 이후 세계 각국에서 시행되고 있다(보건복지부, 2013: 39). SBIRT는 일차보건의료세팅 또는 관련된 사회서비스 세팅 등에서 클라이언트의 물질 중독 여부를 선별한 후 일차세팅에서 적절한 피드백과 정보제공, 교육 등을 구성된 단기개입을 제공하고 이차적으로 전문치료 세팅으로 의뢰한다(보건복지부, 2013: 39).

보건복지부가 4대 중독 예방 및 단기개입 지침 개발을 연구용역과제를 발주하여 SBIRT를 한국의 실정에 맞는 한국형 SBIRT를 개발하였다(<표 III-3> 참조). 한국형 SBIRT는 집중 단기개입을 추가한 것이 특징이다(보건복지부, 2013: 35). SBIRT에 대한 구체적 절차는 [그림 III-1]에 제시하였다.

<표 Ⅲ-3> 한국형 SBIRT

단계	원 SBIRT	한국형 SBIRT
1	선별(Screening)	선별(Screening)
2	단기개입(Brief Intervention)	단기개입(Brief Intervention)
3	치료 의뢰(Referral to treatment)	집중 단기개입(Comprehensive Brief Intervention)
4	-	치료 의뢰(Referral to treatment)

출처: 보건복지부(2013: 35)

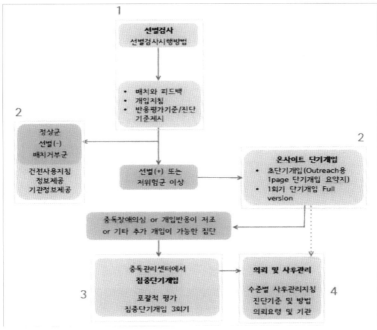

출처: 보건복지부(2013: 37)

[그림 Ⅲ-1] SBIRT 절차

3) 알코올 중독 프로그램

(1) 알코올 중독자 당사자를 위한 프로그램

정부는 음주폐해예방사업의 일환으로 알코올중독자를 위한 치료·재활서비스 연계체계를 구축하고 이들의 재활과 사회복귀 도모를 위하여 재활훈련 프로그램 및 관련 시설의 설치를 지원하고 있다(보건복지부, 2019). 가장 대표적인 시설은 중독관리통합지원센터와 정신재활시설, 정신건강복지센터 등이다.

먼저, 중독관리통합지원센터는 전국에 50개소가 설치되어 있으며 센터마다 실시하고 있는 프로그램의 세부내용에는 약간씩 차이가 있으나, 알코올중독자의 사회복귀 및 단주 동기 강화를 목적으로 하고 있다는 점은 동일하다. 구체적으로 구로중독관리통합지원센터에서는 회복교실, 대처기술훈련, 동기강화프로그램, 일상생활적응훈련 등의 재활프로그램을 운영하고 있다. 회복교실은 질병으로서의 알코올중독을 이해하고 집단구성원들의 병식 향상을 위해 기획된 프로그램이다. 대처기술훈련은 생각, 충동 행동의 적극적인 탐색을 통하여 여러 가지 대처방법과 기술을 익히는 훈련프로그램이며, 동기강화프로그램은 개인의 탄력성 및 긍정적 변화에 초점을 맞춰 행동 변화를 촉진시키고 유지하도록 돕는다. 일상생활적응훈련은 일상생활을 유지가 어려운 알코올중독자들이 여가를 보낼 수 있도록 하여 삶의 의욕을 고취시키고 자활능력을 향상시켜 사회의 건강한 일원으로 자리매김하도록 돕고 있다(구로중독관리통합지원센터, 2019).

정신재활시설은 정신질환자를 정신의료기관에 입원시키거나 정신요양시설에 입소시키지 않고 사회적응훈련, 작업훈련 등 재활서비스를 제공하여 사회복귀를 촉진하도록 돕는 곳으로, 여기에 중독자재활시설이 포함된다(한국정신재활시설협회, 2019). 정신재활시설은 크게 사회기술훈련프로그램과 직업재활프로그램을 운영하는데, 사회기술훈련프로그램은 일상생활기술훈련, 인지재활훈련, 여가활동훈련, 사회문제해결교육, 대인관계교육, 약물관리교육, 스트레스 관리 등의 내용을 담고 있다. 직업재활프로그램은 작업기능 사정 및 평가, 취업 전·후 교육, 보호작업장, 일시취업, 지지취업 등이 해당한다.

(2) 알코올 중독자의 가족을 위한 프로그램

중독관리통합지원센터(2019)에서는 알코올중독자의 가족이 겪어야 하는 고통과 부담을 경감 할 수 있도록 가족을 대상으로 한 기본교육과 자존감 향상 프로그램, 의사소통 프로그램, 분노조절 프로그램 등을 운영하고 있다. 기본교육은 알코올중독에 관한 이해, 가족 간의 대화 방법, 간단한 대처요령 등을 교육하는 것이다. 자존감 향상 프로그램은 알코올중독자 중심의 삶을 살아가는 가족들이 자신의 삶을 살아갈 수 있도록 지원하는 것이며, 의사소통 프로그램은 가족들이 효과적인 의사소통기술을 습득하도록 도와 가족의 대처능력과 기능을 향상하는 프로그램이다. 분노조절 프로그램은 알코올중독 가정 내에서 일어나고 있는 분노의 원인이 무엇인지 알고 인식함으로써 화나는 감정을 자연스럽게 또는 긍정적으로 표현하는 기술을 습득하도록 돕는다(구로중독관리통합지원센터, 2019).

(3) 알코올 중독 관련 법

정부에서는 음주폐해를 예방하기 위하여 주류광고 규제 및 주류산업, 음주운전 행위 등을 법령에 근거하여 관리, 규제하고 있다.

<표 Ⅲ-4> 음주 폐해

관련 법규	내용
도로교통법 (음주운전 금지)	• 제44조제1항: 누구든지 술에 취한 상태에서 자동차 등, 노면전차 또는 자전거를 운전하여서는 아니된다. • 제93조: 제44조제1항을 위반하여 술에 취한 상태에서 자동차 등을 운전한 경우 행정안전부령으로 정하는 기준에 따라 운전면허를 취소하거나 1년 이내의 범위에서 운전면허의 효력을 정지시킬 수 있다.
국민건강증진법 (주류광고 규제, 경고문구 표기)	• 제7조: 보건복지부 장관은 주세법에 따른 주류광고의 경우 그 내용의 변경 또는 광고의 금지를 명할 수 있음 • 제8조: 국가 및 지방자치단체는 과다한 음주가 국민건강에 해롭다는 것을 교육·홍보하여야 함 • 제8조제4항: 주세법에 의해 주류제조의 면허를 받은 자 또는 주류 수입·판매하는 자는 주류판매용기에 과다한 음주는 건강에 해롭다는 내용과 임신 중 음주는 태아의 건강을 해칠 수 있다는 문구를 표기하여야 함
방송광고심의에 관한 규정 (주류광고 규제)	• 제33조: 주류에 관한 방송광고는 건전한 사회질서와 국민건강의 안전을 저해하는 표현을 규제하고 있으며, 음주를 권장하는 내용이나 광고, 할인판매에 관한 내용을 방송광고에 포함하지 못하도록 함
방송심의에 관한 규정 (방송의 건전성 유지))	• 제 57조: 방송광고가 허용된 주류라 할지라도 일정시간에는 방송광고를 하지 못하도록 제한함(텔레비전: 7시-22시, 라디오: 17시-익일 8시)

4) 마약 중독 프로그램

(1) 마약 중독자 당사자를 위한 프로그램

정부는 마약중독자를 환자의 개념으로 접근하여 마약류로 인한 정신적, 신체적 의존성을 극복하고 건전한 사회인으로 복귀할 수 있도록 다양한 치료보호사업을 수행하고 있다(보건복지부, 2019). 대표적으로는 전국 21개의 국립병원을 치료보호기관으로 지정하여 마약중독자가 무료로 입원 또는 외래 치료를 받을 수 있도록 지원하고 있다. 또한, 치료보호 퇴원 후에는 지역사회 프로그램을 통해 마약중독자의 거주지 근처 중독자 재활기관(한국마약퇴치운동본부 등)에서 주기적인 외래 통원을 통해 회복을 도모하도록 돕고 있다. 아울러 치료보호 후 경과를 파악하고 제도를 개선할 수 있도록 치료보호 대상자 국가 등록사업을 통해 체계적인 관리를 지속하고자 노력하고 있다.

한편 마약류 관리에 관한 법률에 근거하여 한국마약퇴치운동본부를 설립하고 마약중독자의 사회복귀를 위한 사회복지 사업을 하도록 하였다. 한국마약퇴치운동본부는 중앙본부를 포함하여 국내는 13개소, 해외(중국)에 1개소가 설치되어 있다. 각 지부에 설치되어 있는 마약퇴치운동본부의 프로그램 세부명칭이나 내용에는 약간의 차이가 있으나, 약물중독자를 대상으로 한 교육과 치료, 재활을 지원하고 있다는 점은 동일하다. 부산마약퇴치운동본부(2019)에서는 교정시설과의 연계를 통해 마약중독자의 치료재활을 위한 단약동기증진프로그램을 실시하고 있다. 먼저 부산보호관찰소의 마약사범을 대상으로 하는 약물수강명령 교육, 부산교도소의 교육이수 조건부 기소 유예 대상자 교육, 법적 처분을 받은 청소년을 대상으로 약물 오·남용 예방교육 및 집단상담을 실시하는 햇살교실 등을 운영하고 있다. 또 광주·전남지부에서는 4단계에 걸친 집단상담을 통해 약물에 대한 올바른 지식을 갖고 약물사용 요인을 감소시키도록 돕고 있다. 각 단계는 집단형성단계 - 자기발견 및 수용단계 - 자기발전단계 - 종결단계로 구성되어 있으며 자세한 내용은 아래의 <표 Ⅲ-5>와 같다.

<표 Ⅲ-5> 4단계의 집단상담

일시	단계	내용	하위목표
첫째날	집단 형성단계	• 프로그램 안내 • 자기소개 • 별명 짓기 • 신뢰형성 게임 • 환상 소개 • 감정 다루기	• 프로그램 이해 • 긴장감 해소 및 친밀감 형성 • 긍정적인 자화상 확립 • 분명한 의사소통 필히 상담신청서 • 과위험 요소 검사표
둘째날	자기발견 및 수용단계	• 약물남용폐해 video 시청 • 약물사용 충동 일기 • 5분 Speech • 나의 친구들 • 약물 거절 방법 • 가치관 명료화 프로그램	• 약물에 대한 태도변화 • 약물 없는 생활 • 의사결정학습을 통한 인간관계 기술 증진 • 자신의 선택을 행동으로 옮길 수 있는 실천력 기르기
셋째날	자기 발전단계	• 자기존중 기술 훈련 • 나의 장점 찾아보기 • 생각 바꾸기 • 나의 나무	• 자신의 장점 찾기 • 자존심 회복하기
넷째날	종결단계	• 나에게 상장주기 • "쿨 시트(Cool seat)" • 나의 인생 계획	• 미래를 설계해 보고 자아실현 의지 다지기 • 자신에 대한 다른 사람들의 긍정적인 평가를 통해 자아존중감 향상

출처: 광주·전남마약퇴치운동본부 홈페이지. <http://gjdrugfree.or.kr>

(2) 마약 중독자의 가족을 위한 프로그램

한국마약퇴치운동본부의 가족프로그램을 살펴보면 가족 교육프로그램의 목표를 다섯 가지로 정하고 있다. 첫째, 가족의 긍정적인 대처능력을 향상시키는 것이며, 둘째, 가족이 스트레스에 적응할 수 있도록 돕는 것이다. 셋째, 중독자와 가족이 함께 회복의 동반자로 단약을 위한 효과성을 높이며, 넷째, 가족의 약물의존에 대한 인식으로 의존자를 치료적 접근으로 도울 수 있도록 하는 것이다. 마지막으로, 가족의 역기능에 대한 인식으로 건강한 가정을 위해 스스로 노력할 수 있도록 돕는 것이다 (식품의약품안전청·한국마약퇴치운동본부, 2009).

가족교육의 구체적인 내용은 물질남용과 의존에 대한 교육, 약물중독의 특징, 의존자의 부모, 배우자, 자녀, 형제 등 가족이 경험하는 문제, 약물의존이 가족에게 미치는 영향, 의존자 가족의 전형적인 3가지 대응방법, 가족의 공동의존, 가족의 효과적인 개입, 가족모임 활동하기, 가족의 스트레스 관리 등이 있다. 특히 가족모임을 가진 마약 중독자의 가족들은 행동의 변화, 생각의 변화, 태도의 변화, 감정의 변화를 경험하며 그동안 약물 의존자와의 관계형성에서 고민하고 힘들었던 자신의 감정을 표현하고 긍정적인 대처방법으로 이끌어줄 수 있다고 하였다(식품의약품안전청·한국마약퇴치운동본부, 2009).

(3) 마약 중독 관련 법

마약류 중독자의 치료 및 재활에 관한 법률은 「마약류 관리에 관한 법률」, 「마약류중독자 치료보호규정」 등이 있으며 다음의 <표 Ⅲ-6>와 같다.

<표 III-6> 마약 중독자의 치료 및 재활에 관한 법률

관련 법규	내용
마약류 관리에 관한 법률 (마약중독자 치료보호를 위한 조치)	• 제2조의2: 국가와 지방자치단체는 국민이 마약류 등을 남용하는 것을 예방하고, 마약류중독자에 대한 치료보호와 사회복지 연구, 조사 등 필요한 조치를 해야 함. • 제40조: 정부는 마약류사용자의 마약류 중독여부를 판별하거나 마약류중독자로 판명된 사람을 치료보호하기 위하여 치료보호기관을 설치, 운영하거나 지정할 수 있음. • 제51조의2: 정부는 마약류에 대한 교육사업, 마약중독자의 사회복귀를 위한 사회복지사업, 약물오·남용퇴치 사업 등을 수행하기 위해 한국마약퇴치운동본부를 설립하도록 하였음. • 제51조의3: 정부는 마약중독자에 대한 실태조사를 5년마다 하여야 함.
마약류중독자 치료보호규정 (마약중독자의 치료보호를 위한 기관의 설치, 운영 등에 필요한 사항 등을 규정)	• 제3조: 정부는 마약중독자에 대한 치료보호를 위해 전문치료기관 혹은 국립정신병원을 치료보호기관으로 지정할 수 있음. • 제9조: 검사는 마약중독자 혹은 의심되는 사람에 대해 보호할 필요가 있다고 판단될 경우 치료보호기관에 입원을 의뢰하고 그 사실을 정부에 알려야 함. • 그 외 마약중독 치료를 위한 입원, 경과보고, 실태조사 등 마약중독자의 치료와 관련된 전반적인 보호규칙을 담고 있음.

5) 도박 중독 프로그램

(1) 도박 중독자 당사자를 위한 프로그램

정부는 사행산업통합감독위원회법에 근거하여 도박문제 및 중독과 관련한 사업과 활동을 하도록 한국도박문제관리센터를 설치하여 운영하고 있다. 한국도박문제관리센터는 도박중독자를 대상으로 단계별 치유·재활 프로그램을 시행하고 있다. 해당 프로그램은 총 3단계로 1단계에서는 도박중독에 대한 이해와 대처방법을 학습하고, 2단계에서는 인지, 동기, 정서치유와 집단 상담을 실시한다. 3단계에서는 회복 프로그램에 참여하여 동아리활동, 여가문화생활 등을 하며 변화된 행동과 사고를 지속적으로 유지하도록 돕고 있다. 그 외 대안 및 기타 프로그램으로는 자연친화적 프로그램, 문화체험 프로그램, 예술 치유 프로그램 등이 있다(한국도박문제관리센터, 2019).

(2) 도박 중독자의 가족을 위한 프로그램

앞서 언급한 한국도박문제관리센터는 도박중독자의 가족과 자녀에게도 프로그램을 제공하고 있다. 세부적으로는 가족이 당면한 문제를 적절하게 대처하고 도박중독자의 영향에서 벗어나 가족의 정서적 안정을 회복할 수 있도록 하는 가족교육과 자녀돌봄 프로그램 등이 있다(한국도박문제관리센터, 2019).

(3) 도박 중독 관련 법

도박 중독자의 치료 및 재활에 관한 법률은 「사행산업통합감독위원회법」이 있으면 다음의 <표 Ⅲ-7>과 같다.

<표 Ⅲ-7> 도박 중독자의 치료 및 재활에 관한 법률

관련 법규	내용
사행산업통합감독위원회법	• 제14조: 사행산업 또는 불법사행산업으로 인한 중독 및 도박문제와 관련하여 중독자의 치유, 재활 사업 지원 등의 업무를 수행하는 한국도박문제관리센터를 설립하도록 함

6) 인터넷 중독 프로그램

(1) 인터넷 중독자 당사자를 위한 프로그램

정부는 인터넷과 스마트폰 과다 사용으로 인한 폐해를 방지하기 위하여 17개 시도에 "스마트쉼센터"를 설치, 운영하고 있다(과학기술정보통신부, 2016). "스마트쉼센터"에서는 스마트폰 과의존으로 발생할 수 있는 학교 부적응, 학업 및 진로, 부모와의 갈등 등 다양한 심리적 어려움을 극복할 수 있도록 전화와 센터 내방, 게시판, 메신저 채팅 등을 통해 1:1 전문상담을 진행하고 있다(과학기술정보통신부, 2016). 또한 도움이 필요한 취약계층 가정을 비롯하여 일반가정의 인터넷 고위험 사용자군, 잠재적 위험사용자군의 경우 찾아가는 가정방문상담을 확대, 실시하고 있다.

전국 권역별(4개소)로 '게임과몰입 힐링센터'를 지정하여 운영하고 있는데, 센터에서는 상담과 약물치료, 예체능치료, 인지행동치료 등 다양한 유형의 서비스를 제공하고 있다(게임과몰입힐링센터, 2019).

기타로 과의존 위험군 중·고생 대상 자존감 회복을 위한 11박 12일의 기숙형 치유 프로그램, 소셜게임과 SNS, 웹툰 등 콘텐츠 유형별 특성을 고려한 상담 프로그램을 개발하여 치료회복에 힘쓰고 있다.

(2) 인터넷 중독자의 가족을 위한 프로그램

과학기술정보통신부에서는 '스마트폰, 인터넷 바른 사용 지원 종합계획'을 발표하여 과의존 위험군 청소년을 둔 부모를 대상으로 요인 탐색을 통한 부모-자녀 문제해결 교육을 운영한다고 밝혔다(과학기술정보통신부, 2016). 또한 스마트폰, 인터넷 과의존 위험군 초등생과 보호자를 대상으로 2박3일 간 진행하는 '가족치유캠프', 과의존 위험군 중·고생 대상 자존감 회복을 위한 11박 12일의 기숙형 치유 프로그램 등을 운영 중이다.

(3) 인터넷 중독 관련 법

인터넷 중독자의 치료 및 재화에 관한 법률은 「국가정보화기본법」, 「게임산업진흥에 관한 법률」 등이 있으며 다음의 <표 III-8>와 같다.

<표 III-8> 인터넷 중독자의 치료 및 재활에 관한 법률

관련 법규	내용
국가정보화 기본법 (인터넷중독의 예방, 해소)	• 제30조: 정부는 3년마다 관계 중앙행정기관의 장과 협의하여 인터넷중독의 예방 및 해소를 위한 종합계획을 수립하고, 이에 따라 인터넷중독의 예방 및 해소를 위한 추진계획을 수집, 시행하여야 함. • 제30조의6: 정부는 인터넷중독의 예방 및 해소를 위하여 인터넷중독대응센터를 설치·운영할 수 있다. 대응센터는 인터넷중독자에 대한 상담 및 치료, 인터넷중독 예방 및 해소에 관한 교육·홍보, 그 밖에 인터넷중독의 예방 및 해소를 위하여 필요한 사업 등을 수행한다. • 제30조의7: 정부는 인터넷중독의 예방 및 해소와 관련된 전문인력 양성에 필요한 정책을 시행할 수 있다. • 제30조의8: 정부는 인터넷중독의 예방 및 해소를 위하여 필요한 교육을 실시할 수 있다. 단, 어린이집, 유치원, 초중등교육법, 고등교육법에 따른 학교, 그 밖에 대통령령으로 정하는 공공기관은 연 1회 이상 교육을 실시하고 그 결과를 제출하여야 한다. (*초·중등교육법에 따른 학교는 반기별 1회 이상 교육)
게임산업진흥에 관한 법률 (게임과몰입·중독 예방 조치)	• 제12조의3: 정부는 게임물 관련 사업자가 게임물 이용자의 게임 과몰입과 중독을 예방하기 위하여 과도한 게임물 이용방지 조치를 하도록 하였다. 조치에는 게임물 이용자의 실명, 연령확인과 본인인증, 게임물 이용시간 제한, 과도한 게임물 이용방지를 위한 주의문구 게시, 게임물 이용화면에 이용시간 경과 내역 표시 등이 있다.

2. 미국의 중독

1) 미국의 마약 중독

(1) 약물중독의 개념

약물중독은 약물의 부정적이고 위해한 결과를 알면서도 약물에 사로 잡혀, 강박적으로 약물을 갈망하고 지속적으로 사용하도록 만드는 뇌의 구조와 기능이 변화되는 만성적 뇌 질환이다. 대부분의 약물중독자들이 처음에는 자발적으로 약물을 사용하지만, 시간이 경과함에 따라 자제력 과 판단력을 상실함과 동시에 약물을 사용하지 않을 수 없는 강력한 충 동을 느끼게 된다.

(2) 마약 중독 치료 기관 개요

① 뉴욕주의 약물남용 서비스 체계
* 뉴욕 주에서는 각종 약물중독과 도박 등에 대한 치료 및 예방 시 스템의 질 향상과 유지를 위해 OASAS(New York state Office of Alcoholism and Substance Abuse Service)라는 기구를 조직하여 운영.
* OASAS에서는 LOCADTR (Level of Care for Alcohol and Drug Treatment Referral)라고 명명된 기준을 가지고 환자의 상태를 평 가하여 가장 적합한 수준의 치료를 제공하도록 규정하고 있음.
* 예방부터 입원치료까지 모든 서비스는 사전에 OASAS의 일정한 기준과 심사에 의해 등록되어야 정부로부터 급여를 받아 시행할 수 있으며, 이 기관에 종사하는 의료인을 포함한 종사자들은 OASAS에서 제시하고 있는 "치료수준평가 및 치료수준배치"에 의해 환자를 평가한 뒤 적절한 서비스 수준에 배치하여야 함.

- 치료수준은 위기개입으로부터 외래치료, 집중외래치료, 주거치료, 입원치료 등으로 나뉘며, 서비스 기관들은 위의 서비스 중에 사전에 승인을 받은 수준의 서비스를 제공할 수 있음.

② 미국 국립 약물남용 연구소(National institute of drug abuse; NIDA)
- 인터넷, TV, 영화, 음악, 전문가 조언 등을 통해 약물에 대한 일반인들의 잘못된 믿음을 수정하기 위해 2010년부터 국가 약물 인식 주간(National Drug Fact Week)을 통해 약물 폐해 상담의 날(Drug Facts Chat Day) 등의 마약류 중독에 대한 인식을 고취시키기 한 행사를 진행함.
- 마약류 물질 약품에 대한 근거기반의 다양한 정보를 제공함. <HYPERLINK "http//www.drugabuse.gov/news-events/public-education-projects"http://www.drugabuse.gov/news-events/public-education-projects>

③ 합법적 접근 및 남용방지 센터(Center for Lawful Access and Abuse Deterrence; CLAAD)
- 마약을 처방하고 조제하는 전문가 집단 및 이들 약물을 복용하는 환자 가족 단체, 각종 시민 단체 등이 함께 '합법적 접근 및 남용방지 센터(Center for Lawful Access and Abuse Deterrence; CLAAD)'라는 비영리 민간 연구조직을 구성하여 마약성 의약품의 합법적 활용을 뒷받침하고 남용을 방지하고자 노력하는 역할을 수행함.
- 회원 단체는 미국 마취과 의사회, 미국 중독 의사회, 미국 만성 통증 협회, 약사 단체, 간호 단체, 교육 단체, 약물 중독 방지 관련 민간단체 등 총 30여개로 구성되어 있으며, 주요 업무는 마약

성 진통제 사용에 대한 권고안, 처방약 중독에 한 학술적 연구 지원, 치료법 연구, 의학 교육에 반영, 처방약 모니터링 시스템 구축, 의료인 교육 등임. <https://www.theacpa.org/acpa_maze/center-for-lawful-access-and-abuse-deterrence-claad/>

④ 물질남용 및 정신건강서비스국(Substance Abuse and Mental Health Services Administration; SAMHSA)

물질남용 예방 및 치료의 표준모델, 교재개발 및 지역사회 프로그램 질 관리 등을 수행한다. SAMHSA는 '연방자문위원회법'의 규칙에 따라 '공중보건서비스법'에 의해 승인된 6개의 자문위원회를 운영하고 있다. 즉, 국가자문위원회(National Advisory Council), 정신건강서비스 국가자문위원회, 물질남용치료센터 국가자문위원회, 물질남용 예방센터 국가자문위원회, 여성자문위원회(Advisory Committee for Women's Services), 약물테스트 이사회(Drug Testing Advisory Board)가 있으며 다음의 업무를 수행한다.

- 물질남용예방 및 치료 포괄보조금(Substance Abuse Prevention and Treatment Block Grant; SAPT Block Grant)
- 물질남용치료 접근성 및 유자주 이행 보조금(Grants to Strengthen Substance Abuse Treatment Access and Retention-State Implementation, STAR-SI)
- 아편 스크리닝, 간이 개입, 후송 및 치료(Opioid Screening, Brief Intervention, Referral, and Treatment; SBIRT)

(3) 마약치료 센터

① 헤이즐덴 베티 포드 센터

마약중독 치료를 위한 비영리법인으로서 뉴욕, 플로리다, 미국 북동부 지역에도 센터를 두고 있으며, 과학적이고 증거에 기반한 치료를 수행한다. 치료의 성공을 위하여 최소 90일간의 입원치료를 권고하며, 80% 이상의 회복률을 보인다. 재활 이후의 삶에 초점을 두며, 치료를 끝낸 후에는 지속적인 회복을 돕기 위하여 18개월의 무료 지원을 제공한다.

② 오션 브리즈 회복 센터(Ocean Breeze Recovery Pompano Beach FL)

개별적인 치료를 제공하며, 정신적, 육체적 그리고 영혼을 위한 치료 프로그램을 제공한다. 입실 및 통원 치료, 요가 치료, 성별에 특화된 치료를 제공하며, 행동적인 중독문제뿐만 아니라, 마약중독과 함께 발생하는 다른 질환도 진단하고 치료할 수 있는 경험 있는 자격증을 가진 전문가들이 치료를 돕는다.

③ 아사나 회복 센터(Asana Recovery Costa Mesa, CA)

전통적인 치료방법과 대체적인 방법을 동시에 제공하여, 평범한 치료 방식이 아닌 개별화되고 종합적인 치료 계획을 제공한다. 이 치료센터는 환자들이 자신들의 중독 상태를 받아들이고 이해하며 생산적인 생활방식을 채택하며 나아갈 수 있도록 힐링 환경을 제공한다.

④ 벤치마크 회복 센터(Benchmark Recovery Center Austin, TX)

이 센터는 90일간의 12단계 프로그램을 제공하며, 남성과 여성이 서로 독립된 시설에서 치료 프로그램을 이수하게 되며, 동시에 58명에게 프로그램을 제공할 수 있는 시설이 마련되어 있다. 평균 치료 성공률이

74%에 해당한다.

⑤ 포닉스 하우스(Phoenix House)

1967년에 6명의 헤로인 중독자들을 치료할 목적으로 설립된 이후, 현재는 미국 전역에 11개의 치료센터로 확장되었으며, 총체적인 치료에 초점을 두고 120개의 특화된 프로그램들을 제공한다. 이 센터는 중독은 만성적인 질환으로서 다른 만성적인 질환들처럼 지속적인 도움과 관리가 필요하다는 것을 인식하고 이에 맞춰 서비스를 제공한다.

⑥ 팀버라인 센터(Timberline Knolls Residential Treatment Center, Lemont, IL)

시카고 근교에 위치하고 있으며, 여성들이 약물중독에서 벗어나 회복 주체성을 되찾을 수 있도록 지원해주는 센터이다. 여성들의 심리적 외상후 스트레스 장애(PTSD), 약물의존, 중독 동반 질환, 알코올 중독, 식이장애 등의 질환을 진단하고 치료하는 업무를 수행한다. 총체적 접근법을 채택하며, 표현적, 인지적, 문답식 요법 등을 사용하고 트라우마 의식, 해독 치료 등의 프로그램을 제공하고 정원가꾸기, 요가, 댄스, 예술 치료 등의 프로그램을 제공한다.

(4) 마약 관련 법률

① 『마약중독재활법(the Narcotics Addict Rehabilitation Act, 1966)』

이 연방법률은 법원의 감독하에 마약중독자를 처벌 위주의 감옥 대신 치료 위주의 재활원에 보내고 그러한 치료목적의 공공의료서비스의 권한을 처음으로 지역사회에 위임한 것이다. 이것은 마약 관련 정책에서 의학적 접근(medical approach)의 부활을 의미하는 주요 입법적 변화의 하나이다.

② 『포괄적 마약남용방지 및 통제법(Comprehensive Drug Abuse Prevention and Control Act: 일명 Controlled Substance Act, 1970)』
이 법은 수많은 마약 관련 연방법을 통합하여 1986년 새로운 반(anti)마약법이 제정될 때까지 연방 및 주정부의 마약정책에 결정적인 영향을 주었다. 이 법의 새로운 내용은 오늘날까지 연방 및 주법에서 불법 마약의 남용위험에 따라 분류(schedule 1-V)를 처음으로 시도한 것이다. 또한, 이 법을 통해 마리화나를 포함한 일부 마약의 단순 소지의 경우 처벌을 경감하는 조치가 이루어졌다.

③ 『마약남용 및 치료법(Drug Abuse and Treatment ACT, 1972)』
이 법은 미국 마약법의 역사에서 마약예방 및 치료를 위한 중요한 시금석으로 기존 마약정책의 처벌위주의 문제점을 상쇄할 균형정책으로 평가된다.

④ 『국방부 수권법(the Department of Defense Authorization Act, 1982)』
이 법은 '마약전쟁의 군사화'를 공식화한 법안이다. 이 법의 중요성은 남북전쟁의 종식 이래 민간 문제에 군부 개입을 금지하는 1878년 법(the Posse Comitatus Act)의 수정을 의미한다. 1914년 최초의 마약통제법인 해리슨 법이 통과된 이래 미국은 형사처벌 위주의 범죄화 정책이 주류를 이루었고 1951년 미성년자에게 마약을 판매할 경우 최고 사형에 처할 수 있는 보그스 법에 이르러 절정에 달했다. 그 후 미국 마약정책은 60-70년대 부분적으로 치료 및 재활을 강조하는 마약정책을 전개했으나 80년대 다시 강경정책으로 선회하였다. 90년대 클린턴 행정부

에서 치료 및 재활이 재강조되지만, 부시 행정부에서 강경정책이 재등장하듯 미국의 마약정책은 기본적으로 처벌 위주의 범죄화 정책이 핵심을 이루고 있으나 간헐적으로 마약 관련 강온정책이 반복되는 양상을 보이고 있다.

⑤ 습성 약물 규정 관련 법규(『통제 물질 관리법(Controlled Substance Act, 1971)』)

미국은 통제 물질 관리법 (Controlled Substance Act)에 의거 습성 약물을 중독 심각성과 의학 효용성에 의해 다섯 단계 (Schedule I~V)로 구분한다. 습관성 물질의 신규 지정 혹은 단계 변경의 경우 보건부의 과학적이고 의학적인 검토를 바탕으로 법무부 산하 마약단속국에서 결정하며, 그 과정에서 후보 약물에 대한 미국 식품의약품 안전청, 국립 약물 남용 연구원 기타 민간 전문가들의 의견을 두루 취합한다.

⑥ 환자 및 지역사회의 오피오이드 중독 회복·치료 개선을 위한 약물 남용예방법:

(Substance Use-Disorder Prevention that Promotes Opioid Recovery and Treatment (SUPPORT) for Patients and Communities Act of 2018)

이 법은 사회문제로 부각되고 있는 오피오이드(아편류의 합성 진통·마취제)의 과다복용 및 중독을 예방하기 위하여 의료적 케어와 메디케이드에 해당 약물의 남용예방, 회복, 치료와 관련된 정책을 규정하며, 의료적 케어에 약물 보조치료를 목적으로 하는 오피오이드 치료 프로그램(Opioid Treatment Programs, OTPs)을 포함시켜 오피오이드 남용으로 인한 중독치료 기회를 확대하는 것이 입법 목적이다.

⑦ 「2016년 포괄적 중독예방 및 회복법(Addiction and Recovery Act of 2016)」

오피오이드(아편과 유사한 작용을 하는 합성 진통·마취제)의 남용으로 매일 78명이 사망하고 있는 미국 내에서의 심각한 약물중독 현안을 반영하여, 1968년 포괄적 범죄통제 및 안전거리에 관한 법률(Omnibus Crime Control and Safe Streets Act)을 개정하여 오피오이드, 헤로인, 그 외 유사 약물의 남용을 예방하기 위한 교육과 처리, 대응방법 등을 개발하도록 조치하였다. 이러한 활동의 주축으로 소집되는 TF팀(Pain Management Best Practices Inter-Agency Task Force)은 통증관리 및 통증치료 처방을 위한 최상 및 최근의 처치안을 검토하고, 오피오이드의 대체 약품에 대한 대체 및 개발 가능성과 필요성 등에 대하여도 검토하도록 규정하였다.

⑧ 「2010년 정신건강 동등성 및 중독 형평성에 관한 법률(The Mental Health Parity and Addiction Equity Act, MHPAEA)」

이 법의 제정을 통해 약물 중독자나 정신질환자도 일반적인 의료보험 가입자가 누릴 수 있는 혜택과 동일한 혜택을 누릴 수 있도록 되었다.

2) 미국의 알코올 중독

(1) 알코올 중독의 개념

미국 심리학회의 DSM-IV(정신질환의 진단 및 통계편람)에 따르면, 알코올 남용(alcohol abuse)이란 재발성 부작용임에도 불구하고 반복적으로 알코올을 사용하는 것을 말하며, 알코올 의존이란 알코올 내성, 금단증상, 통제 불가능한 음주 충동으로 인한 알코올 남용을 말한다. DSM-V에서는 알코올 남용 및 알코올 의존을 "알코올 사용장애"로 통합 사용할 것을 제안하였다.

(2) 알코올 중독 치료 기관 개요

① 알코올 관련 물질남용 및 정신건강 서비스국(Substance Abuse and Mental Health Services Administraion; SAMHSA)

SAMHSA는 알코올과 청소년 사업(Alcohol and Youth Programs) 담당 부서인 CSAP(Center for Substance Abuse Prevention)를 통해 지역사회를 바탕으로 한 교육과 홍보 및 폭음, 태아-알코올스텍트럼장애(FASD) 예방책에 중점을 둔 미성년자 알코올 문제를 감소시키고자 하는 다양한 사업을 지원한다.

② 미국 국립 알코올남용 및 중독연구소(National Institute on Alcohol Abuse and Alcoholism, NIAAA)

NIAAA는 알코올과 관련된 문제들을 감소시키기 위해 다음과 같은 주도적 역할을 수행한다.

- 유전학, 신경과학, 역학, 음주가 건강에 미치는 장단점, 음주의 예방과 치료를 포함한 과학적 분야의 연구를 수행하고 지원하기
- 알코올 관련 문제에 대한 다른 연구기관 및 연방정부의 사업을 조정하고 협력하기
- 알코올 관련 업무를 다루고 있는 국제적, 국가적, 주정부 및 지역사회 연구소와 조직하여 프로그램 등 협력하기
- 보건의료 공급자, 연구자, 정책 결정자와 대중에게 연구결과를 설명하고 보급하기

③ 미국 국립 약물남용연구소(National Institute on Drug Abuse, NIDA)

약물남용과 중독에 관련된 연구를 하는 연방정부의 주요기관이다. 1974에 설립되었으며, 1992년 10월에 미국 보건복지부 산하 국립보건원에 소속되었다. 미국의 약물남용 및 중독을 극복할 수 있는 과학적 힘을 기르는 것을 목적으로 한다. NIDA는 시대별 약물남용의 경향과 추세를 파악하여 이에 대응하며, 인간의 뇌와 신체에 약물의 작용 기전에 대한 이해 및 새로운 치료와 예방법을 개발하고 테스트하는 일을 주로 수행한다.

(3) 알코올 치료 센터

① Betty Ford Center(베티포드 센터, Rancho Mirage, California)

알코올과 관련한 치료를 위한 비영리법인으로, 여성들을 중독에서 벗어날 수 있도록 치료하는 시설로서 1982년에 설립되었으며, 통원 치료와 입원 치료를 제공한다.

② Hazelden(헤이젤든, Center City, Minnesota)

1949년에 설립된 알코올 중독치료를 위한 비영리법인으로서 뉴욕, 플로리다, 미국 북동부 지역에도 센터를 두고 있으며, 과학적이고 증거에 기반한 치료를 수행하며, 재활 이후의 삶에 초점을 두며, 치료를 끝낸 후에는 계속적인 회복을 돕기 위하여 18개월의 무료 지원을 제공한다.

③ Caron(캐런, Wernersville, Pennsylvania)

마약 및 알코올 중독자들의 재활 및 상담 센터로서, 펜실베니아 대학과 치료기관과 같은 연구기관들이 협업하여 서비스를 제공한다. 개인 성장 워크숍(personal growth workshops)과 학생들이 직접 참여하는 지원 프로그램이 제공된다.

④ 12 Keys Rehab Center(12 키 재활센터, Jensen Beach, Florida)

정신적 및 감정적 건강 향상에 치중하며, 안전하고 편안한 의료적 중독치료 서비스를 제공한다. 개개인의 요구에 맞춘 치료 계획과, 중독 상담, 정신적 및 행동학적 건강 치료사들, 그리고 트라우마 전문가들로 구성된 대규모 의료팀이 서비스를 수행한다.

⑤ Origins Recovery Centers(오리진 회복 센터, South Padre Island, Texas)

알코올 중독 및 기타 중독치료를 담당하는 기관으로서 30일에서 100일간의 다양한 기간의 프로그램들이 있다. 치료 담당자들과 환자간의 비율이 매우 낮은 특성이 있으며, 환자들은 직업 기술 훈련, 운동, 영양분을 고려한 식사 등의 프로그램을 거친다. 치료 후에는 사회에 성공적으로 재적응하며 중독 재발을 방지하는 목적의 프로그램에 가입할 수 있다.

⑥ Seabrook House(씨브룩 하우스, Seabrook, New Jersey)

사설이며 통원치료를 하는 알코올 중독 치료기관이며, 전통적이고 자연적인 방법으로 치료를 하는 것을 권장하며, 침술 치료, 반사요법, 명상과 요가 같은 방법을 병행한다.

⑦ The Ranch(더 랜치, Nunnelly, Tennessee)

이 센터는 중독회복 치료에 물리적 치료와 영적 치료를 모두 제공한다. 환자들이 자연에서의 실제 체험을 통해 치료가 될 수 있는 프로그램을 제공하며, 테네시에 소재하고 있다. 환자들이 자연 속에서의 하이킹, 낚시, 카누 타기, 승마와 같은 비전통적 재활요법을 제공한다.

⑧ Harmony Place(Women only)(하모니 플레이스, Woodland Hills, California)

여성의 복잡한 정신적이고 감성적인 특성을 고려하여 여성들이 알코올 중독을 극복할 수 있도록 30일간의 프로그램을 제공하는 센터이다.

⑨ Sierra Tucson(시에라 투손, Sierra Tucson, Arizona)

1983년에 산악지대 내에 설립된 알코올 및 마약 중독 치료 센터이며, 중독의 원인을 찾아내 표적 치료를 수행하며 중독의 원인을 찾아내 환자에게 이해시켜 환자가 이를 극복할 수 있는 능력을 배양할 수 있도록 한다.

(4) 알코올 관련 법률

① 미성년자 음주 금주법(Sober Truth On Preventing (STOP) Underage Drinking Act, 2006)

10대 청소년들에게 금주 또는 알코올 소비를 줄이기 위해 추가적 펀드를 제공하는 프로그램이나 성인을 대상으로 하는 공영 방송 캠페인의 근거를 제공하며, 미성년자 음주 예방에 관한 미국 연방정부 부처 간 조정위원회를 설립하도록 하여 미성년자 음주를 예방하거나 줄이기 위한 SAMSHA와 다른 연방정부 기관 간의 노력을 조정하는 역할을 수행한다.

② 재활법(The Rehabilitation Act of 1973), 미국 장애인 법(Americans with Disabilities Act of 1990)

알코올이나 마약 중독을 장애로 정의하고, 이들이 직장에서 해고되기 이전에 중독치료 센터에서의 치료 기회를 제공받도록 하는 법이다. 알코올중독자는 직장에서 중요한 업무를 수행할 수 있도록 중독치료센터를 이용할 수 있는 선택권한을 갖는다. 이러한 선택의 기회가 주어졌음에도 불구하고 치료를 거절하고 계속적인 알코올 섭취로 인하여 직장에서의 자신의 업무를 제대로 수행하지 못하게 된다면 직장에서 해고될 수 있다.

③ 최소 음주 연령법(National Minimum Drinking Age Act of 1984)
미국에서는 최소 음주 연령을 21세 이상으로 규정하고 있다. 만약 미국 주들이 음주 최소 연령을 21세 이상으로 규정하는 주법을 통과시키지 않는다면 고속도로 운영 펀드 액수를 감액시키는 정책을 미국 연방정부는 사용하고 있다. 그 결과 1988년이 되어서는 미국 모든 주들이 음주연령을 21세 이상으로 주법을 통과시켜 시행하고 있다.

④ 음주운전 처벌법
미국 대부분의 주에서 음주운전 시 면허정지 제도를 시행하고 있으며 기간은 30일에서 1년으로 다양하다. 면허정지 기간 동안 자택과 직장 간의 운전만을 허용하는 제한 면허제도를 대부분의 주에서 시행하고 있으며, 혈중알코올농도의 기준 초과가 과다할 경우(0.15~0.20%) 징역형, 벌금, 교육시간 연장, 음주운전 시동잠금장치(ignition interlock) 부착 등의 처벌규정을 주 별로 두고 있다.

i) 뉴욕 음주법(New York Driving While Intoxicated (DWI) Laws)
혈중알코올농도, 연령 및 적발 횟수에 따라 처벌 수위가 달라지는데 최고 1만 달러(한화 약 1천만 원)의 벌금이나 7년 이하의 징역에 처하고 최소 18개월 동안 면허가 취소된다. 외국인이 과거에 미국에서 음주

운전으로 사람을 상해에 이르게 한 경우 입국이 금지될 수도 있다. 법을 세 번 위반한 경우 중범죄(Degree Felony)로 분류돼 최대 1만달러의 범칙금과 6개월에서 2년까지의 면허정지, 2년에서 10년까지의 징역형이 가능하다.

ii) 텍사스 음주법(Texas Driving While Intoxicated (DWI) Laws)

혈중알코올농도 0.08% 이상인 사람이 공공장소에서 자동차를 운행하면 72시간 이상의 구금이나 2천 달러 이하의 벌금 또는 최고 6개월의 징역형에 처한다. 처음 적발 시에는 경범죄(클래스 B, Misdemeanor)로 분류돼 2천 달러의 범칙금과 90일간의 면허정지, 72시간에서 180일까지의 구속이 가능하며, 두 번째 적발 시에는 1년 이하의 징역이나 4천 달러의 범칙금을 받을 수 있고, 10년 이내에 음주운전 기록이 있으면 6개월 이상 2년 이하의 면허정지를 당하게 된다.

⑤ 미국 연방 주류 관리법(The Federal Alcohol Administration Act of 1935)

급증하는 합법적인 주류산업을 관리하기 위한 조치로서, 국가 산업부흥법에 따른 행정명령에 의해 수행된 법이다. 주류산업은 SNS나 온라인 홍보를 통해서 청소년을 주요 마케팅 대상 삼고 있으므로, 주류광고 내용, 횟수 및 매체 제한, 주류업체의 후원 제공 규제, 주류마케팅 감시체계 수립 등을 통해서 청소년의 음주 소비를 감소시키는 목적을 달성하고자 한다.

3) 미국의 도박 중독

(1) 도박 중독의 개념

도박 중독은 병적인 중독이라고도 하는 데 충동통제 장애이다. 도박에 집착하고 있으면, 도박에 더욱더 많은 시간을 투자하며, 손실을 만회하고자 하거나, 도박이 자신의 생활에 심각한 문제를 야기하고 있으면 도박문제가 있다고 볼 수 있다.

(2) 도박 중독의 치료

① 입원치료와 재활치료(Inpatient or residential treatment and rehab programs)

이 프로그램은 24시간 지원 없이는 도박문제를 극복할 수 없는 심각한 중독문제가 있는 환자들을 위한 프로그램이다.

② 기저질환의 치료

도박 중독은 우울증, 조울증이나 강박장애(OCD), 주의력 결핍 및 과잉행동장애(ADHD) 등과 같은 정신건강 문제나 약물남용의 영향 등으로 야기될 수 있다. 따라서 도박 중독 검사를 할 때 이러한 기저질환의 가능성 및 영향력을 먼저 점검해야 한다.

③ 인지행동치료 방법(Cognitive-behavioral therapy)

도박 중독에 대한 인지행동치료는 자기합리화나 그릇된 신념 등의 유해한 도박 행위나 생각을 교정하는 데에 초점을 맞추고 있다. 이 치료는 또한 도박 충동을 어떻게 극복하고 문제의 도박으로 인한 재정적 문제, 직장 및 관계상의 문제 들을 어떻게 해결해 나갈 것인가를 조언해준다. 정신과 전문가가 충동적인 도박 행위에 이르게 되는 원인을 도출할 수 있도록 도와준다. 많은 도박 중독자들은 좀 더 오래 도박을 하고 있다 보면 그들이 원하는 잭팟을 터트릴 수 있다고 믿는다. 다른 중독자들은 도박을 해서 돈을 따면 자신들의 밀린 채무를 해결해줄 것이라고 믿는다. 도박 중독의 심리적인 성격으로 인하여, 도박 중독자들의 기분은 잭팟을 터뜨렸을때는 흥분된 상태이거나 연달아서 도박에서 잃었을 때는 우울한 상태로 변한다. 인지행동 치료를 통하여 어떤 것이 자신의 잘못된 생각이었는가를 파악하고 이를 수정하는 노력을 할 수 있게 된다.

④ 통원 도박 재활 및 치료 프로그램(Outpatient Gambling Rehab and Treatment Programs)

통원 도박 재활 및 치료 프로그램은 도박자 자조모임 환경을 활용하거나, 계속적인 개인치료 방법을 포함하는 개념이다. 입원치료와 마찬가지로 다양한 프로그램들이 제공되는 데, 가장 큰 차이점은 치료 기간의 차이이다. 입원치료 프로그램은 환자가 퇴원한 이후에는 계속적인 통원 치료 프로그램을 활용하는 것이 통상적이다.

⑤ 도박 중독자 자조모임(Gamblers Anonymous)

도박 중독문제가 있는 중독자들이 스스로 자신들의 도박 중독문제점을 인정하고 도박 중독에서 벗어나려는 중독자들이 주축이 되어서 운영된다. 이 조직은 비밀모임 환경에서 공유한 모든 정보를 누설하지 않을 의무를 부담하며, 새로 가입하는 중독자들이 자신의 삶을 계속 유지해 나갈 수 있도록 격려하고, 도박으로 인한 피해를 받은 사람들에게 보상을 받을 수 있는 방법에 대한 조언을 해주며, 이들과 동일한 과정을 밟는 새로운 도박 중독자들에게 멘토 역할을 해주는 일도 수행한다. 알코올중독자 자조모임(Alcoholics Anonymous)을 본받아서 모임 구성원 간의 상호 협조 접근방법을 취하는 12단계 프로그램을 제공한다. 여기서 제공하는 상담기법 중 하나로 인지행동치료 방법이 있다.

⑥ 심리치료요법

도박 중독 치료프로그램 중에는 심리요법이 있다. 심리요법은 개인 및 그룹 상담을 통하여 도박 중독 행위의 원인들을 파악하고 중독자가 갖고 있던 잘못된 인식을 바로 잡는 효과들을 인지행동치료의 경우에 못지않게 달성할 수 있다.

⑦ 가족치료요법(Family therapy)

가족치료요법은 도박 행위뿐 아니라, 중독자의 가족관계를 치유하고, 회복과정에 가족들이 동참할 수 있는 접근 방법을 채택하여 치료의 효과를 높인다.

⑧ 입원 및 거주 치료센터(Residential Inpatient Gambling Addiction Treatment Centers)

도박 중독으로 인하여 점점 더 인생의 잘못된 선택을 하게 되고 잘못된 결과로 이어지는 경우에는 센터에 거주하면서 도박중독을 치료하는 것이 바람직할 수 있다. 거주치료의 장점으로는 24시간 7일 내내 관리를 받을 수 있으며, 정신적이고 행동적인 문제들을 치료하는 프로그램이 존재하며, 치유적 활동을 할 수 있다. 더 나아가 관련된 질환들에 대한 치료도 동시에 진행할 수 있으며, 의료적이고 정신과적 관리도 받을 수 있다.

⑨ 고급 도박 중독치료 센터(Luxury Gambling Addiction Facilities)

고급 도박 중독치료 시설들은 마사지, 수영장 및 온욕실, 스파 등의 오락시설들을 갖추고 있다. 정신적이고 의료적 치료 프로그램을 갖추고 있는 반면, 병원 시설보다는 호화스러운 리조트 환경에서 치료를 받을 수 있는 시설을 말한다. 이러한 시설들에서는 의료 및 정신과 전문가들의 도움을 더 손쉽게 받을 수 있다.

⑩ 기업체 임원의 도박중독 치료 프로그램(Executive Gambling Addiction Programs)

임원 도박 중독 프로그램들은 자신들의 직장에서 벗어나서 일정한 시간 이상을 치료에 투자할 수 없는 바쁜 기업가들을 위한 프로그램이다. 임원들은 자신의 치료를 위하여 더 많은 비용을 지출할 능력이 있으며, 주말 프로그램처럼 압축된 형태의 프로그램을 활용할 수 있다. 또한, 이들이 자신의 회사 업무를 정상적으로 참여하면서도 자신들의 중독을 치료받을 수 있는 맞춤형 프로그램을 제공받을 수도 있다.

(3) 도박 관련 법률

① 주(州) 간 전신법(Interstate Wire Act of 2000)

주(州) 간 전신법은 연방 형법 규정의 일부로써, 인터넷 도박 관련 행위에 대해 형사처벌을 할 수 있는 근거 조항이다. 본 법의 규정에 따르면 고의적으로 도박 또는 사행성 게임에 돈을 걸기 위하여 유선 통신 시설을 사용한 자, 그리고 유선 통신시설 이용의 결과 도박 행위에 돈을 건 자에 대한 처벌 내용을 규정하고 있다. 이 법률은 해당 주에서의 합법성과 상관없이, 주 영역 내의 행위와 주간 거래 모두에 대한 금전적 송금 전부를 금지하는 내용을 담고 있는데, 동법만으로 이와 같은 내용의 법규를 입법하도록 주 정부를 강제할 목적으로 만들어진 것이 아니라, 직접적인 연방정부의 통제에 있는 수단을 이용해 도박 행위를 하려는 자를 대상으로 하고 있다. 그러나 동법은 일정한 예외조항을 규정하고 있는데, 첫 번째로 자금 이체(transmission)의 송금지와 도달지 모두에서 도박에 돈을 건 행위가 합법인 경우, 두 번째로 단순한 정보 전달의 경우는 동법에 의해 처벌받지 않는다. 또한 동법은 사행성 도박에 대한 행위만을 규제하고 있을 뿐, 단순한 게임과 이에 수반되는 내기는 동법의 적용대상이 아니다. 또한, 경마도 예외적으로 허용하고 있다.

② 여행법(Travel Act of 1951)
여행법은 주(state) 또는 국가 간 교류 또는 거래에 있어서 불법적 행위를 처벌할 수 있는 내용을 규정하고 있고, 동법에서 말하고 있는 "불법적 행동(unlawful activity)"에는 인터넷 도박행위를 포함하고 있다.

③ 불법 도박 영업법(Illegal Gambling Business Act)
IGBA는 앞의 Wire Act와 함께 인터넷 도박에 직접적으로 적용 가능한 연방법이라 할 수 있으며, 따라서 연방 의회 권한의 직접적 행사의 산물이며, 불법적 인터넷 도박 사업에 관련되는 자를 규제하는 법이라 할 수 있다. 또한, 조직범죄 도박에 초점이 맞춰져 있다. 동법에서 언급하고 있는 "Internet Gambling Business"는 행위가 이루어진 주법, 그리고 5인 이상이 관련되어 있어야 하며, 도박 행위가 30일을 초과하는 기간 동안 계속되거나 일일 2천 달러 이상이 거래되는 도박행위를 의미한다.

④ 2006년 불법 인터넷 도박 규제법(Unlawful Internet Enforcement of 2006)

동법 제5362조는 경주, 스포츠 또는 확률에 기인한 게임을 규제 대상 행위로 설정하여 그 대상을 구체화하였다. 그러나 스포츠 경기를 기초로 한 복권은 동법에서 명백하게 금지하고 있다. 또한, 일반인들이 생각하기에 증권거래, 선물거래는 법에 의해 도박행위가 아니라고 선언되었기 때문에, 그 투기적 성격에도 불구하고 도박행위로 여겨지지 않고 있다. 도박자금 지불과 관련하여 동법 제5363조는 "사행성 도박행위에 참가하고 있는 어느 누구도 불법 인터넷 도박으로부터 들어오는 자금을 받아서는 안 된다"고 규정하고 있다. 지불수단은 기존의 신용카드, 인터넷 뱅킹을 통한 이체, 심지어 종이 수표까지도 포함한다.

⑤ 인디언 도박 규제법(Indian Gambling Regulatory Act of 1988)

인디언 도박 규제(허용)법은 아메리칸 인디언들이 보호구역에 도박장을 개설하는 것을 합법화한 것으로서 카지노 폭증의 원인이 되었다.

⑥ 인터넷 도박규제 소비자 보호 및 시행법(Internet Gambling Regulation Consumer Protection and Enforcement Act of 2011)

이법은 경마를 제외한 인터넷 발매를 통한 스포츠 베팅과 신용카드의 사용을 제한하고 있다. 이법의 제정 취지는 인터넷을 통한 도박을 하는 행위를 미국 연방정부가 통제함으로써 사기도박들의 폐해를 감시하고 연방정부의 과세를 하기 위한 것이다.

3. 일본의 중독

1) 일본의 알코올·약물·도박 등의 의존증에 관한 현황과 개요

일본의 후생노동성은 한국의 보건복지부와 유사한 성격의 국가 산하 기관으로, 알코올·약물·도박 등으로 비롯한 중독을 치료가 필요한 질환성 문제로 바라보고, 이에 적절한 치료와 지원을 제공한다. 후생노동성은 중독에 대한 편견과 차별을 해소하고 중독자나 가족에 대한 적절한 치료와 지원을 목적으로 중독에 대한 이해를 위한 사업을 시행한다. 아래 [그림 III-2]는 후생노동성에 의해 운영되는 의존증 대책 전달체계가 어떻게 국가에서 국민에게까지 운영되고 있는지 보여주고 있다(후생노동성, 2019).

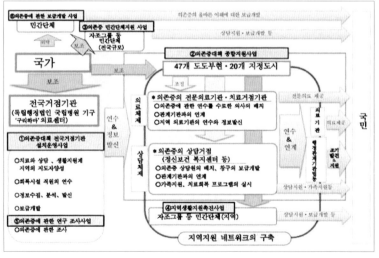

출처: 厚生労働省(후생노동성). (2019). 연구자 재구성.
<https://www.mhlw.go.jp/content/12200000/000472446.pdf>

[그림 III-2] 일본의 의존증 대책에 관한 전달체계

일본에서의 의존증 관련 서비스 전달체계는 다음과 같다.

첫째, 국가의 역할이다. 국가는 전국의 의존 관련 거점기관과 47개의 도도부현, 20개의 지정도시 그리고 전국 규모의 자조그룹 등 민간단체에 보조역할을 하며 민간단체에 위탁을 한다.

둘째, 국가로부터 보조를 받는 국립병원과 의료센터 등의 전국거점기관에서는 의존증 대책 전국 거점기관을 설치·운영한다. 사업으로는 치료와 상담, 생활지원, 지역의 지도자 양성, 회복지원시설 직원의 연수, 정보수집과 분석, 발신, 계발보급 사업에 전념한다. 이 밖에도 의존증에 관한 조사 및 연구사업에도 충실하여 다각적인 측면에서 조사가 이루어지고 있다.

셋째, 국가로부터 보조를 받는 47개의 도도부현과 20개의 지정도시는 의존증의 전문 의료기관과 치료거점기관을 선정하여 관계기관은 물론 지역사회의료기관에의 연수와 정보를 교환하여 의료체제를 확립하고 있다. 또한, 정신보건복지센터 등의 상담체제기관을 설치하여 의존 당사자는 물론 그 가족을 지원하고 있다. 지원의 가장 큰 비중을 차지하고 있는 것은 적절한 의존증 상담원의 배치·상담창구의 보급과 계발, 관계기관과 연계한 회복치료 프로그램의 시행이다.

넷째, 국가는 전국 규모의 자조그룹 등 민간단체 지원사업을 통해 상담과 홍보, 계발 등의 사업을 시행한다.

다섯째, 47개의 도도부현과 20개의 지정도시의 의존증 사업의 가장 큰 특징은 지역지원네트워크의 구축이다. 전문의료 제공은 물론, 행정·복지·사법 등을 통한 연계 작업으로 예방과 조기발견 등에 주력하고 있다.

다음은 의존증과 관련하여 각각의 기관들에서의 구체적으로 행해지는 활동들이다.

(1) 상담기관

① 보건소

보건사, 의사, 정신보건복지사 등 전문가가 중독 의존자와 그 가족 및 성장을 원하는 사람들을 대상으로 전화, 면담, 방문상담을 이루고 있다. 주요업무는 마음을 돌보는 심리적 건강, 보건, 의료, 복지에 관한 상담, 의료중단 자들의 진료상담, 청소년상담, 알코올, 약물, 도박의존, 가족상담 등 다양한 상담을 실시하고 있다.

② 정신보건복지센터

정신보건복지센터는 각 도도부현과 정책령이 정한 지정도시마다 1개소씩 있으며, 동경에 3곳, 전국에 69곳이 운영되고 있다. 정신보건 복지센터에서는 의료적·심리적·정신적 상담과 사회복귀와 관련한 상담 및 알코올, 약물, 도박 중독 등의 가족상담, 전화 및 면담치료를 실시하고 있다. 센터에는 의사, 간호사, 보건사, 정신보건복지사, 임상심리전문가, 작업치료사 등이 배치되어 있다.

③ 의존상담 거점 기관

일본 전국의 도도부현 및 지정도시에는 "의존 대책 종합 지원사업"의 상담원 배치를 바탕으로, 상담거점이 설치되어 있다.

④ 자조그룹 회복지원 시설

자조그룹 회복지원 시설이란 알코올 및 약물의존, 병적도박 등 중독 문제가 있는 사람들이 자발적인 의지로 모이는 집단을 말한다. 이것은 의존의 문제를 혼자서 극복하는 것은 어렵지만 동료와 경험을 공유하고 안고 있는 자신의 문제와 고민을 제대로 직시하는 과정을 통해서 자신을 변화시켜 나갈 수 있다는 신념을 바탕으로 한 것이다. 자조그룹은 각 문제별로 다양한 회복지원 시설이 있으며, 가까운 거주지에서 이용하고 싶은 회복지원 시설이 있는지에 대한 정보는 시(市)에 있는 보건소, 정신보건복지센터 등에 문의하면 된다.

⑤ 가족모임(회, 會) 및 가족의 자조그룹

가족모임 및 자조그룹은 의존자와 의존자의 가족들이 서로 고민을 나누고 공유하며 협력하는 상호지지 체계이다. 정기적 모임과 토론회를 열고 계몽과 계발(啓發), 심포지엄 등을 기획한다. 행정에 대한 요청 등 사회활동도 적극적으로 실시하고 있다.

전국에 DARC(약물의존을 위한 회복시설), MAC(알코올 의존을 위한 회복시설), 전 일본 단주연맹(알코올 의존을 위한 모임), AA(알코올 의존을 위한 모임), NA(약물의존을 위한 모임), GA(도박의존을 위한 모임), Al-Anon(알코올의존자 가족을 위한 모임), Nar-Anon(약물의존자의 가족과 친구들을 위한 모임), Gam-Anon(도박의존자의 가족을 위한 모임) 등이 있다.

(2) 의료제공 체제

후생노동성에서는 알코올 건강장해, 약물의존, 도박 등과 관련 의존대책에 대한 전국 거점기관으로서 독립행정법인 국립병원 기구인 '구리하마 의료센터'를 지정하고, 약물의존대책 내용은 국가연구개발법인인 국립정신·신경의료연구센터와 연계하여 실시하여 의존대책을 추진하기 위한 교육 및 의존과 관련한 정보 및 자료집 제공을 하고 있다. 이밖에 SMARP(약물의존증자에 대한 표준화된 집단인지행동요법 프로그램) 등의 프로그램을 정신보건복지센터, 의료기관, 보건행정기관 등에서 실시하고 있다.

(3) 후생노동성의 대처

① 의존증 대책 관련 예산

후생노동성은 의존자의 회복을 위한 상담거점이나 의료기관의 유지 등을 도모하기 위해 다음과 같이 예산을 편성하고 있다.

<표 III-9> 2018-2020년 의존증 전문 의료기관 예산편성액

2018년	2019년	2020년
6.1억 엔	8.1억 엔	12.2억 엔

출처: 厚生労働省(후생노동성). (2020). <https://www.ncasa-japan.jp/pdf/document12.pdf>
(都道府県等依存症専門医療機関・相談員等合同全国会議, 도도부현 등 의존증 전문 의료기관 상담원 합동 전국회의 자료집, p. 26.)

2020년도 예산증가의 이유는 알코올・도박의존 등 기존의 예산편성에서 WHO(World Health Organization; 세계보건기구) 총회에서 새 질환으로 자리매김하여 추가된 게임장애에 대한 대응으로 볼 수 있다. 이러한 사실은 '상담, 치료체제의 정비와 민간단체 지원, 신속한 인재 육성 등에 힘쓴다. 게임장애에 대해서도 실태조사 결과 등을 토대로 하여 필요한 대책을 실시한다'라고 명시되어 있는 "경제 재정 운영과 개혁의 기본방침 2019"에서도 찾아볼 수 있다.

② 상담・지도

도도부현 및 지정도시에서는 '의존대책 종합지원사업'에 의존상담원을 배치한 상담거점의 설치를 추진하고 있다. 상담거점을 찾아 보건소 및 정신보건복지센터의 의존에 관한 상담 건수는 후생노동성에서 실시하고 있는 통계조사에서 파악하고 있다. 아래의 <표 Ⅲ-10>과 <표 Ⅲ-11>은 연도별 의존증 환자의 수 추이와 상담 건수이다.

<표 Ⅲ-10> 2014-2016 연도별 의존증 환자 수 추이

		2014년	2015년	2016년
알코올의존	외래환자 수(입원환자 수)	92,054(25,548)	94,217(25,654)	95,579(25,606)
약물의존	외래환자 수(입원환자 수)	6,636(1,689)	6,321(1,437)	6,458(1,431)
도박 등 의존	외래환자 수(입원환자 수)	2,019(205)	2,652(243)	2,929(261)

출처: 精神保健福祉センター(정신보건복지센터). (2019). <https://www.ncnp.go.jp/nimh/seisaku/data/>

<표 Ⅲ-11> 알코올·약물·도박 등 상담 건수

	2013년	2016년
알코올	18,987 건	21,777 건
약물	9,766 건	8,635 건
도박 등	7,090 건	4,518 건

출처: 厚生労働省(후생노동성). (2020). 연구자 재구성. <https://www.ncasa-japan.jp/pdf/document12.pdf>
(都道府県等依存症専門医療機関・相談員等合同全国会議, 도도부현 등 의존증 전문 의료기관
상담원 합동 전국회의 자료집, p. 18.)

③ 인재 육성

후생노동성은 의존증 대책 전국거점기관에서 의존증 상담지원에 해당 직원, 의료종사자, 장애복지 서비스사업자 등을 대상으로 연수를 실시하고 있다.

④ 지역 체계 정비

의존증 당사자나 그 가족이 적절한 치료 및 상담지원을 받을 수 있도록 의존 전문 의료기관이나 치료거점기관, 사법지원센터, 관계사업자, 소비생활센터, 상담거점의 정비를 추진함과 동시에, 자조그룹을 포함한 민간단체에 대한 지원을 통해 지역 체계의 정비·구축을 하고 있다.

출처: 厚生労働省(후생노동성). (2019).
　　　<https://www.kantei.go.jp/jp/singi/gambletou_izonsho/setsumeikai/dai1/siryou4.pdf>

[그림 Ⅲ-3] 각 지역의 연계협력체제의 구축 이미지

　후생노동성은 의존증에 대한 이해를 위한 홍보 전략으로 계몽과 선도의 전단물을 만들어 보급하고 있다. 또한, 의존의 이해를 위한 홍보와 프로그램의 개발과 심포지엄 등을 통하여 의존증의 심각성을 알리며 의존대책에 임하는 민간단체의 활동도 지원하고 있다. [그림 Ⅲ-3]은 각 지역의 연계 협력체계를 이미지화한 것이다.

　⑥ 조사·연구

　일본 정부 연구기관으로 '국가연구 개발법인 일본의료연구 개발기구(AMED)'가 있다. 이곳에서는 도박의존의 역학관계, 정신의학과 법의학을 연계한 위험 약물사용의 병태, 알코올의존자의 실태파악 등의 연구를 하고 있으며, 의존에 대한 조기발견과 조기치료를 목적으로 하고 있다.

후생노동과학연구에서 의존에 관한 조사와 연구는 활발하게 진행되고 있으며, 다음과 같은 연구에 집중하고 있다. 첫째, 의존증 프로그램 연구로, 기타사토대학 정신과(2010-2012)의 '다양한 의존증의 의료·복지 복구프로그램의 개발에 관한 연구', 국립정신·신경 의료연구센터 약물의존 연구부(2010-2012)의 '약물의존에 대한 인지행동치료 프로그램 개발 및 효과에 관한 연구', 기타사토대학 정신과(2013-2015)의 '다양한 의존의 의료·복지 복구프로그램 수립·추진을 위한 연구', 구리하마 의료센터(2016-2018)의 '알코올의존의 실태파악 및 지역연계를 통한 조기개입·회복프로그램의 개발에 관한 연구', 정신의료센터(2017-2019)의 '알코올의존 예방을 위한 간이개입 프로그램개발 및 효과성 평가에 관한 연구' 등이 있다.

둘째, 정책 연구로, 국립정신·신경 의료연구센터((2016-2018)의 '형의 일부 집행유예제도 하에서의 약물의존의 지역지원에 관한 정책연구'가 있다.

셋째, 의료제공 관련 효과성 연구로, 국립병원기구 구리하마 의료센터(2014-2016)의 '알코올의존에 대한 종합적인 의료의 제공에 관한 연구', 구리하마 의료센터(2016-2018)의 '도박의존의 역학조사 생물학적 평가, 의료·복지·사회적 지원의 본연의 자세에 관한 연구', 도쿄 의학종합연구소(2017-2019)의 '의존환자에서 약물요법의 효과검토와 바이오마커의 개발'연구가 있다.

넷째, 약물과 알코올의 유해사용과 대응방법에 관한 연구로, 국립병원 구리하마 의료센터(2013-2015)의 'WHO 세계전략에 입각한 알코올의 유해한 사용대책에 관한 종합적인 연구', 국립정신·신경의료센터

(2015-2017)의 '국가연구개발법인 일본의료연구 개발기구(AMED)연구',
'정신의학·응급의학·법의학과 연계한 위험 약물사용의 병태·증상·
대응방법의 개발'에 관한 연구들이 있다.

2018년 의존증 문제에 지원사업을 실시하는 단체와 사업명은 아래의
<표 Ⅲ-12>과 같다.

<표 Ⅲ-12> 2018년도 의존증 민간단체의 지원사업

단체명	사업명
(NPO) 아스쿠	의존증 예방교육 및 전문가 자문 양성사업
(NPO) 전국 약물의존증자 가족연합회	'이제 혼자 고민하지말기' - 홍보 비디오 제작사업
(공사) 전 일본 단주연맹	SBIRTS의 보급촉진 - 세미나 전개
(NPO) 전국 도박의존증 가족모임	가족모임 설립 사업
(공사) 도박의존문제를 생각하는 모임	'타후러브' 프로젝트
(일사) 알코올관련문제 사회실천가 모임	알코올건강장해 대책 기본법 추진계발 연수사업
(NPO) 딸기회	'의존증 이해에 관한 방법 배우기' - 지역 네트워크 만들기 관계자 연수회
(공사) 일본 정신보건 복지사 협회	알코올 건강장해·약물 의존증·관련 도박 등 의존으로부터 회복을 위한 지역 네트워크 구축 및 사회적 인재양성 및 보급 계발사업

출처: 厚生労働省(후생노동성). (2019).

2) 약물의 의존

(1) 약물남용방지 계발과 방문사업 프로그램

학교나 지역의 이벤트 등 파견요청에 의해 강사가 방문하여 약물에 관한 올바른 지식을 보급하는 사업을 한다. 약물남용방지에 대한 홍보 계몽사업 사무국을 설치하여 약물남용방지교실 등의 예방교육을 한다.

(2) 사업의 목적

일본에서는 매년 마약, 각성제 등 약물남용이 급속히 확대되고 있다. 특히, 20대를 중심으로 순간에 약물남용의 확대를 우려하고 있다. 이러한 현상을 밟지 않도록 젊은 세대, 보호자, 지도자층을 대상으로 약물의 위험성에 대한 지식을 보급함과 더불어 약물남용의 유혹을 끊을 수 있도록 하는 것을 목적으로 한다(小学館, 2019).

(3) 실시내용

이미지나 캐릭터를 활용한 초, 중학교와 지역행사 등에 방문하여 약물남용 등의 위험성을 알린다. 다양한 홍보매체를 활용한 홍보계발사업을 중심으로 하여 연간 11만 명을 대상으로 교육과 홍보사업을 한다.

① 방문사업

초중고등학교 등 교육기관을 시작으로 전국의 6개 지역(동북지방, 관동지방, 동해지역, 중·사국지역, 큐슈지역, 근기지역)에 약물남용 전문 강사의 연수 및 자료를 제공한다. 방문사업의 전달체계는 [그림 III-4]와 같다.

종합감수	국립정신 신경의료 연구센터

⇩ 감수

숙달된 전문 강사	성 마리안나 의과대학 강사 등

⇩ 연수 또는 지도용 교재의 배포

약물남용방지지도원의 방문

출처: 国立精神研究センター(국립정신연구센터). (2019). <HYPERLINK "https//www8.cao.go.jp/souki/drug/kachoukaigi/h280115/pdf/s4-2.pdf"https://www8.cao.go.jp/souki/drug/kachoukaigi/h280115/pdf/s4-2.pdf>
(薬物乱用防止啓発事業, 약물남용방지계발사업)

[그림 Ⅲ-4] 약물남용 전문 강사 방문사업의 전달체계

② 보완사업

약물남용방지와 관련한 폭넓고 충실한 정보를 보다 효율적이고 효과적으로 전개하기 위해 페이스북, 트위터, 유튜브 등의 SNS나 TV의 광고매체를 활용하여 위험성의 정보를 제공한다.

방문활동	⇔ 홍보·집객 실제목소리 수집 방문내용 충실	사회적 네트워크 서비스	⇨ 폭넓은 홍보 정보제공	대상자

출처: 国立精神研究センター(국립정신연구센터). (2019). <HYPERLINK "https//www8.cao.go.jp/souki/drug/kachoukaigi/h280115/pdf/s4-2.pdf"https://www8.cao.go.jp/souki/drug/kachoukaigi/h280115/pdf/s4-2.pdf>
(薬物乱用防止啓発事業, 약물남용방지계발사업)

[그림 Ⅲ-5] 방문사업의 계도사항

③ 약물 관련 법규와 법령

각성제 단속법, 독극물 취급법, 대마단속법, 아편법, 마약 또는 향정신성 의약물 취급법, 의약품 및 의료기기법 등이 있으며 이를 정리하면 <표 Ⅲ-13>과 <표 Ⅲ-14>와 같다.

<표 Ⅲ-13> 약물 관련 법규와 내용

관련 법규	내 용
마약 또는 향정신성 의약품 취급법	(2015. 6. 공포) *제1조: 이 법은 마약 및 향정신성 의약품의 수입, 제조, 제제, 양도 등에 관하여 필요한 단속을 실시하고, 마약중독자에 대해 필요한 의료를 실시하는 등의 조치를 강구하는 등으로 마약 및 향 정신 약물남용에 의한 보건위생상의 위해를 방지하고 있는 공공의 복지 증진을 도모하는 것을 목적으로 한다 *제41조: 마약을 사용하거나 사용을 교부한 때에는 의사법 제24조 또는 치과의사법 (소화23년 법률 제202호) 제23조 규정하는 의료기록 또는 수의사법 (소화24년 법률 제1846호) 제21조에서 규정하는 진료부에 환자의 성명 및 주소, 병명, 주요 증상, 사용하거나 사용에 교부 한 마약의 품명 및 수량 및 사용 또는 교부 연월일을 기재하여야 한다. *제58조: 도도부현 지사는 제58조 6제1항의 규정에 의한 정신보건 지정 의사의 진찰 결과 해당 수신자가 마약의존자이며, 또한 그 사람의 증상 성행 및 환경에 비추어 밖으로 그 사람을 입원시켜야 그 마약 의존자에 대한 마약. 대마 또는 아편의 사용을 반복 우려가 현저하다고 인정하는 때에는 그자를 후생노동성령으로 정하는 병원, 의료시설에 입원시켜 필요한 치료를 할 수 있다.

출처: 厚生労働省(후생노동성). (2020).
<https://www.mhlw.go.jp/web/t_doc?dataId=81102000&dataType=0&pageNo=1>
(麻薬及び向精神薬取締法, 마약 또는 향정신성 의약품 취급법)

<표 Ⅲ-14> 주요 약물 관련 법령

약물 이름	규제 법률	벌칙				
		소지 양도		남용	수출입·제조	
		(비영리)	(영리)		(비영리)	(영리)
각성제	각성제 단속법	10년 이하의 징역	1년 이상의 유기징역	10년 이하의 징역	1년 이상의 유기징역	무기 또는 3년 이상의 징역
신나 등	독극물 취급법	1년 이하의 징역 또는 3만엔 이하의 벌금 또는 병과	2년 이하의 징역 또는 5만엔 이하의 벌금 또는 병과	1년 이하의 징역 또는 3만엔 이하의 벌금 또는 병과	3년 이하의 징역 또는 5만엔 이하의 벌금 또는 병과	
대마초	대마 단속법	5년 이하의 징역	7년 이하의 징역	5년 이하의 징역	7년 이하의 징역	10년 이하의 징역
아편	아편법	7년 이하의 징역	7년 이하의 징역	7년 이하의 징역	1년 이상 10년 이하의 징역	1년 이상의 유기징역
헤로인	마약 또는 향정신성 의약품 취급법	10년 이하의 징역	1년 이상의 유기징역	10년 이하의 징역	1년 이상의 유기징역	무기 또는 3년 이상의 징역
코카인	마약 또는 향정신성 의약품 취급법	7년 이하의 징역	7년 이상 10년 이하의 징역	7년 이하의 징역	1년 이상 10년 이하의 징역	1년 이상의 유기징역
향정신성 물질	마약 또는 향정신성 의약품 취급법	3년 이하의 징역	5년 이하의 징역	7년 이하의 징역	5년 이하의 징역	7년 이하의 징역

출처: 厚生労働省(후생노동성). (2020).
<https://www.mhlw.go.jp/web/t_doc?dataId=81102000&dataType=0&pageNo=1>
(麻薬及び向精神薬取締法, 마약 또는 향정신성 의약품 취급법)

④ 약물사용으로 인한 범법자에 대한 집행유예 제도

형법 개정으로 약물사용으로 인한 범법자에 대한 형벌 차원으로서 집행유예 제도는 2016년 6월부터 시행되었다. 효과적인 제도 시행을 위해 교도소 출소 약물의존자 등에 관한 지원을 지자체, 보호관찰소, 의료기관 등 관계기관과 민간지원단체가 효과적으로 실시할 수 있도록 2015년 11월부터 법무성과 후생노동성의 명으로 "약물의존의 교도소 출소자 등의 지원에 관한 지역협력 지침"을 지역협력을 위한 지침으로 두고 있다.

(4) 약물 의존증 상담거점 설치상황과 전문 의료기관의 선정상황

<표 III-15> 약물의존증 상담거점 설치상황

지자체	선정 시기	상담기관명	지자체	선정 시기	상담기관명
도도부현 (2018.10.11. 기준, 27개 지자체)					
홋카이도도			야마구치현		
아오모리현			도쿠시마현	2018.6	정신보건복지센터
이와테현			가가와현	2017.4	정신보건복지센터
미야기현			에히메현	2018.10	마음과 몸의 건강센터
아키타현			고치현	2018.4	현립 정신보건복지센터 현의 의존증 상담거점
야마가타현			후쿠오카현	2018.4	정신보건복지센터
후쿠시마현					
이바라키현					
도치기현					
군마현					
사이타마현	2018.4	현립 정신보건복지센터	오이타현		
지바현			미야자키현	2018.4	정신보건복지센터
도쿄도			가고시마현	2018.9	현 정신보건 복지센터
가나가와현			오키나와현		

지자체	선정 시기	상담기관명	지자체	선정 시기	상담기관명
니가타현				지정도시	
도야마현	2018.4	마음건강센터	도야마현		
이시카와현			삿보로시		
후쿠이현			센다이시		
야마나시현			사이타마시	2018.10	사이타마 마음의 건강센터
나가노현	2018.4	정신건강복지센터, 의존증 상담 핫라인	지바시		
기후현			요코하마시		
시즈오카현	2018.4	정신보건복지센터	가와사키시		
아이치현			사가미하라시		
미에현			니가타시		
시가현			시즈오카시		
교토부	2018.7	교토 정신보건복지센터	하마마쓰시		
오사카부	2017.12	건강센터(11개소). 보건소(5개소)	나고야시	2018.7	정신보건복지센터건
효고현	2018.1	정신보건복지센터 효고, 고오베 의존대책센터	교토시	2018.4	교토시 건강증진센터
나라현			오사카시	2018.4	오사카시 마음의 건강센터
와카야마현			고베시	2018.1	정신보건복지센터
돗토리현	2017.4	사회의료법인 명화회 의료복지센터. 도유병원	사카이시	2018.4	마음의 건강센터. 상담창구
	2017.4	정신보건복지센터	오카야마시	2018.4	마음의 건강센터
	2017.4	각 보건소	히로시마시		
시마네현			기타큐슈시	2018.4	시립정신보건복지센터
오카야마현	2018.3	정신보건복지센터	후쿠오카시		
히로시마현	2018.4	종합정신보건복지센터	구마모토시		

출처: 厚生労働省(후생노동성). (2020). <https://www.ncasa-japan.jp/pdf/document12.pdf>
(都道府県等依存症専門医療機関・相談員等合同全国会議, 도도부현 등 의존증 전문 의료기관 상담원 합동 전국회의 자료집, p. 28.)

<표 Ⅲ-16> 약물의존증 전문 의료기관 설치상황

지자체	선정 시기	의료기관명	지자체	선정 시기	의료기관명
도도부현 (2018.10.11. 기준, 27개 지자체)					
홋카이도도	2018.3	아사히야마 병원	야마구치현		
아오모리현			도쿠시마현	2018.6	남리 병원
이와테현			가가와현		
미야기현			에히메현		
아키타현			고치현		
야마가타현			후쿠오카현		
후쿠시마현			오키나와현		
이바라키현			나가사키현		
도치기현			구마모토현		
군마현			나라현		
사이타마현	2018.4	사이타마현립 정신의료센터	오이타현		
지바현			미야자키현		
도쿄도			가고시마현		
가나가와현		현립 정신의료센터. 오오니시병원. 기타자토 대학병원, 미쿠루베병원	사가현	2018	독립행정법인 국립병원기구 비전 정신의료센터
니가타현			지정도시		
도야마현					
이시카와현			삿보로시		
후쿠이현			센다이시		
야마나시현			사이타마시		
나가노현			지바시		
기후현	2018.3	카가미하라 오가키 병원	요코하마시		
시즈오카현			가와사키시		
아이치현		오케하자마 병원 후지타 마음 케어센터	사가미하라시		
미에현			니가타시		
시가현			시즈오카시		
교토부		이나몬회 이와쿠라 병원	하마마쓰시		
오사카부	2017 -2018	오사카부립병원, 성연회결원병원,	오사카시	2018.3	후지이 클리닉 지방독립오사카

지자체	선정시기	의료기관명	지자체	선정시기	의료기관명
		오사카정신의료센터, 히가시흐세츠지모토병원. 구메다병원. 세이와이사카모토병원			부립병원 기구 오사카 정신의료센터
효고현			교토시		이와쿠라 병원
히로시마시	2018	세노가와병원, 후쿠야마우에 병원, 쿠사츠병원, 쿠레미도리가오카병원	오카야마시	2018.3	오카야마현 정신과 의료센터
와카야마현			사카이시	2018.4	마음의 건강센터. 상담창구
돗토리현	2018.4	사회의료법인 메이와회 의료복지센터. 와타나베 병원	고베시	2018.1	효고현 정신보건복지센터
			나고야시	2018	니시오카병원
시마네현	2017.11	동인회 코난 병원	기타큐슈시	2018.4	시립정신보건 복지센터
오카야마현	2019.3	오카야마현 정신의료센터	후쿠오카시		
히로시마현	2018.4	현립 종합정신보건복지센터	구마모토시		

출처: 厚生労働省(후생노동성). (2020). <https://www.ncasa-japan.jp/pdf/document12.pdf> (都道府県等依存症専門医療機関・相談員等合同全国会議, 도도부현 등 의존증 전문 의료기관 상담원 합동 전국 회의 자료집, p. 29.)

(5) 약물의존증에 관한 문제를 다루는 민간단체 지원

① 전국 규모로 활동하는 민간단체

민간단체 지원사업의 2019년도 예산은 1,815만 엔이었으며, 사업목적은 전국 규모로 의존증 문제에 대처하는 민간단체가 실시하는 의존증 대책을 추진하는 데에 필요한 인재를 양성하기 위한 연수나 의존증 관련 교육과 교육보급 등의 활동을 지원함으로써 의존증 문제의 조기발견 및 조기개입이나 적절한 치료지원, 문제의 재발방지를 도모하여 의존증 환자, 의존증상이 의심되는 사람, 의존증 위험이 있는 사람, 의존증으로부터 회복을 목표하는 사람 및 의존증환자 가족 등에 대한 지원 체계정비를 추진하는 것으로 한다.

민간단체의 응모사업으로도 시행하며 응모요건은 첫째, 영리를 목적으로 하지 않으며 의존증 대책에 이바지하는 사업일 것, 둘째, 창의 연구나 열의를 가지고 행해져 효과적인 사업일 것, 셋째, 다수의 도도부현에 걸쳐 효과가 기대되어 실시하는 사업일 것 또는 다수의 도도부현의 주민 등을 대상으로 하여 효과가 기대되어 실시하는 사업일 것, 넷째, 지자체로부터 보조나 조성을 받지 않은 사업일 것이다.

② 지역에서 활동하는 민간단체

약물의존증에 관한 문제에 대처하는 민간단체 사업으로 2019년 지역생활지원사업의 예산은 약 493억 엔이며 보조대상이 되는 민간단체활동은 먼저, 교류활동으로서, 약물의존증 환자나 그 가족이 다른 장해의 고민을 공유하는 것이나 정보교환을 할 수 있는 교류활동과 행사장 제공 등의 지원활동이다. 특히 교류가 가능할 수 있도록 장소를 제공하는 일은 서로의 문제를 공유하고 상담하는 소통의 장이 되기에 중요하다. 둘째, 정보제공의 차원에서 약물의존증 환자나 그 가족의 문제해결에 이바지하는 정보제공과 정보제공을 위한 리플릿 작성 경비 등을 지원하는 역할이다. 셋째, 약물의존에 관한 홍보와 약물에 대한 올바른 이해를 촉진하고자 간행물발간과 자료개발과 계도활동을 하며 간행물 발행에 필요한 비용 등의 원조를 지원한다. 넷째, 약물 의존증에 관한 문제의 상담을 받는 활동으로 행사장 제공 및 상담에 동석하는 전문가의 사례비 등을 지원하는 활동을 하고 있다.

③ 연계

의존자와 그를 둘러싼 가족을 지원하기 위해서는 많은 기관의 지원과 연계는 필수적이다. 먼저 의존증 전문 의료기관에서는 의료적 치료와 약의 문제를, 둘째, 관공서 및 민간지원단체에서는 생활가정 어린이의 문제를, 셋째, 교정시설 및 보호관찰소의 보호사는 약물 사범의 재범방지와 사회복귀지원을, 넷째, 복지사무소와 사회복지사는 복지서비스 및 지역정착의 지원을, 다섯째, 헬로워크에서는 직장 및 취업 문제 지원을, 여섯째, 보건소, 자조그룹 및 정신보건복지센터에서는 의존자의 심신 기능회복과 사회복귀 및 가족지원을, 일곱째, 상담 및 상호기관에서는 자원연계와 의존증에 대한 다양한 문제의 방지 및 개선을 추진하는 일을 하고 있다.

(6) 약물남용방지 5개년 5가지 목표 전략(2018년 8월)

① 청소년을 중심으로 한 홍보 계몽을 통한 국민 전체의 규범의식 함양으로 약물남용예방
② 약물 남용자에 대한 적절한 치료와 효과적인 사회복귀 및 지원에 의한 재사용 방지
③ 약물 밀매조직의 괴멸, 말단 남용자에 대한 단속의 철저 및 다양화되는 남용약물에 대한 신속한 대응을 통한 약물 유통 저지
④ 검역을 철저히 하여 약물의 밀수입방지
⑤ 국제 사회의 일원으로서 국제 제휴 및 협력을 통한 약물남용방지 및 경각심 고취

3) 도박 등의 의존

(1) 도박 등 의존증 대책의 기본법

<표 Ⅲ-17> 도박 등 의존증 대책의 기본법

(2018. 7. 13, 법률 제74호)

국가의 책무	제5조	국가는 제3조의 기본이념에 따라 도박 등 의존대책을 종합적으로 수립하고 시행할 책무가 있다.
지방 공공단체의 책무	제26조	지방자치단체는 제3조 기본이념에 따라 도박 등 의존대책에 관해 국가와의 제휴를 도모하면서 그 지역의 상황에 맞는 시책을 수립하고 실시할 책무가 있다.
도박 등 의존대책추진본부 설치	제24조	도박 등 의존대책을 종합적이고 계획적으로 추진하기 위해 내각에 도박 등 의존대책 추진 본부(이하 "본부"라 한다)를 둔다.
소관사무	제25조	본부는 도박 등 의존대책 추진 기본계획의 초안 작성 및 실시 추진에 관한 일의 사무를 주관한다. 두 관계 행정기관이 도박 등 의존대책 추진 기본계획에 따라 실시하는 시책의 종합조정 및 실시상황 평가에 관한 일
조직	제26조	본부는 도박 등 의존대책추진 본부장, 도박 등 의존대책 추진 부본부장 및 도박 등 의존대책 추진본부원을 가지고 조직한다.
도박 등 의존대책 추진 본부장	제27조	본부의 장은 도박 등 의존대책 추진 본부장(이하 "본부장"이라 한다)으로 내각관방장관을 가지고 충당한다. 본부장은 본부의 사무를 총괄하고 각부의 직원을 지휘 감독한다.
도박 등 의존대책 추진 부본부장	제28조	본부에 도박 등 의존대책 추진 부본부장(이하 「부본부장」이라 한다)을 두고 국무대신을 가지고 충당한다.

출처: 厚生労働省(후생노동성). (2019). <https://www.kantei.go.jp/jp/singi/gambletou_izonsho/setsumeikai/dai1/siryou4.pdf> (2018 ギャンブル等依存症対策基本法, 도박 등 의존증 대책의 기본법; ギャンブル等依存症対策 都道府県説明会, 도박 등 의존증 대책 도도부현 설명회)

(2) 도박 등 의존증 대책추진 기본계획과 방침(후생노동성, 2019)

① 발병, 진행 및 재발 각 단계에 따른 적절한 조치와 관계자의 원활한 일상생활 및 사회생활에 대한 지원

② 다중채무, 빈곤, 학대, 자살, 범죄 관련 문제에 관한 시책과의 유기적 연계 배려

③ 알코올, 약물 등의 의존에 관한 시책과의 유기적인 연계에 대한 배려

④ 기본 대책추진 본부의 본부장은 3년을 임기로 내각관방장관이 한다.

⑤ 다기관의 연계·협력에 의한 계획적이고 다층설계에 의한 종합적인 추진을 한다.

(3) 구체적인 주요 시책

일본의 전국 도도부현과 정책령이 정한 지정도시에서 실시하고 있는 시책은 다음과 같다.

먼저, 상담지원이다. 전국 도도부현과 정책령이 정한 지정도시에의 상담거점의 조기개입와 도박 등 의존자와 그 가족에 대한 상담지원을 하고 있으며, 이들의 지원을 위해 힘쓰고 있는 모(母)상담소, 모자 및 부자 자립지원, 아동상담소, 장해복지서비스, 발달장해지원센터 등의 상담사들의 지원을 하고 있다. 둘째, 치료지원이다. 일본 전국 도도부현과 정책령 지정도시에의 치료거점의 조기개입과 전문적 의료 확립을 위한 연구, 적절한 진료수가 검토 등의 진행이다. 셋째, 민간단체 지원이다. 자조그룹을 비롯한 민간단체가 추진하는 지역 내의 만남 등의 활동지원의 개선·활용 촉진을 위한 지원을 한다. 넷째, 사회복귀의 지원이다. 의존자들의 지역사회 안에서 자조그룹을 비롯한 민간단체가 추진하는 네트워크 및 활동지원을 바탕으로 한 사회복귀에 대한 지원을 하고 있다.

(4) 도박 등 의존증 관련 상담거점·전문 의료기관

2019년 4월 22일 기준, 도박 등 의존 관련 상담거점은 자치체 38곳, 전문 의료기관 23곳, 자치단체(거점의료기관 17곳)가 설치되어 있으며, 2020년도에는 상담거점은 48곳, 전문 의료기관은 41 곳(거점의료기관 34곳)이 설치될 예정이다. 도박 등 의존증 대책추진 기본계획에는 2020년도까지 전국 도도부현 및 정책령에 의한 지정도시 모두에 상담거점과 전문 의료기관을 설치하는 것이 목표이다. 전국 도박 및 의존증 관련 상담거점과 전문 의료기관의 설치 현황은 <표 III-18>과 같다.

<표 III-18> 도박 및 의존증 관련 상담거점·전문 의료기관 설치 현황

도도부현	상담거점	의료기관	거점	정부령 지정시	상담거점	의료기관	거점
홋카이도도	R1	3	O	삿보로시	R1	2	O
아오모리현				센다이시	R1	R1	R1
이와테현				사이타마시	O	2	O
미야기현	R1	R1	R1	지바시	R1	R1	R1
아키타현				요코하마시	R1		
야마카다현		R1		가와사키시		가나가와현	
후쿠시마현				사가미하라시		전 지역 대상	
이바라키현	R1	R1	R1	니카타시			
도치기현		R1	R1	시즈오카시			
군마현	O			하마마쓰시	O		
사이타마현	O	2	O	나고야시	O	1	O
지바현	O	R1		교토시	O	2	
도쿄도	O			오사카시	O	2	O
가나가와현		4	O	사카이시	O	1	O
니카타현		R1	R1	고베시	O	1	O
도야마현	O	R1	R1	오카야마시	O	1	O
이시카와현	O	R1	R1	히로시마시			
후쿠이현				기타큐슈시	O	R1	R1
야마나시현				후쿠오카시	R1	R1	R1
나가노현	O			구마모토시	R1		

도도부현	상담거점	의료기관	거점	정부령 지정시	상담거점	의료기관	거점
기후현	R1	2	O	총합계 (R1 포함)	15 (9+6)	12 (8+4)	13 (7+4)
시즈오카현	O	2	O				
아이치현	O	1					
미에현	O보						
시가현							
교토부	O	1					
오사카부	O보	3	O				
효고현	O	1	O				
나라현							
와카야마현	O	R1	R1				
돗토리현	O보						
시마네현	O	3	O				
오카야마현	O	1	O				
히로시마현	O	2	O				
야마구치현	O	1	R1				
도쿠시마현	O	1	R1				
가가와현	O	R1	R1				
에히메현	O	R1	R1				
고치현	O						
후쿠오카현	O	R1	R1				
사가현	O의	1					
나가사키현	O						
구마모토현	O						
오이타현							
미야자키현	O	R1	R1				
가고시마현	O						
오키나와현		R1					
총합계 (R1 포함)	33 (29+4)	29 (15+14)	23 (10+13)				

※ R1: 2020년까지 설치예정
※ 총합계: 상담거점 38곳(R1 포함 48곳), 의료기관 23곳(R1 포함 41곳), 거점 17곳(R1 포함 34곳)
※ 의료기관의 숫자는 기관의 수를 의미함.
※ 상담거점에서 "O"은 정신보건복지센터 "O보"는 보건소 "O의"는 의료기관을 의미함.
출처: 厚生労働省(후생노동성). (2019).
<https://www.kantei.go.jp/jp/singi/gambletou_izonsho/setsumeikai/dai1/siryou4.pdf>

4) 알코올 의존

(1) 알코올 건강장해 대책 기본법

<표 III-19> 알코올 건강장해 대책 기본법

2013.12.13. 공포

국가의 책무	제1장 제4조	• 국가는 전조의 기본이념에 따라 알코올 건강장해 대책을 종합적으로 책정하고 실시할 책무를 진다.
지방공공 단체의 책무	제5조	• 지방공공단체는 제3조의 기본이념에 따라 알코올 건강장해 대책에 관련하여 국가와의 연계를 도모하면서 해당 지역의 상황에 맞는 시책을 책정하고 실시할 책무를 진다.
건강증진 사업실시자의 책무	제9조	• 건강증진사업 실시자(건강증진법 규정)는 국가 및 지방공공단체가 실시하는 알코올 건강장해 대책에 협력하도록 노력해야 한다.
알코올 건강장해 대책추진 기본계획 등	제2장 제12조	• 정부는 이 법률의 시행 후 2년 이내에 알코올 건강장해 대책의 종합적, 또는 계획적인 추진을 도모하기 위해서 알코올 건강장해 대책의 추진에 관한 기본적인 계획을 책정하지 않으면 안 된다. • 알코올 건강장해 대책추진 기본계획에서 규정하는 시책에 대해서는 원칙적으로 해당 시책의 구체적인 목표 및 그 달성시기를 정한다. • 내각총리대신은 미리 관계 행정기관의 장과 협의하는 동시에 알코올 건강장해 대책 관계자 회의의 의견을 들어 알코올 건강장해 대책추진 기본계획안을 작성하고 각의의 결정을 구해야 한다. • 정부는 알코올 건강장해 대책추진 기본계획을 책정한 경우 지체없이 이를 국회에 보고함과 동시에 인터넷을 이용하거나 기타 적절한 방법으로 공표해야만 한다. • 정부는 적시에 제2항의 규정에 따라 정한 목표의 달성상황을 조사하고 그 결과를 인터넷의 이용 및 기타 적절한 방법으로 공표해야 한다. • 정부는 알코올 건강장해 대책의 효과에 관한 평가를 5년마다 알코올 건강장해 대책추진 기본계획을 검토하여 필요하다고 인정될 경우 이를 변경할 수 있다.

| 도도부현
알코올
건강대책
추진계획 | 제2장
제14조 | • 도도부현은 알코올 건강장해 대책추진 기본계획을 기본으로 하는 동시에, 해당 도도부현의 실정에 맞는 알코올 건강장해 대책의 추진에 관한 계획을 책정하도록 노력해야 한다.
• 도도부현 알코올 건강장해 대책추진 계획은 의료법 제30조의 4 제1항에 규정하는 의료 계획, 건강증진법 제8조 제1항에 규정하는 도도부현 건강증진계획, 기타 법령의 규정에 따른 계획으로서 보건, 의료 또는 복지에 관한 사항을 정하는 것과 조화를 이룬 것이어야 한다.
• 도도부현은 해당 도도부현의 알코올 건강장해에 관한 상황변화를 감안하여, 해당 도도부현의 알코올 건강장해 대책의 효과에 관한 평가를 바탕으로 적어도 5년마다 도도부현 알코올 건강장해 대책추진계획에 검토하고, 필요하다고 인정될 때에는 이를 변경하도록 노력해야 한다. |

출처: (법무성). (2020). (アルコール健康障害対策基本法, 알코올 건강 기본법). 연구자 재구성.
<https://elaws.e-gov.go.jp/search/elawsSearch/elaws_search/lsg0500/detail?lawId=425AC1000000109>

(2) 알코올 의존 재활프로그램(Alcohol Rehabilitation Program, ARP)

① 단계별 치료프로그램

<표 Ⅲ-20> 알코올 의존 단계별 재활 치료프로그램

단계		기간	치료 내용
1	도입기	첫 면담 ~ 단주시작	• 알코올 의존이 질병임을 환자에게 인식시키기 • 의사, 가족, 주변 사람 등의 상호작용을 통해 환자가 의욕을 가지고 재활치료를 위한 동기부여가 이루어지고 노력이 시작
2	해독기	약 3주	• 치료에 대한 동기를 강화하고, 금단증상 및 기타 장애, 합병증, 정신질환 등에 대한 치료 시작 • 약 3주 정도 증상이 안정되고 몸이 진정 되면 단주를 위한 심리치료를 시작
3	재활전기	약 7주	• 심신건강이 어느 정도 회복되면 재활이 시작 • 음주에 대한 생각과 행동을 검토하기 위해 정신요법, 창작활동, 여가활동을 주체로 한 집단활동 프로그램에 참여하고, 퇴원 후 일상생활을 위한 재활훈련 진행

단계	기간	치료 내용
4 재활후기	퇴원 후 ~ 일생	• 재활을 마치고 퇴원 후에도 전문기관에 정기적인 통원이나 자조그룹에 참여를 통해 지속적인 지원을 받으면서 단주를 장기화함. • 재발방지를 위해 6개월에서 1년 정도 단주를 위한 약물을 복용하는 경우도 있음.

출처: 日本新薬株式会社(일본신약주식회사). (2020). <http://alcoholic-navi.jp/about/flow/step/>
(アルコール依存症を調べる. アルコール依存症の治療, 일본신약 알코올의존증 안내, 인지행동요법)

② 심리사회적 치료프로그램

알코올 의존에서의 심리사회적 치료는 환자의 단주하려는 마음을 유지하고 지원하기 위하여 단주하는 습관을 익히는 것이다. 인간관계 구축과 사회생활의 스트레스를 극복하는 것에 중점을 둔다. 심리사회적 치료는 <표 III-21>처럼 진행된다.

<표 III-21> 알코올 의존의 심리사회적 프로그램

술의 해악교육	음주로 인해 발생하는 여러 문제와 알코올 의존이라는 질병에 대해 배운다.
개인 정신요법	개별적으로 이루어지는 상담으로 정신과 의사 및 임상심리사와 논의하고 개별상담을 받을 수 있다.
집단 정신요법	심리사회적 치료의 중심이 되는 치료로, 의사의 지도하에 다른 환자와 다양한 문제를 토론하고 단주와 회복을 배운다.
자조그룹 참여	회의나 미팅에 참여하고 자신의 체험담을 이야기하거나 사람의 체험담을 듣는다. 자신을 되돌아보는 동시에 같은 질병의 동료들에 의해 단주가 계속되도록 지원한다.

출처: 日本新薬株式会社(일본신약주식회사). (2020). <http://alcoholic-navi.jp/about/flow/step/>
(アルコール依存症を調べる. アルコール依存症の治療, 일본신약 알코올의존증 안내, 인지행동요법)

③ 인지행동 치료프로그램

최근 심리치료 방법으로 생각과 행동 패턴을 검토하고 수정하는 인지행동 치료프로그램이 받아들여지고 있다. 환자의 인지, 즉 생각과 행동을 동시에 검토하는 치료법으로 인지행동 치료는 지금까지의 술에 대한 인지나 생각, 가치관을 환자 스스로 검토하고 그 인식을 바꿔 나가는 것이다. 치료를 통해 앞으로의 행동과 생활을 개선하기 위한 노력을 한다. 그룹에서는 타인과 대화하면서 타인에게 보이는 나 자신의 '인지편향'을 경청하고 배움으로 삼아 단주의 의욕을 향상한다. 그러한 과정 안에서 환자는 단주를 계속하는 목적이나 음주를 방지하는 방법 등에 대해 생각을 심화할 수 있다.

<표 Ⅲ-22> 인지편향과 인지행동치료의 예시

인지편향	알코올 의존자의 인지편향의 예시	* 자신에게는 음주 문제가 없다. * 이번에 적당량 마시고 종료되었다. * 술을 마신다고 일이 안 되는 것은 아니다. * 좋아하니까 술을 마신다. * 마음만 먹으면 술을 끊을 수 있다.
인지행동 치료	그룹미팅에서 편향을 수정	* 환자 자신이 음주 문제를 정리할 수 있도록 돕는다. * 인지편향에 주의를 기울여 음주의 장점과 단점을 알아 술에 대한 성공과 패인을 분석한다. * 단주의 마음가짐을 만든다. * 재발을 방지하는 방법을 생각 * 단주 지속을 위한 현실적인 방법을 고찰한다. * 입원·통원 치료내용을 현실적으로 찾는다.

출처: 日本新藥株式會社(일본신약주식회사). (2020). <http://alcoholic-navi.jp/about/flow/step/>
(アルコール依存症を調べる. アルコール依存症の治療, 일본신약 알코올의존증 안내, 인지행동요법)

④ 후생노동성의 치료프로그램

치료는 외래에서도 가능하지만, 일본에서는 치료의 주체는 입원치료이다. 입원치료는 해독치료, 재활치료, 퇴원 후 관리의 3단계로 나눌 수 있다. 해독치료는 일반 병원에서 실시하는 것도 충분히 가능하지만, 재활치료 및 퇴원 후 관리는 치료방법에 능숙한 전문의의 치료에 맡기는 것이 좋다. <표 Ⅲ-23>은 단계별 치료프로그램의 내용이다.

<표 Ⅲ-23> 단계별 치료프로그램

단계		치료 내용
1	해독치료	• 입원환자는 신체적·정신적 합병증과 금단증상 치료를 실시한다. • 정신적·신체적 합병증은 대(對)증 치료로, 금단증상 치료는 교차내성이 있는 벤조디아제핀계 약물알코올을 사용하여 감소시킨다. 이 치료를 진행하지 않으면 금단증상을 악화시킬 수 있다. • 해독치료는 보통 2-4주 소요된다.
2	재활치료	• 신체적·정신적 증상이 회복해 감에 따라 단주를 향한 본격적인 치료를 시작한다. (a) 환자에게 음주 문제의 현실을 직면 화해, (b) 단주를 결심하고, (c) 단주 지속을 위한 치료를 한다. • 교육을 통해 환자에게 올바른 지식을 제공한다. • 개인상담 및 집단 심리치료 등으로 부정과 단주방법을 소개한다. • 퇴원 후, 단주모임과 A.A.(익명의 알코올 중독자들) 자조모임에 참석하고 가족과 직장과도 조정하며 단주를 지속하는 노력을 한다. 이 시기부터는 환자에게 설명한 후, 단주 의약품의 투여를 시작한다. • 재활치료는 일반적으로 2개월 정도 걸린다.
3	퇴원 후 관리	• 단주를 계속 지원하고, 음주 재발 시에는 신속히 필요한 치료를 한다. • ①병원·클리닉에 통원, ②항주약(抗酒薬)의 복용, ③자조그룹 참여 등은 일반적인 치료 후 관리의 예다. • 환자가 적극적으로 실천한 결과로서 치료의 효과가 확인될 수 있다.

출처: 厚生労働省(후생노동성). (2019). (アルコール依存症 治療法, 알코올 의존증 치료법) 연구자 재구성.
<https://www.mhlw.go.jp/kokoro/speciality/detail_alcohol.html>

⑤ 자조모임

자조모임은 단주의 지속성을 목적으로 한, 알코올의존 환자로 구성된 시민단체로 1930년대에 미국에서 A.A.가 탄생하면서 전 세계로 퍼졌다. 일본에 자조모임은 1970년대 후반에 도입되었으며, A.A.를 모델로 하여 국민들의 '금주회'가 결성되었다. A.A.에서는 자조모임 구성원 모두가

모여 각자의 경험을 이야기하고 타인의 이야기를 경청하는 것을 기본으로 하고 있다.

⑥ 항주약(抗酒薬)

항주약(抗酒薬)은 일본에서 알코올의존자의 단주를 지속하기 위해 사용할 수 있는 치료제를 의미하며, 지스루휘라무(Disulfiram, 'ジスルフィラム)와 시아나미도(Cyanamid, 'シアナミド)의 두 가지 약물이 있다. 이 약물들은 ALDH2의 기능을 저해하여 복용 후 음주 시에 매우 심한 홍조 반응을 일으키는 치료제이다. 알코올 문제가 심각한 환자들에게 정확한 설명 이후 항주약 사용을 시행하고 있다.

4. 호주의 중독

호주 전체 인구를 기준으로 보았을 때 호주의 알코올과 약물(AOD: Alcohol and Other Drug, 이하 AOD) 사용 및 중독문제는 점점 개선되고 있다. 비록 개인 차원의 AOD 사용으로 인한 유병률은 증가하고 있지만, 1991년 이후 음주율과 흡연율은 지속적으로 감소 추세를 보이고, 불법적인 AOD 사용문제는 점점 안정적인 태세로 전환하는 경향을 보이며, 호주 전역의 알코올 소비량 또한 점점 감소하는 모양새를 보이고 있다(Australian Institute of Health and Welfare, 2014). 하지만 AOD 사용 및 중독 관련 문제는 여전히 호주의 정신건강 서비스 관련 예산의 5% 이상을 차지하고 있으며, AOD 사용문제로 야기되는 심장질환, 정신질환, 자살, 각종 사고 등의 병리적·사회적 문제는 간과할 수 없는 수준이다(Australian Institute of Health and Welfare, 2014). 호주 전역에서는 매년 AOD와 관련한 예방 및 질병치료 등을 위해 약 550억 달러 이상을 사용하고 있다(Collins and Lapsley, 2008). 호주는 주마다 각기 다른 중독회복 지원체계를 지니고 있다. 본 보고서에서는 특히 호주 '빅토리아주'의 중독지원체계를 중심으로 살펴보았다.

1) 중독치료 대상자

AOD 치료서비스들은 AOD 사용문제 및 중독 당사자와 가족 및 자녀들도 포함하며, 당사자 및 가족들의 치료와 욕구충족을 목적으로 한다. 하지만 대부분의 중독치료 서비스는 주로 AOD 사용으로 발생한 심각한 문제들을 지닌 다음 사람들을 대상으로 한다. 16세 이상의 젊은 이들은 중독치료 서비스에 접근할 자격이 주어진다. 특히, 25세까지의 청년들에게는 욕구충족에 적절하고, 긍정적 발전에 필요한 회복력에 기반한 알코올과 약물치료 제공이 적용된다.

AOD 치료서비스는 알코올과 담배 사용뿐만 아니라 각종 의약품의 오·남용과 불법 약물 및 합성 약물 사용도 포함한 모든 유해한 물질사용을 다루며, 문제당사자뿐 아니라 그 가족들이 경험하는 부정적인 영향들을 줄일 수 있는 서비스도 제공한다. AOD 치료서비스는 시간 경과에 따른 변화에 즉각적으로 반응해야 하며, 특정 AOD 사용 추세에 주의를 기울여 치료서비스 전달을 적절하게 하는 역량을 갖추어야 한다. 특히, 지역의 취약한 집단에게도 치료서비스는 공평하게 제공되어야 하며, 서비스는 지역에 속한 여러 집단의 문화적 다양성을 반영하여 다양한 욕구를 충족시켜야 한다.

2) 빅토리아주의 중독치료 지원체계

빅토리아주는 알코올과 약물(AOD)의 오용 및 남용이 개인의 정신건강 문제인 동시에 공공의 사회적 문제라는 관점에서 바라본다. 또한, 지나친 AOD 사용으로 말미암은 중독은 예방과 치료가 가능하다는 전제로 접근하며, 국가 차원의 AOD 예방사업에 대한 투자를 바탕으로 빅토리아인의 건강과 복지향상, 더 나아가 중독문제에 이바지하고자 한다. 연간 빅토리아주가 지원하는 AOD 치료서비스를 이용하는 약 2만 8천명의 사람들과 개인차원의 의료서비스를 이용하는 약 1만명의 사람들에게 중독에 대한 개입은 단순한 치료뿐만 아닌 회복과정의 일부에 포함되는 개념이다. 빅토리아주의 중독치료서비스는 아래 [그림 Ⅲ-6]과 같이 예방에서부터 치료 및 이후 지속적인 지원으로 이어지는 '탄력성 회복모델'에 근간하여 다양한 단계별 지원으로 개입된다.

출처: Victoria's Hub for Health Services & Business. (2018).

[그림 Ⅲ-6] 빅토리아주의 알코올과 약물(AOD) 단계별 중독치료 개입

또한, 빅토리아주는 직·간접적인 지원을 통해 AOD 오·남용을 예방하는 데에 다차원적 기여를 하고 있다. 다음은 빅토리아주와 다양한 연계 재정기관들의 건강 및 복지 지원과 중독예방을 위한 노력 사항들이다.

- 중점 개혁 로드맵 : 안전한 아동과 강력한(건강한) 가족
- 빅토리아 변화를 위한 10년 계획 : 가정폭력의 종식
- 10년 정신건강 계획
- 공중 보건 및 복지 계획
- 더 나은 빅토리아의 돌봄(케어)서비스
- 모든 국민을 위한 국가 장애 계획 2017-2020
- 모든 국민을 위한 건강, 복지 및 안전 계획 2017-2027
- 모든 국민을 위한 사회·정서적 복지체계 2017-2027
- 모든 국민을 위한 지역사회 공동체 관리 조직
- 빅토리아 전역의 지역사회 차원의 보건서비스

빅토리아주 정책은 AOD 사용 및 중독을 비롯한 다양한 정신질환에 대한 조기진단과 다양한 서비스의 지원에 중점을 두고 있다. 지원금의 대부분은 AOD 치료와 지원이 가장 시급하게 필요한 사람들의 치료서비스에 쓰이고 있으며, 긴급 의료서비스가 필요한 경우 병원이나 응급실, 구급차 등에 지원금을 제공한다. 빅토리아주의 AOD 관련 서비스는 총 11가지 치료원칙으로 구성되어 있으며, 구체적인 프로그램은 다음과 같다.

- 중독물질의존의 복잡하고 치료 가능한 특성 반영
- 중독 당사자(소비자) 중심의 서비스

- 용이한 접근성
- 통합적이고 전체적인 서비스
- 다양성에 대한 대응하는 서비스
- 증거에 기반한 서비스
- 치료 연속성의 제공
- 즉각적인 치료가 필요한 사람들을 서비스에 포함
- 중독회복을 지향하는 다양한 생물학적 · 정신사회학적 접근 및 방식 포함
- 알코올 및 약물 중독자와 그 가족들의 다양한 수준의 경험을 포함
- 적절한 자격과 경험이 풍부한 인력풀의 제공

3) 빅토리아주의 중독 관리 프로그램

빅토리아주는 중독의 예방과 조기개입 및 치료 · 중재를 통한 통합적인 관리를 통해 중독문제를 감축하고자 노력하고 있다. 특히, 알코올 및 약물에 대한 예방과 조기개입을 통해 지역사회에서 알코올과 약물의 잘못된 사용과 관련된 피해를 예방하고 줄이기 위해 다양한 원리를 적용시키고 있다.

(1) 예방

빅토리아주는 알코올 및 약물의 위험한 사용을 방지하기 위해 지역사회의 다양한 서비스 기관과 기타 관련 부처와의 협력을 도모하고 있다. 구체적으로 불법 AOD 사용을 금지하고, AOD 오 · 남용을 줄이는 데에 핵심목표를 두고 있으며, 과도한 AOD 사용으로 인한 중독문제를 예방하기 위해 다양한 차원의 예방 원리를 현장에 적용하고 있다.

- 청소년을 포함한 지역사회에 알코올 및 약물 사용과 관련한 영향 및 피해 정보의 전달
- 알코올 및 담배 판매를 규제하는 법규의 제정
- 알코올 및 약물 사용과 관련한 긍정적인 모범 사례의 제공
- 빅토리아 사람들이 일상에서 스트레스를 줄일 수 있도록 지원
- 유해물질로부터 위험을 줄이는 안전한 환경의 조성

빅토리아주는 AOD 사용 및 중독 관련 피해를 예방하고 줄이고자 마련한 다양한 프로그램과 서비스에 지원금을 제공하고 있다. 여기에는 과도한 AOD 사용에 따른 피해에 대한 경각심을 높이고, 보다 건강한 사회문화적인 규범을 장려하고자 하는 지역사회 대상의 공공프로그램과 공공교육이 포함된다. 이러한 서비스는 사람들의 AOD 접근 및 시작 시기를 늦추고, 오·남용을 방지하며, 이미 AOD에 중독된 사람들의 치료와 피해에 적절히 대응하기 위한 것이다. 현재 빅토리아주에서 진행되고 있는 중독예방 및 조기개입 프로그램은 구체적으로 아래와 같다.

- "Drug Info": 약물 정보서비스 제공 서비스
- "GoodSports": 청소년 알코올 및 외상(트라우마) 위험 관련 예방 (Prevent Alcohol and Risk-related Trauma in Youth: PARTY) 등의 지역사회 프로그램 서비스
- "SayWhen": 자기관리(self-management) 도구 지원서비스
- "Ready2Change": 구조화된 지원 프로그램 서비스
- "Family Drug Helpline": 알코올 및 약물 중독 가족지원 서비스 및 전화 상담프로그램

(2) 조기개입

AOD 사용문제에 조기개입 시 중독문제로 이어질 가능성은 낮아진다. AOD 사용문제 및 중독과 관련한 조기개입 방안에는 정신질환과 같은 근본적 문제를 해결하고, AOD 사용을 줄이는 데 필요한 전략을 개발하는 것 등이 포함된다.

빅토리아주는 "Turning Point" 프로젝트를 통해 다양한 AOD 사용문제 및 중독 관련 서비스를 제공하고 있다. "DirectLine"은 주 전역의 AOD를 오·남용하는 사람들에게 전화와 온라인을 기반으로 하는 서비스를 통해 적절한 개입을 할 수 있도록 제공되는 서비스이다. "Ready2Change"는 AOD 사용문제로 치료나 개입이 필요한 사람들에게 전화와 온라인을 통한 구조화된 전문가의 지원을 제공하는 서비스이다. "SayWhen"은 의료적·임상적으로 아직 중독이나 AOD 의존문제가 발생하지 않았지만, 예방이나 조기개입 차원의 치료가 필요한 사람들을 위해 제공되는 온라인검사 및 자가진단도구이다. 빅토리아주는 이렇게 다양한 서비스 지원을 바탕으로 AOD 사용문제 및 중독의 사회적 차원의 문제 정도를 확인하고, 이를 근거로 다양한 예방 및 조기개입을 지원하고 있다. 또한, 빅토리아주는 청소년 지지 및 옹호 서비스(Youth Support and Advocacy Service: YSAS)와 청년의 약물 및 알코올 상담서비스(Youth, Drug and Alcohol Advice Service: YoDAA) 지원을 바탕으로 청소년들이 AOD 오·남용 문제를 이해하고, 이러한 부정적 영향에서 벗어날 수 있도록 적절한 정보와 지원책을 제공한다.

빅토리아주는 AOD 사용문제 및 중독 관련 초범자들을 위한 지역사회 전환 프로그램 지원을 제공하고 있다. AOD 오·남용 및 중독문제를 경험하는 대다수의 경우 의료적·법적 문제를 직면하기 전에는 문제의 심각성을 인지하지 못하는 경우가 많다. 이러한 문제를 해결하기 위해 빅토리아 전역의 27개 응급실에 AOD 사용문제 및 중독이 발생하기 전의 위기상황에 조기개입할 수 있도록 특별지원금을 제공한다. 응급실에서는 AOD 관련 사전예방 교육을 통해 중독문제를 감소하는 효과를 볼 수 있으며, 이는 이후 AOD 중독치료서비스의 핵심역할을 할 수 있다. 또한, 응급실 교육프로그램을 통해 AOD 의존도가 심하지 않은 사용자에게 도움이 될 수 있는 적절한 치료와 지원정보도 소개되고 있다.

(3) 위험요소 감소

위험요소 감소는 사회적 경험에 근거기반을 두고, AOD 사용문제와 중독으로 발생하는 부정적인 사회적 결과(건강 위험률, 사망률, 자살률, 사회적 혼란 및 범죄율 등)를 줄이려는 보건차원의 중재를 의미한다. 빅토리아주는 인구집단 모두의 건강과 사회적 이익에 영향을 미치는 위험요인들을 감소시키고, 다양한 근거에 기반하여, AOD 사용문제를 사전예방하고 안전행동하기 위한 전략에 집중한다. 특히, AOD 오·남용으로 인한 피해를 줄이기 위한 위험요인 감소와 치료제공에 노력한다. AOD 사용문제 관련 위험요소 감소를 목표로 한 빅토리아주 정책은 AOD를 사용하는 모두의 이유와 경험에는 차이가 있다는 것을 전제로 하며, AOD 사용문제나 중독 지원 서비스는 당사자의 회복지향적이어야 한다는 접근이다.

빅토리아주의 위험요소 감소를 위한 서비스는 완전한 AOD 사용 금지가 아닌, AOD의 안전한 사용이며, AOD 사용 및 중독문제를 지닌 당사자와 가족, 친구, 주변인에게 AOD 오·남용 및 중독에 관한 교육을 제공하고, 회복지원서비스 제공자, 전문가 및 자원봉사자들에게는 회복치료와 관련한 지원금을 제공하여 문제를 대면하고 있는 개인뿐만 아닌 지역사회를 위한 포괄적인 접근을 해야 한다는 방식을 취하고 있다.

4) 빅토리아주의 중독치료 프로그램의 효과성

과도한 AOD 사용으로 중독문제가 발생한 경우 전문가의 개입에 의한 치료적 조치가 필수적이다. AOD 의존이나 중독은 복잡하지만, 생물학적·신경학적 영향을 기반으로 하는 치료가능성이 있는 문제이다. AOD 치료서비스는 근거기반 치료모델을 사용하여 사람들에게 문제시되는 AOD 사용을 안정화하거나 줄이는 데에 도움이 되도록 영향을 미친다. AOD 의존성에서 벗어나 회복하는 것은 삶의 안정에 긍정적인 영향을 주고 신체적·정신적 건강과 복지를 향상해 줌으로써 전반적인 삶의 질을 높일 수 있다. 그 밖에 가족, 친구, 지역사회와의 관계 개선이나 직장 또는 학업에 대한 참여 의지 및 행동강화, 불쾌감을 유발하는 행동의 감소 등이 또 다른 AOD 치료서비스의 효과로서 확인되었다.

회복지향적인 치료접근법은 AOD 사용 및 중독문제에 있어 재발은 흔히 발생하는 일이며, 지속가능하고 문제없는 AOD 사용에 달성하기 위해서는 수차례의 재발과 회복치료를 반복해야 함을 이해하고 인정한다. 빅토리아주에서 제공되는 AOD 치료서비스는 사용 중인 특정 AOD 종류나 정도에 상관없이 모든 사람이 이용할 수 있다. 치료는 AOD 의존심각성과 광범위한 개별적 상황을 반영하여 맞출 수 있다. 개인은 자신의 가정이나 지역사회에서 당일 프로그램 또는 병원이나 지역사회 시설에의 주거형 서비스 등 다양한 형태의 치료서비스를 이용할 수 있다.

빅토리아주 대부분의 AOD 서비스는 주지원금을 받으며, 민간 차원에서 제공되는 서비스도 선택적으로 이용할 수 있다. 민간의료서비스 이용비용은 민간의료보험 등록 여부와 진료비 청구방법에 따라 상이하며, 민간서비스에는 병원에서 제공하는 AOD 관련 약물치료가 대표적이다. 빅토리아주에서 지원하는 AOD 치료서비스는 이용자에 한하여 무료이다. 일반적으로 치료, 상담, 검사, 재활 및 회복지원 프로그램에 대한 비용은 없다. 주에서 지원하는 주거서비스는 일부 임대료 명목의 저렴한 비용이 청구되며, 기본적인 치료 이외의 추가적인 치료나 활동, 약물치료를 위해 이용자에게 일정상의 비용을 지불하도록 한다.

(1) 치료 바탕의 접근

빅토리아주는 주 전역에 걸쳐 지역사회(catchment) 기반의 AOD 서비스 지원금을 제공하고 있다. 지역사회 기반의 사정(intake)은 빅토리아 전역에 대한 AOD 서비스 프로그램 진입이 가능하도록 한다. "DirectLine" 으로 불리는 지역사회 기반의 사정서비스는 하루 24시간, 일주일 7일 내내 빅토리아 전역에서의 AOD 문제의 검진과 치료를 제공하는 등 치료제공자와 이용자 간의 관계가 긴밀하게 연결되어 있다. "DirectLine" 서비스는 AOD 관련 환자와 치료제공자 사이에서 간단한 중재 역할을 비롯하여 치료 의뢰를 제공한다. 치료를 원하는 사람들은 다양하고 전문적인 보건 및 인적서비스 제공자들로부터 AOD 사정서비스로 위탁되거나 자발적으로 서비스를 찾을 수 있다. 이러한 위탁에는 치료전문가 및 지역사회 의료서비스, 지역 병원, 기타 전문가 등이 포함될 수 있다. 이러한 지역사회 기반의 시설은 AOD 및 기타 보건·복지서비스 간의 향상된 협력 기획 및 서비스 조정을 용이하게 한다.

(2) 치료서비스의 통합

광범위한 AOD 치료지원과 다른 서비스와의 통합은 서비스 이용자의 전체적인 요구를 충족시키고, 지속적인 관리를 효과적으로 수행할 수 있도록 하는 데에 중요하다. 통합관리는 이중 또는 다중 진단을 받은 사람이나 AOD 치료로부터 종합적 이익을 얻는 능력에 영향을 미치는 다양하고 복잡한 요구를 가진 이용자에게 특히 중요한 부분이다. 모든 빅토리아주 차원의 치료지원 서비스는 다른 서비스와 협력하여 이용자가 회복기간 동안 통합적이고 전체적인 지원을 제공받을 수 있도록 하며, AOD 대응 및 관리지원 프로그램 역시 여러 방법을 통해 다양한 보건, 인적서비스, 사법 분야 등과의 통합을 시도한다.

- 지역사회 기반의 사정(intake)서비스 제공자는 지역별로 서비스 이용자가 AOD 대응 및 관리지원 서비스를 선택할 수 있도록 한다.
- 여러 문제를 복합적으로 지닌 이용자를 위한 치료 및 회복 프로그램은 여러 서비스에 걸친 통합서비스 기능을 지녀야 한다. 서비스 이용자가 다양한 서비스나 프로그램에 동시에 참여하는 경우, 이에 대한 관리는 이용자 요구범위를 충족할 수 있도록 다른 서비스들과 협력한다.
- 증거기반 서비스 제공 및 계획 수립은 AOD 서비스와 기타 서비스 제공 사이의 강력한 연계성을 확립하여 서비스 제공이 이용자 요구에 적절하도록 조정되어 제공된다.

(3) 통합 치료서비스 경로

보건, 인적서비스, 법무 부문에의 서비스 제공자는 AOD 치료서비스 의뢰 및 통합관리에 필요한 명확한 경로를 지니고 있다.

- 일반의를 포함한 모든 보건 및 인적서비스 제공자는 AOD 관련 정보, 자문, 의뢰를 제공하는 주 전체의 지원서비스(DirectLine)에 문의할 수 있다.
- 일반의를 포함한 모든 보건 및 인적서비스 제공자는 서비스 이용

자에게 관련 지역사회 기반의 사정(intake) 서비스를 위탁할 수 있다.

(4) 계단식 돌봄서비스

계단식 돌봄은 치료서비스 이용자들의 요구에 따라서 돌봄의 수준을 쉽게 조정할 수 있다. 계단식 돌봄 모형하에서 치료서비스 이용자들은 수준이 상이한 위험에 대응하여 서비스들을 적절하게 대응할 수 있다. 이는 특히 위험도가 높은 경우 병원에서 치료받는 이용자가 상태가 안정된 경우 단계적으로 지역사회의 거주시설로 돌봄수준을 낮추는 등의 환경에서 효과적인 것으로 확인된다. 돌봄 단계를 높이는 것은, 기존 이용 중인 서비스보다 더 높은 수준의 돌봄을 요구하는 사람들이 적절한 치료와 공급을 제공받게 하기 위해서 제공된다.

5) 호주의 주요 중독치료 프로그램 특징

이상에서 살펴본 빅토리아주의 알코올과 약물 중독(ADO) 사용문제 및 중독 관련 서비스를 바탕으로 하여, 호주에서 제공되는 지역사회 기반 알코올과 약물 중독(ADO) 치료서비스 및 프로그램의 특징을 살펴보면 다음과 같다.

(1) 상담

상담은 근거기반의 개별적·집단적 치료나 가족상담들의 제공을 바탕으로 긍정적인 행동의 변화와 회복을 지원한다.

(2) 비거주적 중단 서비스

비거주적 중단 서비스는 AOD 중독문제를 지닌 사람들이 AOD 사용을 줄이는 것과 중독으로부터 안전하게 회복하는 것을 지원한다.

(3) 거주적 (중단) 서비스

거주적 중단 서비스는 병원이나 지역사회의 거주시설을 통해 AOD 중독으로부터 안전하게 회복 달성하는 것을 지원한다.

(4) 치료적 주간 재활시설

치료적 주간 재활시설은 AOD 중독의 심리·사회적인 요인들을 집중적으로 다루는 등의 중독의 구조적 문제해결을 목표로 한다.

(5) 주거재활시설

주거재활시설 서비스는 거주환경 제공을 바탕으로 한 구조적 중재를 통해 AOD 중독의 심리·사회적인 요인들을 집중적으로 다룬다.

(6) 돌봄 및 회복 조정

돌봄 및 회복 조정은 복잡하고 다양한 요구를 지닌 사람들의 치료접근을 탐색하기 위해 제공된다. 주거 공급, 교육 및 재활, 고용, 재발 예방 등 건강과 복지에 대한 욕구를 지원하고, AOD 치료에 대한 종료계획을 미리 계획하는 등의 색다른 방식을 통한 접근을 도모한다.

(7) 약물요법

약물요법은 중독치료를 위해 methadone, acamprosate, naltrexone, buprenorphine 등의 처방약물을 이용하는 것이다. 약물요법은 의사, 간호사 및 알코올과 약물 관련 각종 치료서비스 등 전문적인 접근을 통해 제공된다.

(8) 기타 추가적인 지원

치료서비스 이용자에게 추가적인 치료적·임상적 지원을 제공하기 위해 기타 다양한 서비스들이 지원금을 통해 제공되며, 아래는 호주만의 고유하고 대표적인 AOD 치료서비스 및 프로그램이다.

- 약물 및 알코올 임상적 자문 서비스(Drug and Alcohol Clinical Advisory Service: DACAS)
- 호주 주 전체에 제공되는 신경심리학 기반의 서비스
- 호주 주 전체에 제공되는 알코올 및 약물 전문상담서비스
- 정신건강 관련 이중진단 계획
- 왕실 여성병원에서 제공되는 여성의 알코올 및 약물 서비스 (Women's AOD Service: WADS)
- "UnitingCare ReGen"서비스를 통한 모자(母子) 거주시설
- SSDTA(Severe Substance Dependence Treatment Act)을 바탕으로 한 St Vincent's Health에서 필수적인 약물 중단 프로그램의 제공

IV
1-3차년도 연구결과물 요약 및 독창성

1. 연구결과물 요약

본 연구는 중독문제를 바라보는 기존의 병리적 관점에서 벗어나 '회복모델'을 적용하여 중독문제로부터 회복에 이르는 과정에서의 회복탄력성, 사회적지지, 실존적 요인(영성), 삶의 질 등의 개인적 역량에 초점을 두고 중독 탈출을 넘어선 성장을 도모하는 실천모델을 구축하여 제시하는 것을 연구목표로 하고 있다. 즉, 본 연구의 중장기 목표는 "국내 4대 중독 회복모델의 이론적 토대 및 실천체계의 구축"이다. 또한, 본 연구는 한국형 4대 중독 회복모델의 이론적 토대 및 실천모델의 구축에서 그치지 않고, 연구 가치를 최종적으로 국내 지역사회 기반 중독 예방 및 치유 모델을 현장에서 직접 활용할 수 있게 하는 것을 중장기 연구목표로 하고 있다.

<표 Ⅳ-1> 중장기 연구단계별 세부 연구목표

구분	연구 기간	세부 연구목표
1단계	2017.09.~2020.08. (3년)	• 암묵지(tacit knowledge)와 형식지(formal knowledge)의 시너지 - 사회복지학 연구자 5인과 영성사회학 연구자 1인 및 법학 연구자 1인의 연구 참여 - 이론체계, 연구대상, 연구방법론에 있어 유사성과 공통점이 있는 융복합 학문의 공동연구 진행을 지향 - 상징적 상호작용론, 구조기능주의, 갈등이론 등의 관점을 사회문제를 바라보는 이론적 틀로 하여 중독 현상을 분석함. - 이를 통해 사회복지학의 학문적 특성인 암묵지와 사회학 및 법학의 특성인 형식지의 결합을 통한 시너지 효과를 창출할 것.
2단계	2020.09.~2023.08. (3년)	• 학제 간 협력 실천 기조 - 사회복지학, 사회학, 정신보건학, 법학, 심리학, 상담학, 교육학 등 여러 학문의 연구자들이 참여 - 현장 전문가, 중독당사자 및 회복자, 중독가족 등의 연구 참여 - 학제 간 협력전통을 바탕으로 하여, 실천 현장에서 나타나는 다양한 협력작업을 본 연구에도 적용할 것임. - 기존에 있었던 실천 기조와 협력전통을 유지하며, 학제별 헤게모니를 내려놓고 대승적 차원의 학문적 협력을 강화할 것.

먼저 3년간의 1단계 연구에서는 탈중독 경험연구와 국내·외 중독회복 실천모델 분석을 바탕으로 "한국형 4대 중독 회복 실천모델의 개발"을 구체적으로 계획하였다. 2단계 연구에서는 앞선 1단계 연구에서 개발한 '4대 중독 (예방) 회복 실천모델'을 지역사회 환경이나 대상자의 연령, 성별 등의 특성을 고려하여 직접 국내 실천 현장에 적용하는 것을 계획하고 있다. 사회적으로 배제되어있는 중독에 취약한 대상자들에게 회복모델을 적용하고, 더 나아가 일반 국민을 대상으로 사회교육 차원에서의 중독 (예방) 회복 프로그램과 모델(매뉴얼)을 제공하는 것을

본 연구의 최종 목표로 하고 있다.

따라서 한국형 중독 회복모델 개발을 위한 이론적 토대와 실천적 체계 구축을 위해 국내 4대 중독에서 중독자들의 회복경험, 사회재적응 과정, 재활과정 및 지지체계 등 국내 중독 현실에 관한 실태연구를 중점적으로 진행하였다. 학제 간 융합연구를 통하여 철학, 생명철학, 법학, 영성 등 중독회복의 철학적 기반연구 또한 진행되었다. 더욱이 국외의 회복 실천모델들을 분석함을 통해 국제적인 맥락에서 국내 상황에 걸맞은 회복실천모델을 비교·분석하였다. 연구자들은 국내 중독자들에게 실질적으로 적용할 수 있고, 효과적일 수 있는 회복실천모델을 개발하기 위하여 "중독"과 "중독회복"에 관한 본질적인 탐구와 연구에 더욱 집중하였다. 1단계 1차 연도와 2차 연도를 통해 추진된 연구결과물들을 총망라하여, 3차 연도에서는 지역사회에서 활용 가능한 구조화된 중독 예방 및 치유 프로그램 및 실천모델(매뉴얼)을 구성하였다.

본 연구소에서 1단계의 3년간 추진한 연구실적은 다음과 같다.

- 1단계 연구 기간 : 2017.09.01.~2020.06.30.

먼저, 4대 중독(알코올, 마약, 도박, 인터넷) 중독자들의 탈중독 경험 연구의 진행이다.

연구책임자 강선경과 연구보조원(연구 당시) 최윤은 연구명 "약물중독자의 회복경험에 대한 현상학적 연구: 피해의식에서 책임의식으로의 성장"을 통해 약물중독자의 탈중독 경험연구를 진행하였다. 연구는 2017년 9월부터 약 6개월간 진행되었으며, 총 5명의 필로폰 약물중독 경험자들의 탈중독 및 회복 경험에 관한 연구를 수행하였다. 전임연구원 김미숙은 "저소득 한부모 가족 여성가구주가 경험한 음주의 의미: 음주자의 얼굴을 가지고 어머니의 형상을 좇아 살아가기" 연구를 통하여 사회적으로 배제된 저소득 한부모가족 여성가구주들의 음주 문제를 살펴보았다. 본 연구를 통해 알코올 중독자의 탈중독 경험뿐이 아니라, 한국사회에서의 여성의 음주 문제, 저소득가구의 음주 문제, 한부모 가족의 음주 문제 등 사회적으로 가려져 있던 중독문제의 실태를 발견할 수 있었다.

공동연구원 김진숙과 연구보조원 차명희는 도박의존자의 경험연구를 진행하였다. 전임연구원 상종열은 현재 약물중독 경험이 있는 전 폭력조직원의 생애사 연구를 수행하였다. 공동연구원 강준혁은 문제성 주식투자 경험연구를 통해 도박성을 고찰하였고, 또 다른 연구인 "단도박자의 열등감 극복 체험"을 통해 도박중독자들이 경제적 무능력과 함께 동반되는 불안정한 심리인 열등감을 어떻게 동시 탈출하는지를 체험담 연구를 통해 살펴보았다. 연구교수 이소영은 도박중독 관련 대표적인 기관인 강원랜드 중독관리센터와 함께 도박중독으로 인해 강원랜드 지역 부근에서 장기체류하게 된 단도박자들의 실태를 "강원랜드 인근 단도박 장기체류자의 지역사회 경험"연구수행을 통해 다루었다.

둘째, 알코올, 마약, 도박, 인터넷 중독자들의 사회 재적응, 회복 및 재활과정에 관한 연구 진행이다. 연구책임자 강선경은 연구명 "A Phenomenological Study on Life Rebuilding of Drug Addicts: Recovery and Personal Growth"에서 단약 후 새로운 삶을 살아가고 있는 중독회복자들의 이야기를 다루었다. 공동연구원 강준혁은 "회복 중인 단도박자의 선행(善行) 체험에 관한 연구"를 통해 도박중독으로부터 회복한 단도박자들에게 '착함', '선함'이 전달하는 의미가 무엇인지 살펴보았고, 비(非) 중독자와는 구분되는 중독자들만의 선행체험의 의미에 관한 연구를 수행하였다. 또한, 공동연구원 강준혁과 연구보조원(연구 당시) 최윤은 경제적 압박으로부터 비롯한 자살 충동에서 시작된 도박중독자의 자살시도와 그 극복 경험을 살펴보는 연구를 진행하였다.

연구책임자 강선경과 연구보조원(연구 당시) 최윤은 "운명을 가장한 회복력: 생애사 연구로 재구성도 알코올중독 회복자의 삶" 연구를 통해 평생을 알코올중독의 고리에 빠져 생활하던 중독자의 삶을 다룸으로써, 죽음의 문턱에서 기적적인 운명을 만나게 된 한 회복자의 사회재적응 과정을 다루었다. 공동연구원 김진숙도 생애사연구를 통해 남성 알코올중독자의 회복 경험을 살펴보았다. 또한, 연구책임자 강선경은 "알코올 의존자모임에서 단주과정(斷酒過政)에 있는 회복자의 자기실현에 관한 생애사 연구"를 통해 알코올 의존문제에서 벗어나기 위해 노력하는 중독자들이 삶에서 궁극적으로 지향하는 윤리적 핵심요소는 무엇인지 확인하였으며, "알코올사용장애로 이중진단을 가진 사람의 회복 경험에 대한 생애사 연구"에서 알코올중독으로 인해 복합적인 의료적 치료문제를 지닌 회복자의 삶을 살펴봄으로써 국내에서는 의료적 진단에 의지할 수밖에 없는 알코올중독 치료 및 회복 방안의 한계점을 논하였다.

이처럼 본 연구소에서는 1단계 연구 기간을 통해 4대 중독과 관련한 중독자들의 탈중독 과정에서의 경험과 실태, 더 나아가 이들이 사회재적응 과정과 회복·재활 경험에 대해 살펴보았다. 모든 연구 결과에서 중독자들이 중독으로부터 회복·재활하는 과정에는 '가족'을 중심으로 한 지지체계 역할이 매우 중요하게 나타났으며, 특히 재발과의 연관성에 지지체계는 매우 큰 영향을 미치는 것으로 확인되었다. 중독자들의 회복·재활 과정을 위한 정책에는 반드시 가족을 포함하는 지지체계에 대한 시사점이 필요함을 본 연구들의 결과를 통해 확인할 수 있었다.

셋째, 중독회복의 철학적 기반 연구의 진행이다.

중독의 매커니즘과 모든 욕망의 기저에는 '행복'이 존재한다. 생활 속에서 쾌락, 즐거움, 행복은 모든 인간이 추구하고 지향하는 방향이다. 이러한 관점에서 연구자들은 중독회복과 관련한 철학적 기반연구로 '행복'을 주제로 한 연구들을 수행하였다. 공동연구원 오세일은 사회학의 관점에서 대학생들의 소비행태와 행복을 연결하여 다룸으로써, 요즘 사회에서 대두되고 있는 쇼핑중독의 기저에 있는 중독심리를 살펴보았다. 공동연구원 문진영과 연구보조원(연구 당시) 강상준은 Eudaimonia와 Hedonism 관점에 기반한 논쟁을 중심으로 소득의 행복을 논하며, 자본주의사회에서 돈이 지니는 철학적 의미와 돈으로 비롯될 수 있는 중독 위험에 대해 살펴보았다.

'영성(spirituality)'은 인간 삶의 가장 본질적인 부분이며, 진정한 자아를 향해 통합해 나아가는 과정의 실재(reality) 개념이다. 전임연구원 김미숙은 "중독의 회복과정에 대한 영성적 고찰: 국내 질적연구의 내용분석" 연구를 통해 2000년 이후 국내에서 질적연구방법으로 진행된 중독 회복과정과 관련한 학술논문 총 44편을 분석하여, 중독의 회복과정은 영성적으로 '성숙되어가는 삶'의 과정이라는 실재를 발견하였다.

넷째, 중독문제와 관련한 연구에 활용할 수 있는 연구방법론의 구성이다.

연구교수 이소영은 문헌과 경험연구 자료수집을 바탕으로 하여 "언어 네트워크 분석을 통한 도박중독 관련 국내 연구동향 분석" 연구를 진행하였다. 전임연구원 김미숙은 "중독의 특징에 대한 국내 질적연구의 내용 분석 −공간적·관계적·시간적 차원" 연구를 통해 중독이라는 현상이 우리 삶에서 시·공간적으로 어떠한 의미를 지니고, 더 나아가서 인간 간의 상호관계에 미치는 영향에 관하여 탐구하였다.

이 외에도 중독문제 프로그램 개발과 관련하여 본 연구소는 2018년 강원랜드 중독관리센터와 공동주관하여 두 차례에 걸쳐 진행된 '동료상담사 1, 2급 양성과정' 프로그램의 일환으로서 후속 학술연구를 진행하였다. 연구책임자 강선경 외 기타 연구원들은 연구명 "회복상담사 양성 프로그램 개발과정에 대한 탐색적 연구"와 연구명 "도박중독 회복자상담사 양성 및 활용에 대한 사례연구 -강원랜드 중독관리센터 동료상담사 사례를 중심으로-"를 통해 과거 도박중독자에서 현재는 단도박하여 주변 도박중독자들에게 자신들의 중독 및 회복 경험을 공유하고 있는 동료상담사들의 사례를 전문적인 연구물들을 통해 사회적으로 알리고자 하였다.

다섯째, 중독자들이 지각한 회복의 의미와 본질에 관한 연구의 수행이다.

연구책임자 강선경은 국제학술지 'Journal of Social Service Research'에서 "A Qualitative Case Study on Recovery and Personal Growth in Korean Drug Addicts" 연구를 통해 약물중독 당사자들의 회복 및 성장 경험에 관한 연구를 진행하였다. 본 연구는 약물중독자들의 자기성장에 대한 사례연구로써, 약물중독을 경험한 중독자들이 자각한 회복의 본질에 대한 의미를 탐색하는 연구이다. 또 다른 국제학술지 발간을 통한 "A Qualitative Case Study of a Korean Former Addict's Existential self-Interpretation and Identity Transformation" 연구에서는 중독의 회복과정에서 중독자가 개인으로서 자신을 타자와는 다른 고유한 의미를 지니는 존재로서, 현실에 실제로 존재하는 자신을 있는 그대로 자각하고 인정할 때 비로소 회복과정은 시작된다고 확인하였다.

전임연구원 상종열은 "단주 중인 알코올 중독자의 체험을 통해 드러난 타자의 의미" 연구를 통해 알코올중독에서 벗어난 회복자들에게 그 과정에서 '타인'의 의미는 무엇인지를 알아보았다. 연구책임자 강선경은 연구명 "익명의 알코올 의존자 모임에서의 자기고백 경험에 관한 질적연구"를 통해 회복과정에서 자아(self/ego)를 발견하는 행위는 결국 회복으로 향하는 가장 중요한 근본적인 요소임을 밝혔다. 이와 같은 연구들은 중독회복자들이 주관적으로 구성한 회복의 본질과 의미구조를 규명하는 연구성과물이라고 볼 수 있다.

여섯째, 중독 예방과 재활정책 관련 연구의 수행이다.

공동연구원 문진영과 전임연구원 김미숙은 2005년부터 2016년까지의 한국노동패널데이터를 바탕으로 한국인의 음주 요인에 대한 변화추이를 종단적으로 분석하여, 국내 알코올중독 예방과 재활 관련 정책에 기여할 수 있는 연구 결과를 도출하였다. 다수의 선행연구에서 물질적 박탈과 자살, 음주와 자살은 각각 영향을 주고받는 요인으로 확인되었다. 이에 전임연구원 김미숙은 2012년부터 2017년까지의 한국복지패널데이터를 종단으로 분석하여 물질적 박탈과 음주 여부가 자살행위에 미치는 영향력에 대해서 살펴보았다.

공동연구원 강준혁은 중독치료를 제공하고 있는 전문가 관점에서 "한국 마약류 중독자 치료보호제도 활성화 저해요인에 관한 연구"를 수행하였다. 이와 같은 연구들은 선행연구들을 통해 확인된 중독요인들을 국내 상황 속에서 재확인함으로서 국내 환경에 걸맞은 정책연구를 도모하는 데에 핵심적 역할을 할 것이라고 사료된다. 연구교수 이소영은 "마약류 중독자의 우울과 중독문제의 구조적 분석 -단약효능감과 사회적 친밀도의 매개효과를 중심으로-" 연구수행을 통해 마약류 중독자들에게 호의적이지 않은 국내 중독문제를 구조적으로 분석하여, 이들 상황에 적절하게 개입할 수 있는 정책 및 제도방안을 제언하였다.

일곱째, 국외 회복 실천모델 연구의 분석이다.

연구책임자 강선경과 공동연구원 신승남은 "UN의 최소기준규칙과 미결수 인권에 관한 미국 연방대법원의 Kingsley 판결의 고찰" 연구를 바탕으로 2000년대 이후 마약중독으로 급증한 마약사범의 교도소 과밀 수감으로 발생하고 있는 인권침해 문제를 Kingsley 판결검토에 대한 시사점 분석을 통해 어떻게 해결하고 있는지 살펴보았다. 또한, 공동연구원 신승남은 연구명 "정신적 무능력자가 체결한 중재약정에 관한 미국 연방법원의 분리가능성 법리의 분석"에서 미국 사례를 바탕으로 마약 중독 등으로 정신적 능력이 미약해진 사람들의 자기결정권 등 법적 권리체결 문제에 대한 논의를 진행하였다. 이와 같은 연구들은 정신질환 및 정신건강 문제의 하나인 중독이 중독자 삶의 경제적, 법적 등 여러 영역에 동시 영향을 미치게 되어 단순한 차원이 아닌 다차원적 개입이 필요한 국내 현실에도 의의가 있는 연구라 할 수 있다.

연구교수 최윤과 연구책임자 강선경은 정신건강과 관련한 서비스 및 정책에 대한 운영 계획방안을 5년에 한 번씩 발표하는 미국 물질남용 및 정신보건 서비스국(Substance Abuse and Mental Health Service Administration: SAMHSA)의 2019년부터 2023년까지의 주요 정책방안을 분석하였다. 연구에서 연구자들은 미국에서 현재 중점으로 두고 진행되는 정책방안을 살펴봄으로써, 정신건강 및 중독문제와 관련하여 국내 환경에 활용할 수 있는 효과적이고 시의적절한 예방 및 치료, 회복 지원책을 살펴보고 제언하였다. 이와 같은 연구들을 통해 국외에서 중독을 대하는 관점에 대해 살펴볼 수 있었고, 국외 중독회복실천모델을 통해 국내 실정에 맞는 시사점을 도출할 수 있었다.

그 외 국외 중독회복 프로그램 및 실천모델과 관련한 연구로는, 연구책임자 강선경과 연구보조원 차명희가 진행한 일본의 약물중독치료시설인 '다르크(DARC)'의 지역사회에서의 역할 제공 동향 연구가 있으며, 공동연구원 박소연의 미국과 호주 청소년의 금연 정책과 프로그램에 대한 고찰 연구수행이 있다.

여덟째, 공중보건, 사회교육 차원에서의 중독 예방 및 치유 실천모델 연구의 수행이다.

본 연구소는 연구 기간 1단계 2차년도인 2018년 9월 수도권에 소재한 경륜장을 방문하여 경륜참여자 300명을 대상으로 "도박중독 실태 설문조사"를 진행하였다. 공동연구원 문진영과 연구보조원(연구 당시) 강상준은 설문조사 결과를 바탕으로 화상경륜 참여 목적이 스트레스 해소를 위한 여가(레저)의 목적인지, 아니면 도박중독인지에 대해 살펴보았고, 전임연구원 권진과 연구보조원(연구 당시) 최윤, 연구보조원 박수빈은 경륜장을 방문한 사람들의 참여동기와 도박중독 성향 사이의 관계를 배팅몰입 영향력과 함께 살펴보았다. 연구책임자 강선경과 연구보조원(연구 당시) 최윤, 연구보조원 박수빈은 일상 스트레스가 도박중독 성향에 미치는 영향을 살펴보았고, 특히 금전동기와 비금전동기를 구분하여 돈이 도박중독에 직접적인 영향을 미치는지 살펴봄으로써 돈과 도박중독 사이의 관계를 밝힌 다수의 선행연구를 재확인 작업을 수행하였다. 연구교수 이소영은 설문참여자의 도박동기, 몰입, 문제도박과 빈도 사이의 관계를 살펴보았고, 공동연구원 오세일은 스트레스 대처방식과 일상 스트레스가 경륜참여동기에 미치는 영향력을 살펴보는 연구를 수행하였다. 공동연구원 강준혁은 관람 동기가 스트레스에 미치는 영향을 몰입의 매개효과를 중심으로 살펴보았고, 전임연구원 김미숙은 스트레스가 도박행동에 미치는 영향을 도박동기 매개효과를 통해 확인하였다. 이처럼 직접 진행한 설문조사 결과를 바탕으로 발간된 총 7편의 KCI급 국내 학술논문은 도박중독자뿐 아니라 일반인을 대상으로 하는 중독 예방 및 치유 실천모델 연구수행의 근간이 될 것으로 예상한다.

중독 예방 및 치유 실천모델 연구와 관련, 공동연구원 강준혁과 연구보조원 이동준은 보상심리와 쾌감갈망을 충족하기 위한 비합리적인 신념을 바탕으로 베팅을 반복하게 되는 경마도박의 추격매수 구조와 경로를 파악하는 "경마도박 중독자의 추격매수 경험에 관한 연구"를 진행하였다. 공동연구원 신승남은 "인터넷 도박의 비교법적 고찰과 인간의 존엄성 원리에 근거한 범죄화 분석" 연구를 통해 한국, 미국, 영국의 입법사례를 통해 국내에서 인터넷 도박이 범죄로 규제되어야 할지를 논의하였다. 이러한 연구들은 점점 사용자가 늘어나고 있는 경마나 인터넷 도박의 특징을 범죄와 연결지어 생각해봄으로써, 이에 대한 적절한 사회적·공공적 차원의 규제방안에 대한 시사점을 도출할 수 있었다는 데에 의의가 있다.

아홉째, 교육 현장에서 활용 가능한 중독 예방 및 치유 실천모델의 연구 수행이다.

공동연구원 박소연은 자살을 생각해본 중학생과 고등학생의 자살 시도 경로를 분석함으로써, 중독과 직·간접적으로 깊게 연결되어 있는 요소인 자살을 살펴보았다. 전임연구원 김미숙은 영화 '미쓰백'의 내용을 바탕으로 중독가정에서 성장한 아동학대 피해자의 삶을 내러티브 탐구를 통해 살펴보았다. 연구책임자 강선경은 6호 보호처분을 받은 청소년들의 문신 경험을 Van Manen의 해석학적 현상학 연구방법을 통해 접근하여, 사회적 문화로서 다루어지는 문신을 보호처분을 받은 청소년들의 색다른 각도에서 바라보는 시도를 했다.

공동연구원 김진욱은 요즘 학교에서 급부상하고 있는 (스마트폰) 중독문제 중 '사이버불링' 관련 연구들을 주로 진행하였다. 청소년의 우울이 사이버불링 가해행동에 미치는 영향을 부모-자녀 사이의 의사소통과 연관지어 살펴보았고, 전임연구원 권진과의 공동연구에서는 청소년의 성별 차이에 따른 사이버불링에 영향을 미치는 요인들을 확인하였다. 연구명 "청소년 사이버윤리로서의 SNS과의존과 사이버불링 가해행동에 대한 연구 -아버지와의 개방적 의사소통을 통한 학업스트레스의 매개된 조절효과 검증-"을 통해서는 자녀와 아버지 사이의 개방적 소통과 가족 내 아버지의 양육참여가 사이버불링 가해행위를 낮춘다는 확인을 하였고, 이는 교육 현장에서 사이버불링의 가해자이자 피해자가 될 수 있는 청소년들에게 성찰적 대안을 제공하고 있다.

이와 같은 자살, 아동학대, 보호처분 청소년, 사이버불링 등 다양한 청소년 관련 이슈들은 교육 현장에서 적절하게 활용할 수 있는 중독 예방 및 치유 실천모델(매뉴얼) 개발 연구를 수행하는 데에 도움이 될 것으로 사료된다.

열 번째, 사회적 약자인 소수자들을 대상으로 한 중독 예방 및 치유 실천모델의 연구이다.

연구책임자 강선경은 SSCI급 국제학술지인 'Journal of Social Service Research'에 국내 무슬림 이주노동자들의 알코올 사용문제와 관련한 연구를 수행하였으며, 국제학술지 'Asian Social Work and Policy Review'에서는 국내 이주노동자들의 게임중독에 관한 현상학적 연구를 진행하였다. 국내에 거주하는 다수의 무슬림은 이주노동자 신분으로 거주하고 있으며, 이들은 사회적 소수자인 동시에 사회적으로 배제된 대상자이다. 종교적 특성상 음주가 금기시되었지만, 한국사회에서 이들이 생활의 힘 듦을 승화하고 사회에 적응하기 위해서 음주는 피할 수 없는 요소가 되었고, 결국 알코올중독으로 이어지는 문제까지 동반하게 된 것이다.

전임연구원 상종열은 쪽방촌 일대에 거주하는 알코올 의존 노숙인의 생활에 대한 총체적 문화기술지 연구와 쪽방촌 거주자들의 일상을 관계성과 유대성에 초점을 두고 탐구한 문화기술지 연구를 진행하였다. 연구책임자 강선경은 과거 알코올 문제로 노숙인의 삶을 살았던 6명의 중독회복자의 체험을 "알코올 의존 노숙인의 회복에 대한 삶의 체험연구"를 통해 살펴보았으며, 연구를 통해 알코올 의존자들을 위한 사회안전 망과 적절한 일자리, 그리고 지역사회로 복귀할 수 있는 통합적인 사회서비스 지원이 필요함을 제언하였다.

공동연구원 오세일과 연구보조원(연구 당시) 최윤, 연구책임자 강선경은 중독가정에서 성장한 자녀의 일생을 피해자의 관점에서 다룬 연구를 통해 중독자의 문제는 단순히 개인 차원에서 다루어질 것이 아니라 가족구성원을 포함하는 사회적 차원에서 개입할 필요성이 있음을 시사하였다. 특히 알코올중독문제의 '세대 간 대물림 현상'을 강조하며, 중독가정에서 성장한 자녀들은 어린 시절 중독자 부모로부터 학대나 폭력에 시달리던 피해자였고 성장한 이후에는 본인도 모르는 사이 알코올중독이 대물림되어 알코올의 노예로 살아가는 피해자라는 것을 본 연구를 통해 밝혀냈다. 공동연구원 오세일은 연구명 "알코올중독자 자녀의 성장경험에 대한 내러티브 탐구"를 통해서도 중독자 자녀의 삶에 관한 연구를 수행하였다.

공동연구원 박소연은 청소년 문제 음주 선별을 위해 사용되는 CRAFFT 도구활용이 적절한지 다문화가족 청소년을 대상으로 타당성을 검토하는 "다문화가족 청소년 대상 문제 음주 선별을 위한 CRAFFT 타당도 연구"를 진행하였다. 연구결과, 성별, 인종 등 특별 요인에 민감하지 않도록 구성된 CRAFFT 도구는 청소년 발달특성을 적절히 반영하고 있어, 국내 다문화가족 청소년들의 문제 음주를 측정하는 데에도 문제가 없는 것으로 확인되었다. 공동연구원 박소연의 다른 연구인 "일반가정 청소년과 다문화가족 청소년의 위험 음주에 영향을 미치는 요인 연구"에서 일반적으로 청소년에게 흡연과 혼술은 위험 음주로 이어지는 일종의 신호로 확인되었으며, 특히 다문화가족 청소년의 위험 음주에는 아버지의 학력이 영향을 미치는 것으로 논의되었다. 이러한 연구들은 국내에서 다문화가족과 중독가족이라는 이중적인 사회적 약자의 상황에 있는 다문화가족 청소년의 음주 문제를 다루었다는 점에는 의의가 있다.

연구교수 최윤과 연구책임자 강선경은 Giorgi(1997)의 현상학적 연구방법으로 일반 청소년들과는 구분되는 다문화가족 청소년들만의 고유한 일상생활의 의미를 살펴보았다. 연구결과, 다문화가족 청소년들은 학교생활을 비롯한 일상에서 사회적 배제를 경험하는 것을 제외하면, 온라인게임이나 SNS를 여가나 취미로 즐기는 여느 일반 청소년들과 유사한 생활을 보내고 있음을 확인할 수 있었으며, 이를 바탕으로 다문화가족 청소년에 대한 사회적 인식변화의 필요성을 제언하였다.

전임연구원 김미숙은 장애로 인해 일상에서 이동이나 소통 등에 어려움을 겪는 대표적인 사회적 약자인 장애인들에게 인터넷 사용의 의미가 무엇인지 알아보는 "근육장애인들이 경험한 인터넷 사용의 의미" 연구를 진행하였다. 연구를 통해 장애인들에게 인터넷은 오프라인에서의 장애로 인한 고립상황을 벗어나게 해주는 유일한 소통창구였지만, 오프라인에서의 현실 상황이 드러날까 하는 두려움으로 철저한 익명성으로 무장해야 하는 도피처의 의미라는 것을 확인할 수 있었고, 이를 통해 장애인들의 인터넷 사용을 통한 사회적 관계 개선을 위한 논의 및 제언이 필요함을 제시하였다. 공동연구자 문진영은 근로능력이 있음에도 사회경제적인 상황으로 노동기회를 박탈당한 사회적 약자인 '근로빈곤층'의 우울감에 영향을 미치는 소득, 건강, 주거, 노동능력, 음주 등의 요인을 분석하는 "근로빈곤층의 우울에 영향을 미치는 요인 연구 -성별에 따른 소득·건강·주거 및 노동과 음주 요인에 대한 위계적 회귀분석-" 연구를 진행하였다. 사회구조적 상황에 의해 빈곤에 놓인 근로빈곤층의 우울에는 여러 복합적인 요인이 영향을 미치고 있음을 연구결과 확인할 수 있었고, 이를 위해 적극적인 사회적 프로그램 지원 및 정책이 마련되어야 할 것을 제언하였다.

열한 번째, 지역사회에서 활용 가능한 중독 예방 및 치유 실천모델의 연구수행이다.

연구책임자 강선경과 연구교수 최윤은 2016년부터 2030년까지 UN이 지정한 모든 세계의 지향 목표인 지속가능발전목표(SDGs)의 관점에서 국내 중독전문사회복지사의 역할을 살펴보는 질적 사례연구를 진행하였다. 본 연구를 통해 연구자들은 지역사회에서의 중독전문사회복지사들이 수행해야 할 역할에 대한 지침을 제공하는 동시에, 국내에서 효과적인 중독복지를 수행하기 위해 의료이고 단기적인 치료적 관점에서의 개입이 아닌 장기간의 변화시간을 두고 지켜보는 "회복관점"에서의 지속가능한 개입으로 다가서야 함을 강조하였다.

또한, 연구책임자 강선경과 연구교수 최윤은 중독회복자 당사자의 다양한 욕구에 적절한 맞춤형 서비스를 제공하는 것을 강조하는 지속가능한 관점에서의 미국 물질남용 및 정신보건 서비스국(Substance Abuse and Mental Service Administration, SAMHSA) 제도분석을 통해 국내에서 정신건강 문제에 실질적으로 활용하기 위해 고려되어야 할 서비스 및 정책을 탐색하였고, 이를 바탕으로 시기적절하게 국내 중독복지가 나아가야 할 방향성에 대한 함의를 제언하였다.

연구교수 이소영은 경기도 N시 16개 읍면동에서 활동하고 있는 지역사회보장협의체 위원들을 대상으로 시행한 설문조사를 바탕으로, 알코올 문제가 있는 사람들에 대한 지역사회에서의 수용성 여부가 지역사회보장협의체 역할인식과 역할수행 사이에 어떠한 영향을 미치는지를 확인하는, "읍·면·동 지역사회보장협의체 역할 인식과 실천과의 관계: 알코올 문제 보유자에 대한 수용의 매개효과를 중심으로" 연구를 진행하였다.

열두 번째, 연령대별 특성에 맞는 중독 예방 및 치유 실천모델의 연구수행이다.

연구책임자 강선경과 연구교수 최윤은 "부모의 사회경제적 지위에 따른 청소년들의 인터넷 이용 및 학습 행태 비교: 2014년 생활시간조사 자료 분석을 중심으로" 연구에서 청소년들의 인터넷 이용행태가 부모의 사회경제적 지위, 특히 어머니의 학력과 가구소득에 영향을 받을 수 있으며 이는 부모의 사회경제적 지위가 자녀에게 대물림 될 수 있으며, 사회적 문제로도 이어질 수 있는 부분임을 언급하며 인터넷 이용과 관련한 주의가 필요함을 시사하였다. 또한, 청소년의 인터넷 중독문제는 부모의 사회경제적 지위와 별개의 사항이 아니며, 사회경제적으로 극빈한 가정의 청소년의 인터넷 사용과 중독문제의 상호연관성에 대한 주의가 필요함을 본 연구를 통해 밝혀냈다.

연구책임자 강선경은 "부부의 결혼만족도가 알코올 사용에 미치는 영향의 자기효과와 상대방 효과" 연구를 통해 부부관계가 알코올 사용과 더 나아가 알코올중독 문제에도 영향을 끼칠 수 있음을 탐구하였다. 또한, "부부의 결혼만족도, 우울 및 알코올 사용 간의 자기효과와 상대방 효과 검증" 연구를 통해서도 결혼만족도는 우울, 알코올 사용에 영향을 미치는 것으로 확인되었다. 공동연구원 강준혁은 카지노 도박중독 경험이 있는 노인도박자의 회복과정에 관한 사례연구를 통해 평생을 도박의 굴레를 벗어나지 못한 채 살아온 노인들의 회복 사례를 중심적으로 다루어, 다른 연령대 회복의 의미와는 달리 노인층만이 지니는 고유한 중독의 회복의미를 탐구하였다.

공동연구원 문진영과 연구보조원 이창문은 한국아동·청소년패널데이터를 통해 국내 청소년들의 인터넷 사용시간 변화와 요인분석을 진행하였고, 성인매체몰입을 중심으로 하여 매체환경과 청소년 사이버 비행 사이의 관계성을 확인하는 연구 역시 수행하였다. 또한, 공동연구원 문진영은 학업중단 청소년의 게임중독과 사회적 낙인감 사이에 어떠한 연관성이 있는지를 종단적으로 분석한 "학교 밖 청소년의 게임중독과 사회적 낙인감에 관한 상호관계 연구"를 진행하였다. 연구를 통해 학교 밖 청소년의 게임중독은 사회적 낙인감에 영향을 미치지 않았으나, 사회적 낙인감은 게임중독에 영향을 미치는 요인으로 확인되어, 청소년들에게 지역사회의 관심 및 지지는 중요한 결과를 야기하는 것으로 재확인되었다.

공동연구원 박소연은 SSCI급 국제학술지인 'International Journal of Environmental Research and Public Health'에 휴대폰 장기사용으로 비롯한 국내 청소년들의 휴대폰 중독과 우울 사이의 관계에 관한 "Long-Term Symptoms of Mobile Phone Use on Mobile Phone Addiction and Depression Among Korean Adolescents" 연구를 수행하였으며, 다른 SSCI급 국제학술지인 'Asian Nursing Research'에는 청소년의 음주에

영향을 미치는 요인에 관해 살피는 연구를 수행하였다. 구체적으로는 국내 청소년(청년)들의 문제성 알코올 사용에 대하여 한국형 CRAFFT 척도 항목을 반영하여 분석한 "An Item Response Theory Analysis of the Korean Version of the CRAFFT Scale for Alcohol Use Among Adolescents in Korea" 연구를 진행하였다. 이와 같은 국내 청소년들의 음주 및 휴대폰 사용문제 등의 현시대의 사회적 특성을 반영한 연구들에서는 국내 청소년의 특유한 특성을 고려한 예방 및 치유 방안을 제안하고 있어, 국내 중독 예방 및 치유 프로그램(매뉴얼) 개발을 진행하는 데에 전반적으로 큰 도움이 될 것으로 사료된다.

공동연구원 김진욱과 전임연구원 권진은 청소년의 휴대전화의존성과 자기통제력 사이의 관계성을 살펴봄을 통해 중독이 개인 차원에서 해결할 수 있는 문제인지 아니면 사회적 차원의 개입이 필요한 문제인지를 논하였다. 공동연구원 김진욱은 청소년의 스마트폰 과의존, 게임중독, SNS 중독 등의 영향요인을 비교하는 스마트폰 중독에 관한 연구도 수행하였는데, 본 연구를 통해 청소년들의 스마트폰 사용시간이 학교에서의 교우관계, 학업성적 등에 부적인 영향을 미칠 수 있음을 발견하였다. 또한, 공동연구원 김진욱은 부모의 장시간 근로와 게임 여가가 중학생 자녀의 게임 시간에 미치는 영향 연구를 통해 부모-자녀 간에 유의미하게 존재하는 게임중독성도 확인하였다.

공동연구원 김진욱과 연구보조원 양혜정은 스마트폰의 높은 보급률과 함께 지속적으로 증가하고 있는 청소년의 SNS 중독문제를 청소년의 우울과 또래관계 등의 요인과 함께 살펴보는 "청소년의 우울이 SNS 중독에 미치는 영향 -교우관계 조절효과 검증-" 연구를 통해 청소년의 우울감이 높을수록 SNS 중독문제는 심각해지는 반면, 또래와의 교우관계가 원만할수록 SNS 중독문제는 감소하는 것으로 확인되었다.

전임연구원 강상준과 연구보조원 곽효정은 청소년의 가족과 학교생활에서 비롯되는 스트레스를 바탕으로 중고등학생의 게임중독 및 SNS 중독 경향성을 살펴보는 "청소년 우울이 인터넷 게임중독과 SNS 중독 경향성에 미치는 영향연구"를 진행하였고, 청소년 생활의 주된 활동 환경인 가족과 학교에서의 스트레스는 학생들의 우울과 중독집착 및 금단 증상에 직·간접적으로 영향을 미치는 것으로 확인되었다. 그 외 연령대별로 진행된 연구들로는, 전임연구원 상종열은 의과대학생들의 게임 행위에 관해 살펴보는 연구를 통해 청년층의 여가 문화를 확인하였고, 전임연구원 권진과 김미숙은 청소년의 또래 애착과 사이버폭력 사이의 관계에서 게임중독의 영향력을 살펴보는 연구를 수행했다.

　　이처럼 생애주기별로 각각 다른 단계별 배경과 환경을 지닌 대상들로 진행된 연구들을 통해, 중독문제는 연령대별로 특성에 부합하는 개별화된 예방 및 치유 실천모델로 접근해야 함을 규명할 수 있었다.

　　열세 번째, 젠더 민감성에 기반한 중독 예방 및 치유 실천모델의 연구수행이다.

　　공동연구원 박소연은 성인 여성의 위험 음주에 영향을 미치는 요인에 관한 연구를 진행하였고, 전임연구원 상종열과 연구보조원 차명희는 실존적 자기조절 측면에서 여성도박자의 생애를 살펴봄으로써 여성 도박중독자의 삶을 실존주의의 휴머니즘 관점으로 도출하는 철학·인문학적 기반의 연구를 수행하였다. 연구책임자 강선경은 Mandelbaum(1973)의 생애사 연구방법을 통해 7년 이상 단주 중인 여성 알코올중독회복자의 자기실현에 관한 삶을 살펴보는 "단주과정에 있는 여성의 자기실현에 관한 생애사 연구"와 마약중독에서 탈출하여 회복활동가로 살아가고 있는 "남성 마약중독자의 회복활동가로의 생애 연구"를 진행하였다.

지속적으로 증가하는 여성의 중독문제는 여성에게 적절히 활용될 수 있도록 고안된 프로그램 및 정책개발의 선행이 밑바탕 되어야 할 것이며, 중독에 취약한 여성에게 특화된 프로그램의 실현 등 젠더감수성에 기반한 중독 예방 및 치유모델 개발 연구가 중독복지 현장에서 이루어져야 할 필요성이 시사되고 있음을 위의 다양한 연구결과물을 통해 알 수 있었다.

2. 연구결과의 독창성

본 연구주제는 중독회복 이론과 이에 근거한 실천모델인 프로그램을 연구하고, 최종적으로는 실천의 토대인 개념과 방법 등을 담은 '중독의 한국형 치유모델 및 프로그램'을 구축하여 제시하는 것이다. 본 연구는 다음과 같은 독창성이 존재한다.

첫째, 이론과 실천의 선순환 관계이다. 그동안 중독연구 분야는 물론 사회과학 분야에서 지속적으로 제기된 문제는 이론과 실천 간의 괴리이다. 이론과 실천의 간극이 발생한 원인 중 하나는, 이론은 연구자들에 의해서 실천은 실천가들에 의해서 각각 분리되어 접근했기 때문이라고 사료된다. 본 연구에서는 이론구성에 실천가는 물론 중독자 당사자들과 그들의 가족들이 단순한 연구대상이 아닌 연구진으로 참여하는 한편, 실천모델 역시 연구자, 실천가, 중독 경험자, 가족이 참여하는 집단지성 관점에서 진행될 것이며, 이론의 실천 현장 적용과 수정이라는 과정을 밟을 것이다. 이런 연구 진행 방법을 통해 이론과 실천의 괴리를 극복할 수 있을 것이다.

둘째, 한국의 사회·문화적 상황에 맞는 토착이론과 실천모델의 제시이다. 우리나라의 경우 중독문제는 물론 많은 개인 및 사회적 문제를 해결함에 있어 외국의 이론과 실천모델을 기계적으로 적용해 왔음은 부인하기 어려운 현실이다. 중독은 특히 경제, 사회, 문화적 영향을 지대하게 받는 영역이다. 예를 들면, 알코올중독의 경우 알코올 구매와 사용에 엄격한 미국의 문화와 반대로 우리나라의 문화는 서로 다르다고 볼 수 있겠다. 중독의 양상은 물론 회복이론 역시, 사회문화적인 환경에 따라 적용 예후가 국가마다 다르게 나타날 수밖에 없을 것이다. 한국형 토착이론은 국수주의적 발상이 아니라, 현실을 직시한 현실주의적 관점이라고 해야 할 것이다. 토착이론은 한국인들을 대상으로 연구했다고 해서 구성되는 것은 아니다. 한국의 사회, 경제, 문화적인 맥락은 물론 전통과 인식 등의 기반에서 이루어져야 한다. 이러한 것들을 포함하기 위해서 맥락 지향적이고 발견적인 연구접근인 질적연구의 필요성이 중요시되고, 본 연구에서는 양적인 연구뿐만이 아니라 질적연구 방법론이 주력으로 이루어질 것이다.

셋째, 학제 간 융합연구이다. 본 연구과제의 경우 1단계(3년) 연구에서는 사회복지학, 사회학, 법학, 영성 등을 전공으로 한 전문연구자들이 주력으로 참여하였다. 학제 간 연구의 경우, 그 효과성에도 불문하고 개념 정의의 어려움, 접근방식의 차이, 연구관점의 상이함 등으로 인해 사공이 많은 배의 형국이 될 수도 있지만, 중독문제와 같은 공중보건의 문제는 사회복지학, 사회학, 심리학, 법학, 의학, 철학 등의 학제 간 연구가 용이하고 성과 역시 주목할 만한 수준으로 알려져 있다. 특히, 중독문제는 단일한 학제적 접근으로는 해결할 수 없다고 볼 수 있다. 최근 들어 더욱 주목을 받는 생리, 심리, 사회모델(Bio-Psycho-Social Model)의 구체적 접근의 사례가 될 수 있을 것이다.

먼저, 중독회복 이론 연구단계에서는 사회복지학 연구자 5인과 영성

사회학 연구자 1인이 참여하여 연구를 수행하였다. 사회복지학과 사회학은 인접 학문으로서 중범위 이론체계, 연구대상, 연구방법론에 있어 유사성과 공통성이 있다. 특히 연구방법론의 경우 인식론적 배경과 과학, 철학에 따라 양적연구 방법론의 접근과 질적연구 방법론의 접근이 있는데 사회복지학과 사회학은 두 가지 방법론을 공유하고 있다. 또한, 중독과 같은 사회문제를 보는 이론적 틀은 상징적 상호작용론, 구조기능주의, 갈등이론이라고 할 수 있는데 양 학제 연구자들은 소수를 제외하고는 위 세 가지 관점을 공유하고 있기도 하다. 따라서 1단계 연구에서는 학제 간 연구의 가능성이 매우 높고 사회복지학 지식의 특징인 암묵지(Tacit Knowledge)와 사회학 지식의 특징인 형식지(Formal Knowledge)가 결합하여 시너지 효과를 창출할 수 있다고 판단된다.

2단계 중독회복연구는 다양한 학제의 연구자들뿐만 아니라 실천 현장의 전문가, 중독자 및 회복당사자, 그들의 가족 등이 참여해야만 소기의 성과를 달성할 수 있을 것이다. 학제 간 융합연구의 핵심은 학제 헤게모니를 내려놓고 대승적 차원에서 협력하는 것이다. 학제 간 접근에서 사회복지학, 간호학, 심리학은 협력전통이 있다. 정신보건법상의 정신보건전문요원은 정신보건사회복지사, 정신보건간호사, 정신보건임상심리사로 구성되어 있다. 정신보건실천현장에서 정신보건전문요원들은 협력체계 구축 하에 정신질환자와 지적장애인들의 재활과 사회복귀에 기여하고 있다. 이러한 협력전통은 본 연구소에서 구성하고자 하는 연구진들의 협력 분위기 조성에도 긍정적 영향을 줄 수 있을 것이다.

V
프로그램 개발 과정

1. "K-LIFE" 모델 개발 절차

1) 1차 회의

(1) 개요

- 일시 및 장소: 2019. 10. 22.(화) 14:00~18:00, 서강대학교 생명문화연구소

- 참석: 강선경, 신승남, 강준혁, 이소영, 최윤, 김미숙, 강상준
- 주제: "K-LIFE" 모델 개발을 위한 업무분장

(2) "K-LIFE" 모델 개발

- 2017~2019년 동안 연구소 발행 학술논문 검토: 활용된 연구이론 및 핵심어 정리
- 모델개발 관련 선행연구 검토
- 브레인스토밍 결과, "K-LIFE" 모델 선정
  - K: Korea, 한국형
  - L: Life purpose, 삶의 의미 재구축
  - I: Individual, 자기 탐색
  - F: Family, 가족 및 공동체의 가치 탐색
  - E: Environment, 환경 다루기

(3) 세부 업무

- 연구 총괄: 연구책임자 강선경, 연구교수 최윤
- 연구의 이론적 배경 고찰 및 선행연구 검토
  - 의료모델, 회복모델, 체계이론, 커뮤니티 케어 - 최윤
  - 자기초월이론, 실존주의 심리치료, 공동체적 인본주의, 회복과 영성 - 김미숙
- 국내·외 4대 중독 프로그램 현황 및 법적 근거
  - 한국 사례: 박소연, 미국 사례: 신승남
- "K-LIFE" 모델 실천 내용 및 활용방안: 강준혁
- "K-LIFE" 모델 관련 전문가 자문회의 진행: 이소영

(4) 추진 일정

- 모델의 50%이상 개발진행 및 이론적 배경 부분 작성 완료
  (2019.12.31.까지)

2) 2차 회의

(1) 개요

- 일시 및 장소: 2019.11.05.(화) 14:00~16:00, 서강대학교 생명문화
  연구소
- 참석: 강선경, 이소영, 최윤, 김미숙
- 주제: K-LIFE 모델의 이론적 배경 및 전반적인 개발 진행 작업 검토

(2) "K-LIFE" 모델 개발

- 모델(매뉴얼) 관련 이론적 배경 및 선행연구 추가 검토
  • 가족이론, 생태계적 관점 – 최윤, 내러티브 연구, 타자윤리학 – 김
    미숙

3) 3차 회의

(1) 개요

- 일시 및 장소: 2020.02.04.(화) 14:00~18:00, 서강대학교 생명문화 연구소
- 참석: 강선경, 이소영, 최윤, 김미숙, 강상준, 차명희, 양혜정, 김우진
- 주제: "K-LIFE 모델"개발 작업 검토 및 차별화된 보고서 형식과 내용 논의

(2) "K-LIFE" 모델 개발

- 국외 중독 프로그램 현황 및 법적 근거 추가
- 미국 사례: 신승남, 일본 사례: 차명희, 호주 사례: 최윤
- 보고서 내용 전반적인 수정 및 재배치: 김미숙

(3) 추진 일정

- 일본 사례 초안 완성(2020.02.10.까지) 및 K-LIFE 모델 특허출원 (2020.05.31.까지)
- 최종 연구 성과물 제출(2020.06.30.까지)

4) 4차 회의

(1) 개요

- 일시 및 장소: 2020.02.16.(일) 20:00~22:00, 카페○○ 마포**점
- 참석: 강선경, 신승남, 박소연, 강준혁, 이소영, 최윤, 김미숙, 양혜정
- 주제: 연구 성과물 발간양식 결정과 기대효과, 특허출원 및 전문가 자문회의 관련 논의

(2) "K-LIFE" 모델 개발

- 연구 성과물의 기대효과에 대한 논의 후 보고서 발간 결정(지적 재산권 ISBN 등록)
- 저서 발간 : 모델(매뉴얼) 사용자를 위한(User Friendly) 사용설명서
- "K-LIFE" 모델 특허출원 결정
  - 1단계 연구계획서 명시된 내용에 따라 "K-LIFE" 모델 특허출원 절차 진행 예정
  - "K-LIFE" 모델을 특허출원하여 2단계에서 활용할 수 있도록 함.
  - 1단계 3차년도까지 "K-LIFE" 모델을 구축한 후 2단계부터 "K-LIFE" 모델에 준거하여 분석연구와 각 구성요소별 실천 프로그램을 실행하고 효과성을 검증하고 전문가 양성과정을 개발할 계획임.

- "K-LIFE" 모델 회기별 내용을 요약적으로 제시함.

  각 회기별 내용은 전체 회기에 대해서 일정 부분 독립적인 특성을 가지므로, 각각의 회기별 표적집단을 달리 할 수 있음. 전체 회기를 순차적으로 진행할 수도 있고, 대상자에 따라 모델시작 순서를 다르게 할 수도 있으며, 특정 회기를 집중적으로 다룰 수도 있으므로 대상자에 따른 맞춤형 내용으로 회기를 진행할 수 있음.

- 모델 활용에 대한 구체적인 가이드라인을 서술하기보다는 중독 주제별 또는 대상자별 적절하고 적합한 접근과 관점을 제시할 것

- 자문회의 논의

- 자문의 목적은 "K-LIFE" 모델의 이론적 타당성 및 현장 적용성 등 모델의 구성요소 및 이론의 적절성 등을 4대 중독별 현장전문가의 검토와 자문을 얻고자 함.

- 자문회의를 통해서 "K-LIFE" 모델의 수정과 보완을 할 예정임.

5) 5차 회의: 4대 중독 전문가 자문회의

(1) 개요

- 일시 및 장소: 2020.03.09.(월) 19:00~21:00, 서강대학교 TE308호 산학협력단 대회의실

- 참석: 김용진, 윤현준, 임정민, 이상훈, 박소연, 강준혁, 이소영, 최윤
- 주제: 모델(매뉴얼) 구성 및 내용에 대한 전반적 평가와 개선을 위한 자문

(2) "K-LIFE" 모델 개발

- "K-LIFE" 모델의 구성요소 평가 및 이론 틀로서 타당성 검토
  - L: Life purpose(삶의 의미 재구축), I: Individual(자기탐색), F: Family (가족 및 공동체의 가치 탐색), E: Environment(환경다루기)
  - "K-LIFE" 모델의 구성요소의 개념어 선정은 좋으나 전반적으로 4대 중독영역의 이론이 총망라되어 있는 한계점 언급.
- "K-LIFE" 모델의 구성 요소별 세부 검토
  - 한국사회에서는 가족 자원의 역할기대가 크므로, F(Family)를 더욱 강조할 필요성
  - 사회복지적인 접근에서 E(Environment)를 구성요소로 제시한 것은 긍정적이며, 추후 생태에 대한 접근을 부각하여 제시할 필요성
  - 중독자 및 중독자 가족의 트라우마와 한국인의 전통적인 정서를 다룰 필요성
- "K-LIFE" 모델의 실천현장에서의 실현 가능성
  - "K-LIFE" 모델의 실천 현장에서의 실현 가능성이 높게 예상됨
  - 4대 중독 현장과 현재 소속된 기관에서 진행하는 회복 프로그램과 내용 일치도가 높음
- K-LIFE 모델의 이론적·정책적·실천적 함의 및 보완점 논의
- 4대 중독 실천 현장별 최근 문제 및 대처방안 논의
- 4대 중독 실천 현장별 사례 및 실천지식 공유
- 중독 회복 사업에 대한 발전 방향 및 개선 사항 논의

6) 6차 회의: 전문가 자문 반영 내부 회의

(1) 개요

- 일시 및 장소: 2020.03.25.(수) 14:00~16:00, 서강대학교 생명문화 연구소
- 참석자: 강선경, 이소영, 최윤, 김우진
- 주제: 자문회의 결과 검토 및 자문내용 연구반영 여부 결정, 수정 논의

(2) "K-LIFE" 모델 개발

- "K-LIFE" 초기 모델의 구성요소의 용어 수정
  · L: Life purpose, 삶의 의미
  · I: Individual, 나의 발견
  · F: Family, 가족의 힘
  · E: Ecology system, 생태: 순환하는 삶
- "K-LIFE" 모델 개념도 관련 구성요소별 핵심어 및 관련 이론적 배경 제시
  · 중독 치유, 사회복귀 및 통합 등 순환성과 역동성 가시화

- 전진과 일보후퇴를 반복하면서 발전하는 회복의 현상 표현
- 생애주기별 회복의 발달단계를 표현하기 위한 시간의 무한성 개념을 포함할 것
- "K-LIFE" 모델의 이론적·실천적·교육적 활용가능성 논의
  - 2단계 연구주제와의 연결성 및 실천현장에서의 적용가능성 논의

7) 7차 회의: 전문가 자문 반영 내부 확대회의

(1) 개요

- 일시 및 장소: 2020.04.17.(금) 10:30~13:00, 서강대학교 생명문화연구소
- 참석: 강선경, 신승남, 박소연, 강준혁, 이소영, 최윤, 양혜정, 김우진
- 주제: "K-LIFE" 최종 모델 검토 및 보고서 작업, 특허출원 진행확인.

(2) "K-LIFE" 모델 개발

- "K-LIFE" 최종 모델(매뉴얼) 요소 확정
  - K: Korea, 한국형
  - LIFE: 생명
  - L: Life purpose(삶의 의미)

- I: Individual(나의 발견)
- F: Family(가족의 힘)
- E: Ecological system(생태: 순환하는 삶)
- 국내를 기반으로 한 각 구성요소들 간의 다차원적인 연결을 궁극적 목적으로 함.
- "K-LIFE" 모델 지향성
- 한국형 회복모델의 고유한 특징으로 "Family: 가족의 힘"을 강조함.
- 중독에서 벗어나서 다시 지역사회 구성원으로 참여하는 공동체적 가치를 반영한 회복과정을 생태학적인 관점에서 순환하는 삶이자 생명으로 표현함.
- 본 연구소의 1단계(2017.09.~2020.08.) 연구결과의 집약물이라 할 수 있는 "K-LIFE" 모델의 추후 중독별, 생애주기별, 대상자별 등 각 실천 환경에서의 적용가능성 기대효과 및 활용방안 제시
- "K-LIFE" 모델(매뉴얼)의 상표 특허출원

2. "K-LIFE" 초기 모델

"K-LIFE" 초기 모델은 2017년 9월부터 2020년 6월까지 본 연구과제의 일환으로 발표된 연구 결과와 4대 중독 관련 이론 및 기존 연구물, 한국·미국·일본·호주의 중독 관련 프로그램과 현행법체계에 대한 내용을 기반으로 개발되었다. "K-LIFE" 초기 모델의 구성요소는 'L: Life purpose(삶의 의미 재구축)', 'I: Individual(자기 탐색)', 'F: Family (가족 및 공동체의 가치 탐색)', 'E: Environment(환경 다루기)'로 개념화 되었다.

<표 Ⅴ-1> "K-LIFE" 초기 모델의 구성요소 및 주제, 내용, 이론적 배경

구성요소	주제	내용	이론적 배경
L : Life purpose	삶의 의미 재구축	중독 전 삶의 의미 탐색	의료모델과 회복모델 회복과 영성
		삶의 의미로서의 중독대상 다루기	
		또 다른 삶의 탐색	
		삶의 의미 재구축	
I : Individual	자기 탐색	중독 경험에 대한 내러티브 구성 (인문학적 이야기 치료)	자기초월이론 실존주의 심리치료 내러티브 연구
		미해결과제 탐색 (게슈탈트 심리치료)	
		하나의 전체로서의 자기 이해	
		항상성 유지를 넘어 자기 초월로	
F : Family	가족 및 공동체의 가치 탐색	가족 및 회복동료의 의미 탐색	체계이론 가족이론 공동체적 인본주의
		이타적 행위를 통해 자기를 재발견하고, 타인을 책임지는 존재로 거듭나기(이타적 행위 경험 공유)	
E : Environment	환경 다루기	회복을 어렵게 만드는 환경 및 회복을 위한 자원 파악	생태체계적 관점 커뮤니티 케어 공동체적 인본주의
		실존적 소외 극복과 참만남 실현	

3. 전문가 자문

1) 자문회의 내용

(1) 자문회의의 목적

- 목적: 본 연구에서 개발하고 있는 4대 중독의 한국형 치유모델 및
프로그램 "K-LIFE" 모델의 정합성(Consistency) 및 의미적 적합성
(Adequacy) 확인하고자 함.

- 이를 위해 다음의 세부 목적에 따른 내용을 4대 중독 전문가에게 자문함.
• 세부 목적 1) "K-LIFE" 모델의 구성 타당도 평가
• 세부 목적 2) "K-LIFE" 모델의 중독사회복지 실천현장에서의 적용가능성 검토
• 세부 목적 3) "K-LIFE" 모델의 보완점 및 개선방안 모색

(2) 자문회의의 질문

- "K-LIFE" 모델의 구성을 참고하셔서 실제 중독사회복지 실천현장에서의 적용가능성을 논의해주시기 바랍니다.
- "K-LIFE" 모델 중 'L(Life purpose, 삶의 의미 재구축)', 'I(Individual, 자기탐색)', 'F(Family, 가족 및 공동체의 가치탐색)', 'E(Environment, 환경다루기)'에서 중독문제에 가장 적용가능성이 있는 주제는 무엇이라고 생각하시는지 의견을 공유해주시기 바랍니다.
- 4대 중독의 한국형 치유모델 개발을 위해 "K-LIFE" 모델에서 보완되어야 할 부분이 있으시면 설명해주시기 바랍니다.

2) 자문회의 회의록

생명문화연구소 4대 중독의 한국형 치유모델 및 프로그램 "K-LIFE" 개발 전문가 자문회의가 2020년 3월 9일에 서강대에서 외부 자문위원으로 4대 중독 전문가들과 내부 자문위원으로 본 연구의 공동연구자인 정신건강 및 중독 전공교수들, 전임연구원들이 참여하여 개최되었다. 자문회의는 본 연구의 책임연구자인 강선경 교수의 환영 인사와 전문가의 자기소개, 회의내용 녹음에 대한 고지된 자발적 동의 절차를 진행한

다음 시작되었고, 사전 배포된 회의 자료와 질문지의 질문내용에 초점을 맞추어 2시간여 동안 자문위원들이 자문하였다. 자문회의에서 "K-LIFE" 모델의 구성요소의 이론적 타당성에 대한 평가와 함께 실천현장에서의 적용가능성에 대한 논의를 하고, 4대 중독 현장에서의 회복 모델과 실천 경험을 공유하면서 관련 지식과 정보, 평소 생각을 대화를 통해 주고 받았다. 마지막으로 자문위원들은 전문가 입장에서 중독회복에 대한 정의를 내리고, 본 연구에 대한 기대효과에 대한 의견을 자유롭게 개진하였다.

<표 V-2> 자문회의 회의록

일시	2020년 3월 9일 오후 7~9시			
장소	서강대학교 떼이야르관 308호 산학협력단 대회의실			
참여자	자문 위원	외부	알코올	김용진(㈜복지와사람들 중독예방연구소 소장)
			마약	윤현준(중독회복연대 대표)
			도박	임정민(한국도박문제관리센터 팀장, 게슈탈트 심리치료사)
			인터넷	이상훈(강서인터넷중독예방상담센터 상담사)
		내부 공동연구자		박소연(경기대 사회복지학과 교수)
				강준혁(을지대 중독재활복지학과 교수),
	연구진			이소영(서강대 생명문화연구소 연구교수)
				최 윤(서강대 생명문화연구소 연구교수)
회의 내용	자문 위원	자문내용		
	김용진	• "K-LIFE" 모델의 모델 구성은 나쁘지 않음. 기본적으로 LIFE 개념은 중요하며 일반적인 중독에서 다뤄야 할 이론은 모두 다뤄졌음. 특히, 사회복지적인 측면에서 환경이 다뤄져서 좋음. • "K-LIFE" 모델에서 제시한 특정 이론들에 대해서 각각의 근거와 장점을 설명할 필요가 있음. 예를 들어 게슈탈트 이론에 대해서 게슈탈트 이론과 LIFE와의 연결성은 무엇인지를 설명함으로써 "K-LIFE" 모델에서 일관성 있게 설명하고자 하는 것이 무엇인지를 알 수 있게 할 것.		

| 회의
내용 | 김용진 | • 트라우마 문제를 다룰 필요 있음.
• "K-LIFE" 모델만의 독특성과 고유성을 드러내야 함.
• "K-LIFE" 모델을 좀 더 구조화 시킬 것
• 프로그램 도구의 문제는 이론과 어떻게 맞물릴 것인가가 중요함. "K-LIFE" 모델에 문화와 생태 개념까지 포함되면 신선할 것 같음. 예를 들어, 도시재생과 문화, 역사 기행과 같은 프로그램. 북을 쳐서 감정을 해소하는 것, 글쓰기 등 실제로 대전에서는 합창단을 만든 적이 있었음.
• 동기강화, AA촉진모델, 12단계, 인지치료, 인지강화 등이 중독에서 대표적인 이론인데, 더 든다면 회복모델이 있음. "K-LIFE" 모델에 회복모델을 추가하여 지금까지 이야기했던 것을 포함시키고 가족과 정서를 강화 시키면 다른 모델과 차별성을 가질 수 있음. 그때 회복에 대한 조작적 정의를 내려줄 것.
• 키워드를 제시하여 설명하는 것이 좋을 것 같음. 너무 많은 이론을 넣으면 한계점이 많아지고 공격을 많이 받을 수 있음. 이런 이론에서는 이런 측면을 다뤄봤다는 식으로 설명하고 프로그램에 가서 구체적으로 설명하면 됨.
• 중독자를 피해자로 바라보는 시각에 대해서는 그럴 수도 있고 아닐 수도 있다고 봄. 똑같은 환경에 있었다고 해서 모두 한이 되고 알코올 중독이 되지는 않음. 그 중에 알코올에 취약한 사람이 중독이 되는 것임. 깨달음, 즉, 자기 자신이 어떻게 통찰력(insight)을 갖느냐에 따라 달라짐.
• 알코올 중독에서는 회복이라는 단어를 많이 사용함. 우리가 회복력이라고 하면 3개월 이상의 단약, 단주를 이야기함. 아니면 중독관리센터의 회복력에 대한 정의에 의하면 사회적인 기능이나 가족 기능이 향상된 사람을 말하는데, 이때 치료자가 기준점이 될 수 있음. 따라서 중독자가 회복되었는가 아닌가에 대한 판단은 주관적일 수 있음.
• 개인적으로 회복을 임파워먼트(Empowerment). 레질리언스(Resilience)라고 봄. 내가 술을 먹지만 사회적 기능을 하는데 얼마나 별 무리 없이 음주를 하고 있다면 회복력이 있다고 할 수 있음. 직장인들을 상담하기 위해 만나면, 어쨌든 일주일에 한 번이든 두 주에 한 번이든 상담자를 만나러 정기적으로 오는 사람, 그 사람은 회복하는 사람임. 정기적으로 상담자를 만나는 사람은 회복하는 사람이고 상담자를 만나러 오지 못하는 사람은 연락이 끊기고 재발해서 오거나 함. 음주를 하고 있어서 자기가 각성을 하고 상담사에게 오는 것임. 여기 와서 리마인드하고 도전해 나가고 그 과정이 거기에 있는 것임.
• 회복동기는 가족이 될 수도 있으나 가족이 없는 사람도 있으므로 누구든지 플러스 알파, 즉 나를 도움을 줄 수 있는 사람이 있는 것이 회복동기가 될 수 있음. 그게 사람일 수도 있고 글일 수도 있고, 뭔가 자기에게 도움을 줄 수 있는 무엇인가가 하나든 두 개든 가지고 있으면 회복동기가 될 수 있음.
• 중독은 혼자서는 회복하기 힘듦. 친구가 있든 동료가 있든 옆에 같이 하는 사람이 있어야 함. 그래서 우리가 자조 모임을 하는 것이고, 그것을 통해서 "너 잘 했어."하는 지지를 받는 것임. |

회의 내용	윤현준	• "K-LIFE"라는 제목을 잘 지으려고 구성요소의 순서가 이렇게 되었구나 하고 이해됨. 특히 환경 다루기에 대한 관심이 많음. • 마약은 우리사회에서 겉으로 이야기하기 힘든 상황이고 4대 중독 가운데 마약이 항상 뒤쳐져 있음. 법 환경이 바뀌지 않고서는 마약 중독 회복사업은 어렵기 때문에 거시적인 접근이 중요하다고 봄. • 4대 중독을 세부적으로 구분하지 않고 대별해서 과정(행위)중독과 물질 중독으로 구분하는 것도 생각해 볼만함. 미국의 경우 알코올과 마약을 구분하기 어려움. 과정중독에서 성 중독도 위험함. 마약중독을 이야기 하다보면 자연스럽게 성 중독과도 만나게 됨. • 보다 사회 전반적인 논의로 확장되길 바람. 4대 중독이라는 미시적인 영역을 넘어서서 사회, 심리, 법률 체계까지 아울러 이야기했으면 함. 이를 위해 연구진에 사회복지 전공 이외의 다른 학문 분야 전문가들이 참여하면 좋겠음. • 한국 문화와 전통을 접목하기 위해서 조선시대 문헌 등 역사적인 자료를 참고로 하는 것도 좋음. 기존 연구물 가운데 성리학의 칠정칠기를 중독 프로그램에 도입하여 효과성을 보인 사례도 있음 • 중독자는 장소를 옮겨서 안전한 지역에서 회복과정을 거친 다음 원래 있던 곳으로 돌아갈 수도 있고, 또 다른 곳으로 갈 수 있음. 일본의 다르크도 오사카에서 중독이 되었다면 요코하마에서 회복하고 오라고 제언함. • 정서 문제를 다루는 데는 전문가와 회복 당사자와의 협업이 중요하므로, 회복당사자들의 준전문가적인 교육이 필요함. 교육이 제도화 되어 안정적으로 제공되어야 함. • 우리나라의 경우 아직까지 가족의 기능이 살아있다는 것이 큰 자원이 될 수 있어서 가족이 중요하다고 봄. 서구사회에서 중독이 폭발적으로 확대되는 것은 가족이 완전히 무너졌기 때문이라고 봄. • 중독자는 피해자라기보다 취약한(vulnerable) 자라고 할 수 있음. 마약도 어린 시절 중독 가정에 노출된 사람들이 많음. 마약은 겉으로 드러나지 않기 때문에 마약은 중독 피해자라고 해야 한다는 건대 교수도 있음. 그러나 중독자가 가족의 피해자는 아닌 것 같음. • 제가 중독연대라는 말을 하면, 다른 사람들이 "어떻게 중독자들과 일해요?"라고 묻는 데 나는 중독자와 일하는 것이 아니라서 "저는 회복자와 일하고 있습니다."라고 대답함. 중독은 피해자 등 계속 마이너스를 이야기하고 있음. 그러나 회복은 항상 감사를 이야기하고 즐거움을 의도적으로 이야기함. 중독자가 아니더라도 마이너스를 이야기하는 것은 피곤한 일임. 하지만 플러스를 이야기를 하는 사람들은 만나고 싶어 함. • 단주, 단약과 회복은 다름. 그냥 행동을 멈추고 있다는 것보다 마음 자체가 플러스임. 아침마다 자신[회복자]들이 목사인양 카톡으로 좋은 내용을 던져주고, 바로 자기 잘못을 인지하고, 물론 재발하기도 하지만, 중독은 항상 감사하고, 자기 잘못에 대해 심각하게 생각하지 않고, 쉽게 얘기하고 쉽게 무마하고 그런 것임. 회복은 가볍고 밝고 즐겁고, 무거운 것도 아니고 거룩한 것도 아님. 회복은 너무 열심히 할 필요도 없고 심각할 필요도 없음.

| 회의
내용 | 임정민 | <ul><li>"K-LIFE" 모델의 제목(구성요소)은 잘 지은 것 같음. 한국도박문제관리센터에서 하고 있는 것을 다 포함하고 있음.</li><li>"K-LIFE" 모델에서 구성 요소 안에 섞여 있음. 행동의 변화, 정서의 변화, 인지의 변화로 구분할 수 있는데, 하나의 구성 요소 안에 행동과 정서가 혼재되어 있어서 이론과 현장에서 치료로 하는 것들을 한꺼번에 적어 놓은 느낌임.</li><li>"K-LIFE" 모델에서 이론과 접목된 프로그램이 설명되어야 함.</li><li>"K-LIFE" 모델은 정적인 느낌이 있음. 에너지를 빼 줘야 하는 프로그램이 있어야 함. 센터 프로그램에는 중독자들은 에너지가 많아서 도성 걷기 등 야외활동을 꼭 포함시켜서 힘을 빼 줌.</li><li>한국형이라는 표현이 어렵고 위험함.</li><li>2019년 미국 네바다주에 있는 RISE 회복센터(RISE Center for Recovery)로 중독 재활과 회복 관련 주제를 가지고 기관방문을 갔을 때, 도박문제의 해결방법을 한국의 문화와 전통에서 찾으라는 조언을 받은 경험이 있음. 미국 기관 방문에서의 교훈 중 하나가 "한국의 프로그램은 인지치료, 동기강화, 12단계를 절대적으로 생각하고 있는데 과연 우리나라만의 정서와 문화를 담은 프로그램이 있는가?"이고 다른 하나는 "중독자를 대상으로 트라우마 치료를 하는가?"임.</li><li>미국 임상 전문가들이 생각하는 회복에 대한 정의는 무엇인지, 재활과 회복의 차이를 어떻게 보는지 궁금했음. 미국 센터들은 회복의 정의를 단주, 단도박, 단약은 10%에 불과하고 나머지는 기능향상에 있다고 봄.</li><li>최근 20대들은 트라우마 문제가 절반은 걸쳐져 있는데, "과연 나는 트라우마 교육을 배우고 있는가?"하는 자문을 하게 됨. 우리나라에서 아직까지 중독에 대한 트라우마적인 접근은 보지 못함.</li><li>문화와 전통에 대한 게슈탈트 접근 가운데 생태학적 접근이 있음. 중독이 중독자와 사회와의 연결을 중단시킨다고 봄. 중독자가 안전한 동네에 가서 동네를 하이킹하거나 동네 사진 찍기를 하면서 안전함을 확인하고 그 속에서 회복하여 자신(다른)의 동네로 돌아감.</li><li>전통의 경우, 타악기 두드리기에서 북을 활용하여 분노감정 프로그램을 실시함. 윷놀이 등도 활용됨.</li><li>네바다주에서 실시하는 기초 회복 프로그램(주9시간)에서는 중독자가 출퇴근을 하면서 회복 프로그램에 참여하는 것이 더욱 효과적이었음. 시설에서 회복만 하기보다 밖에 나가서 일하고 기관에 와서 지지를 받고 힘을 내서 일주일을 사는 방식이 더 효과적임. 주3일 프로그램으로 바뀌고 있음.</li><li>한국은 가족이라는 테두리가 큰 것이 특징인데, 이것이 한국과 미국의 문화적 차이임. 미국은 개인주의이기는 하나 가족의 필요성을 알고 있음. 중독에서는 가족의 큰 자원이고 우리나라는 그런 점에서 좋은 환경임. 미국은 가족이 없어서 개입을 못 하는 것이고, 우리나라는 가족이 있는데 개입을 잘못 하는 것임.</li><li>한국과 미국을 비교하면 네바다주에 147개의 GA가 있는 반면 가족 모임은 3개밖에 없음. 우리나라는 거의 동등한 숫자로 가족 모임이 있음. 일본도 미국과 비슷한 수준임.</li></ul> |

회의 내용	임정민	• 현장에서 정서를 다룰 수 있는 상담사가 있는가에 대해서 회의적임. 코칭은 하고 있으나 정서 전문 상담사는 찾기 어려움. • 미국 기관 방문을 통해서 사회적 기능의 향상을 회복으로 봐야 한다는 쪽을 강조함. 현재 센터에서 TC 기반 프로그램을 하고 있는데 처음에는 사람들이 안 모일 줄 알았는데, 참여자와 대기자가 있음. 대학생이나 취업을 앞둔 젊은 사람들이 지원을 했음. 부모의 경우 2년 동안 회복이라는 개념으로 개입하고 있는데, 자녀가 도박을 했다 안 했다의 개념이 아니라 앞으로 10년, 20년을 생각하면 인간적인 접근을 해야 한다고 설득했음. • 사회적 기능의 향상, 아이가 중간에 도박을 했더라고 가족관계와 직업에서 기능이 좋아졌다면 회복으로 봐야 한다는 쪽으로 방향을 바꿈. 우리는 효과성을 이야기하면 10%에 해당하는 단도박만 이야기함. 하지만 아직까지도 수량을 이야기 하는 사람들을 설득하지 못하고 있음. • 피해자는 형사법적인 느낌이 들기 때문에 굳이 부정적인 단어를 쓸 필요가 있나 싶음. 중독부분은 긍정적인 것으로 바꿔 주는 것이 좋은 것 같음. • 게슈탈트 학자가 "중독은 원심력이다. 중독에 빠지면 빠질수록 내가 튕겨 나가는 것이다. 그러면 회복은 무엇이냐? 구심력이다. 다시 끌어당기는 것이다."라고 한 말에 감명 받은 적이 있음. 회복은 이전의 삶으로 돌아가는 것이 아니라 현재의 삶을 수용하고 앞으로 나가는 것이라고 생각함. 현재에서부터 시작해야지, 과거를 이야기하면 "과거에는 집이 있었고 아내가 있었고…"하면서 회복하기 어려워짐. 회복은 앞으로 나가야 하는 것임.
	이상훈	• 인터넷 청소년들은 프로그램이 끝나고 나면 어디론가 가게 되는데, 가족적인 문제에 대한 접근이 중요함. 청소년들보다 부모들과 작업하는 경우가 더 많음. 부모 체계가 달라지면 청소년이 변화할 가능성이 크고, 부모 체계가 변화하지 않으면 청소년들이 변화하는데 한계가 있음. 그런 면에서 가족이 중요함. • 인터넷은 단약, 단주, 단도박처럼 끊을 수 있는 개념이 아니고 어떤 형태로든 계속 사용해야 하므로, 인터넷을 하면서 (회복을) 만들어 나가야 한다는 어려움이 있음. 그에 비해 안전장치가 없기 때문에 청소년들을 위한 안전장치나 위기개입이 필요함. 여기서 안전장치란 위기 상담이 들어왔을 때 환경에 대한 제어에 대한 그림이 필요하다고 생각해서 말한 것임. • "K-LIFE" 모델은 시간적 여유가 있는 사람들을 대상으로 하는 개입 같다는 생각이 들어서 "현장에서 긴급한 사례들이 들어왔을 때 무엇을 해야 하지 하는지?"에 대한 느낌(한계)이 있음. • 프로그램을 실시할 때 단계별 접근을 하기에는 청소년들의 증상이 선형으로 가지 않음. 어떤 경우에는 환경적인 측면에서 논의를 하는 것만으로도 충분할 수 있고, 어떤 경우에는 아예 필요하지 않을 수도 있음. • "K-LIFE" 모델에서 구성요소들이 순서대로 배치될 필요가 있을까 싶은 생각이 있음. 다원적 상담에서 본다면, 선형보다는 퍼지는 느낌으로 접근하는 것이 효과적임.

| 회의
내용 | 이상훈 | • "K-LIFE" 모델에 모든 것이 다 있음. 특히, "K-LIFE" 모델에서 인상적인 부분은 가족과 타인을 책임지는 존재에 대한 부분임. 센터에서 매년 여름방학 때, 여자 중학생 15명 정도가 스마트폰 없이 10박11일 캠프 프로그램을 하는데, 에너지를 쓴다거나 관계적인 문제 등이 다뤄짐. 프로그램을 진행하면 식사 해 주시는 분들이 아이들의 달라진 모습을 지적함. 처음에 핸드폰 없이 끌려온 아이들이 캠프 프로그램이 일주일이 되었을 때 가족을 만나면 너무 반가워함. 가족 만나기 전에 근처 요양원에 가서 봉사활동을 함. 그것을 하고 난 후 아이들이 굉장히 많이 달라짐. 자신들이 괜찮은 사람이 된 것 같은 느낌을 가짐.
• 청소년들은 자신들을 가족의 피해자라는 식으로 얘기하고 싶은 경우가 많은 것 같다는 느낌이 있음. 그러나 그것(피해자라고 정의하는 것)이 상담자와 가족, 당사자에게 도움이 된다고 보지 않음. 청소년의 경우, 그렇게 보이는 측면이 없지 않아 있기는 하나, 흐름 상 부모로 인해 중독자가 되고 그래서 피해자가 되고 나면 그 다음부터는 개입이 어려워지는 측면이 있음. 따라서 피해자로 보이는 것 같지만 그렇게 보는 것이 도움이 되는지에 대해서는 회의적임. 피해자가 있으면 가해자가 있는 것이기 때문임. 오히려 거꾸로 가는 것이 아닌가 싶음. 피해자에서 자신의 선택에 의해서 용서가 들어가는 방향으로.
• 회복이란 고정된 느낌이라기보다, 오늘을 살아가는 지점에서 회복을 생각하면 청소년들이 삼삼오오 모여서 그 또래 아이들이 할 법한 이야기 하면서 즐거워하는 것. 이러다가 또 상황이 달라지면 달라질 수 있겠지만, 그런 순간을 의미함. 그것이 영속되는 것이 아니라 또 어제가 되면서 반복되는 것임.
• 인터넷 중독이라는 말은 잘 쓰지 않음. 중앙정부 부처 간의 입장이 달라서 실제로 과의존이라는 표현을 더 많이 사용함. 사실은 회복이라는 용어 자체를 많이 쓰지 않음. 회복이라는 표현 대신에 건강한 삶, 건강한 몸. 성장, 이런 표현을 많이 씀. |

3) 자문회의 주제별 의미 분석

본 연구에서는 "K-LIFE" 개발 전문가 자문회의에서 나눈 대화 내용을 전사한 녹취록을 완성하였다. 이렇게 만들어진 원자료를 바탕으로 줄 단위 내용분석을 실시하였다. 분석결과, 4대 중독 전문가들의 자문 내용은 크게 세 가지 주제로 범주화할 수 있었다.

먼저, "K-LIFE" 모델의 실천현장에서의 적용가능성이다.

전문가들에 따르면 실천현장에서 "K-LIFE" 모델의 구성 요소(주제)인 L(Life, 삶의 의미), I(Individual, 나의 발견), F(Family, 가족의 힘),

E(Ecology system, 생태)과 관련한 해당 이론들은 실제 4대 중독사회복지 실천현장에서 일반적이고 포괄적으로 사용되고 있었다. 하지만, 대부분의 실천현장에서 각 요소에 대해 개별적인 개입이 이루어지고 있으니, 본 모델을 통해 구성요소 간 연결성에 대한 설명이 제시되면 좋을 것 같다는 자문이 이루어졌다. 또한, 단계별 구성에 대한 회의적인 시각, 즉 비선형적 구성이 병존한다는 의견이 모든 전문가들에게서 전문가들에게서 공통된 의견으로 확인되었다.

둘째, "K-LIFE" 모델의 L·I·F·E 중 중독에 적용가능성이 가장 높은 요소에 대한 논의이다.

전문가들은 사회복지학적 측면에서 중독자의 가족문제(F)와 환경다루기(E) 부분이 중요함을 강조하였다. 더욱이 "가족 및 공동체의 가치 탐색에서 가족과 타인을 책임지는 존재(F)라는 내용이 인상 깊음"이라는 의미를 수렴하는 특징을 보이기도 하였다.

셋째, 4대 중독의 한국형 치유모델인 "K-LIFE" 모델 개발을 위한 보완점 논의이다.

자문회의에 참석한 전문가들은 모두 중독자와 회복자의 "트라우마에 대한 접근이 필요함"과 이를 한국 중독이슈의 특징으로서 "K-LIFE" 모델의 독특성으로 부각시켜야 함"을 언급했다. 또한, 외국의 사례와는 차별적으로, 한국에서의 중독회복은 일반적으로 가족의 테두리 안에서 발생하기 때문에 회복의 자원으로써 가족의 특징을 "K-LIFE 모델"에서 다루어 한국인의 고유한 정서를 담아낼 것을 언급했다. 특히, 한국인만의 '우리' 정서를 담아내는 것이 중요한데, 현장에서는 정서와 관련한 부분에 전문적 개입이 어렵고, 인프라 등 실질적인 부분 또한 수월하지 않아 관련 프로그램이 잘 되고 있지 않다고 하였다. LIFE 요소에 R(Recovery, 회복)을 추가하여 한국만의 특징인 '가족'이나 '정서' 이슈를 좀 더 중점적으로 강화할 필요성도 있다고 자문하였다. 마지막으로, 청소년 인터넷 중독과 관련, 일반적인 중독과 성격 자체가 상이함을 강조하며 이에 적절한 안전장치가 필요함을 강조하였고, 더 나아가 생태(심리)학적인 포괄적인 접근을 했으면 좋겠다는 의미를 전달하였다.

<표 V-3> 자문회의 주제별 의미 분석 결과표

주제	의미
"K-LIFE" 모델의 실천현장에서의 적용가능성	• "K-LIFE" 모델의 구성 요소(주제)와 해당 이론들은 실제 4대 중독 관련 사회복지 실천현장에서 일반적이고 포괄적으로 사용되고 있음.
	• 각 구성요소와 이론 간 연결성에 대한 설명이 제시되어야 할 것
	• 단계별 구성이 필요하다는 시각과 단계별 구성에 대한 회의적인 시각 • 비선형적 구성에 대한 의견이 병존함.
"K-LIFE" 모델의 L·I·F·E 중 중독문제에 대한 적용가능성이 가장 높은 주제	• 사회복지학적인 측면에서 볼 때 가족(F)과 환경다루기(E) 요인의 중요성
	• 가족 및 공동체의 가치 탐색에서, 가족(F)은 가족구성원과 타인을 책임지는 존재
"K-LIFE" 모델의 4대 중독의 한국형 치유모델 개발을 위한 보완점	• 트라우마에 대한 접근 필요성
	• "K-LIFE" 모델의 독특성을 부각할 필요성
	• 한국형은 가족적인 문화와 가족의 테두리, 즉 회복의 자원으로서 가족의 특징
	• 한국 "우리" 고유의 정서를 담아내는 것의 필요성
	• 현장에서는 정서와 관련한 문제를 다루기 어렵고, 전문 인프라 부족 등으로 개입이 잘 이루어지지 않고 있음.
	• LIFE 구성요소에 R(Recovery, 회복)을 추가하여 가족과 정서를 좀 더 중점적으로 강화하여 살펴볼 필요성이 있음.
	• 청소년 인터넷 중독에 대한 안전장치가 필요함.
	• 생태(심리)학적인 접근을 보다 강조할 것.

(1) "K-LIFE" 모델의 실천현장에서의 적용가능성

- "K-LIFE" 모델의 구성 요소(주제)와 해당 이론들은 실제 4대 중독 관련 사회복지 실천현장에서 일반적이고 포괄적으로 사용되고 있음.

"저는 이제 K-LIFE 모델을 보면서 모델 구성은 그렇게 나쁘지는 않은 것 같다. … [K-LIFE 모델에서 제시한] 키워드는 굉장히 좋거든요. 다 들어가. 다 들어가는 건 좋은데.. (중략) 중독문제에서 적용 가능성이 있는 문제가 무엇이냐. 다양하게 다 될 것 같아요. 일반적인 중독에 있어서 이 부분은 다 포함이 돼요. 안 되는 것이 없어요."(김)

"일단 제목[구성요소]은 되게 잘 지은 것 같아요. 보면서 우리(한국도박문제관리센터)가 다 하고 있는데. 우리 센터에서도 다 하고 있는 거 복합적으로 다 넣어놨네? 이렇게 봤었고요."(임)

"제목(구성요소)들 안에 다 들어가 있어요. 청소년들이 캠프도 하고 집단활동 속에 그런 다양한 것들이 다 들어있죠."(이)

- 각 구성요소와 이론 간 연결성에 대한 설명이 제시되어야 할 것

"미해결과제라고 게슈탈트를 넣었으면 그걸 넣어서 무엇이 F(Family, 가족)과 E(Environment, 환경)과 연결성을 가지고 있는가. 이 모델이라는 게 연결과 연결이 다 되어야 하잖아요. 하나의 그런 일관성을 가지고 모델을 구축해야 하는데 이 모델에서는 어떤 것들을 중점적으로 가지고 가려고 하는 건지."(김)

"중독 전 삶의 의미 탐색은 어떤 이론의 어떤 것들이 있다는 설명이 되어 있었으면 연구에 이런 것들이 충분히 되어 있구나 했을 텐데. 앞에 제목만 크게 달아놓으시니까 어떤 식으로 이제 접목되고 어떤 것들이 구현되어 있는지는 이제 알 수가 없는 거죠."(임)

"섞여 있어요. 행동의 변화, 정서의 변화, 인지의 변화가 있는데 그런 것들이 다른 거로, 삶의 의미, 자기 탐색으로 들어가 있으니까 어떤 것은 행동의 변화일 것이고 어떤 것은 정서의 변화일 것 같은데. 자기 탐색에 정서 부분을 모아놓은 것 같기도 있고. 결국에는 이론과 실제 현장에서 치료하는 것들을 한꺼번에 적어놓은 느낌이 들어요."(임)

- **단계별 구성이 필요하다는 시각과 단계별 구성에 대한 회의적인 시각, 즉 비선형적 구성에 대한 의견이 병존함.**

"이걸 조금 더 구조화시켜야 할 필요는 있을 것 같아요. 단계별로 사실은 생의 의미 재구축은 맨 끝으로 가야되는 거죠. 자기 탐색이 먼저 올라가고 가족에 대한 탐색이 되고 그다음에 환경을 다루고 그러고 나서 삶의 의미인 거죠 사실은. 그렇게 순서대로 간다고 하면 그렇게 될 수 있고. (중략) (단계별 순서에 맞지 않게) 거꾸로 있다 보니까 이게 확 눈에 안 들어오는 점도 있고."(김)

"이걸 단계라고 이야기하려면 선형을 그려야 되잖아요? 사실은 아이(인터넷 중독 청소년)들이 그렇지가 않아서. 여기도 자기탐색하고 삶의 의미를 하지만, 어떤 친구들은 삶의 의미를 하기 어려운 친구들도 있고.. (중략) 이게 군이 선형으로 갈 것인가에 대해서는 의문이기도 해요. 공교롭게 최근에 다원적 상담이라는 것에서도 이렇게 단계적으로 갈 것인가에 대해서는 (아닐 수도 있다) 어떤 내담자는 처음부터 삶의 의미로 가기도 하고 어떤 내담자는 군이, 삶의 의미 자체가 없는 중요하지 않은 경우도 있어서. 이게 선형이라기보다는 뭔가 퍼지는, 그래서 오히려 내담자가 왔을 때 실제로는 이렇게 (연구진이 제시한 모형으로) 가야 할 것 같아요."(이)

(2) "K-LIFE" 모델의 L·I·F·E 가운데 중독문제에 대한 적용가
능성이 가장 높은 주제

- 사회복지학적인 측면에서 볼 때 가족(F)과 환경다루기(E) 요인의 중
요성

"기본적으로 우리가 삶의 의미 재구축하는 거, 자기 탐색, 가족, 환경,
또 사회복지적인 의미로 환경이 다루어져서 더더욱 저는 되게 좋고요."(김)

"환경 다루기가 저한테는 굉장히 큰 관심이에요."(윤)

"가족 문제가 큰 친구(인터넷 중독 청소년)들이 많아요. 단순히 게임
많이 하고 인터넷 많이 하고 이런 문제가 아니라. (중략) 저희(상담사)들
은 사실은 청소년 친구들과 작업하는 경우보다 부모님하고 작업하는 게
훨씬 더 많거든요. 거기서[부모가] 좀 달라지면 아이들도 사실은 달라지
고 거기가 안 되면 아이들이 아무리 한다고 해도 사실은 한계가 있어서.
그런 면에서 가족 같은 문제가 중요한 것 같아요."(이)

- 가족 및 공동체의 가치 탐색에서, 가족(F)은 가족구성원과 타인을 책
임지는 존재

"가족과 타인을 책임지는 존재에 대한 부분이 인상적이에요. 방학하고
10박 11일 캠프에서 핸드폰 없이 지낸다고 했을 때 굉장히 어려운 거예
요. (중략) 일주일 지나고 부모님을 딱 만났을 때 포옹하면서 너무 너무
반가워하고 이러니까.. 가족 만나기 전날, 봉사활동을 가요. 근처에 가서
어르신들 식사도 도와드리고. 아이들이 공연 준비도 하면서.. 그거를 하
고 나면 애들이 정말 많이 달라지거든요. 할머니, 할아버지들이 고맙다고
해주고.. 아이들이 거기서, 아! 내가 뭔가 괜찮은 사람인 것 같은 느낌! 내
가 인정 받네! 사랑 받네!"(이)

"그게 문화라는 거예요. 미국은 개인주의 성향이 강하기 때문에 아들
[중독자]이 죽든 말든. … 일본은 어떠냐 그랬더니[자문했더니] 미국하고
똑같다는 거예요. 외국하고 비교할 때는 한국형은 가족이라는 테두리가
큰 게 비교가 될 거고요."(임)

(3) "K-LIFE" 모델의 4대 중독의 한국형 치유모델 개발을 위한 보완점

- 트라우마에 대한 접근 필요성

"요새 뭐 이제 사실은 중독을 치료하려고 하면 트라우마를 안 거치고
갈 수는 없거든요. 상처나 트라우마나 제가 관심을 가지고 있는 가족이나
자녀들에 있어서는 트라우마 문제를 안 다룰 수 없거든요. 그거는 여기서
는 다루고 있지 않다. 그 부분이 저는 아쉬움이 있어요. (중략) (트라우마
가) Family에 들어가도 괜찮아요. 가족 간의 트라우마가 가장 많으니까.
가족 간에서 상처받는 일이 많으니까."(김)

"도박중독 상담에서는 10년 전만 해도 트라우마 쪽은 접근을 잘 안 했
던 것 같아요. 최근에 와서는 20대, 30대 아이들이 많이 오는데 물어보면
거의 트라우마가 반절 걸려있어요. …나는 과연 트라우마 치료를 배우고
있었는지. 그게 하나 있고요. 또 하나는 부모들 같은 경우에는 트라우마
가 없다 하더라도 아들[중독자]로 인해서 새로운 트라우마가 생긴 거라
고."(임)

- "K-LIFE" 모델의 독특성을 부각할 필요성

"LIFE가 가지고 있는 독특성 그걸 개발해내는 거, 다른 데에는 없는
것이 뭔가 하나 있어야 한국형 치유모델이 되지 않을까. … 환경도 다르
죠. 외국의 그런 문화랑 한국의 문화가 다른 것처럼 문화에 따른 상처의
강도, 이런 것들이 다르기 때문에 이거에 대해서도 우리가 고민을 해봤는

가. 이것이 여기에 포함이 되고있는가"(김)

"문화와 전통, 무엇일까 계속 고민을 했던 게, 북 같은 경우도 괜찮더라고요. 특히 분노 작업, 핵심이잖아요 중독에서. 두들기면서 자연스럽게 올라오게끔 한다든가. 그런 식으로 조금 더 전통에서 찾을 수 있는 것들이 무엇인지 저희도 좀 계속 윷놀이 같은 경우 문화를 좀 바꾼다든가 접목해 봐서 다양한 시도를 할 수 있을 것 같긴 해요. 전통이 어떤 것이 있는가 하면 애매모호하긴 하죠. … 한국형이니까 어려운 것 같아요. 가장 비판받기 쉽고."(임)

- **한국형은 가족적인 문화와 가족의 테두리, 즉 회복의 자원으로서 가족의 특징**

"미국과 만약에 비교한다고 하면, 네바다에 147개의 GA[Gamblers Anonymous]가 있어요. 근데 가족 모임(Gam-Anon)은 단 3개 있다는 거예요. 그건 놀라운 거예요. 우리나라는 동등하게 (G.A.가) 100개면 (가족 모임도) 100개, 그게 문화라는 거예요. 일본은 미국하고 똑같다는 거예요. 그렇다면 외국하고 비교할 때는 한국형은 가족이라는 테두리가 큰 게 비교가 될 거고요."(임)

"우리는 가족의 욕구가 더 많죠."(김)

"[미국에서] 그때 만났던 치료자들의 다 한결같은 목소리는 가족 치료의 중요성은 다 알고 있어요. 모이지 않는다는 거. 그걸 어떻게 바꿀 것인가가 걔네들(미국)의 숙제인 거예요. 어떻게 보면 저희(한국)는 상당히 중독에 있어서의 가족의 어떤 회복적 자원은 어마어마한 힘이거든요."(임)

"아직 우리는 가족이라는 자원이 살아있다고 얘기해야지."(윤)

- 한국 "우리"고유의 정서를 담아내는 것의 필요성

"우리 정서를 담아내는 것들이 필요하다는 거에요. 우리의 정서. 한국인이 가지고 있는 한(恨)이라든지. 다른 외국에서도 물론 그런 상처들이 있죠. 그 상처들을 받아내는 그 외국인들의 심성과 [다르게] 우리나라는 기본적으로 가지고 있는 한이라는 게 있잖아요."(김)

- 현장에서는 정서와 관련한 문제를 다루기 어렵고, 전문인프라 부족 등으로 개입이 잘 이루어지지 않고 있음.

"실제 현장에서 정서를 다룰 수 있는 치료사가 몇 명이냐고 물어보면 저는 모르겠어요. 좀 창피한 얘기지만 센터 안에서도요. 체계적으로 상담이라든가 치료를 배워서 프로그램에 본인이 직접 들어가서 하는 사람이 몇 명이나 되는지 저는 모르겠어요. 코칭까지는 가능한데 정서를 다룰 때는 상당히 좀 많이 어려움을 느끼는 거 같아요."(임)

"모든 기저에 회복당사자들이 있잖아요. 그분들하고의 협업이 굉장히 중요하지요. 우리가 그걸 교육을 받는다고 그들의 정서를 갖다가 될 수는 없고 그들하고 20년, 30년 생활하다 보면 알게 되잖아요. 그걸 갖다 우리가 지혜롭게 잘 사용해야 하지 않을까. 가장 중요한 게 회복당사자들의 준전문가적인 교육. 이런 프로그램들이 간헐적으로는 있을 수 있겠으나 좀 제도적으로 있었으면 하는 바람입니다."(윤)

- LIFE 구성요소에 R(Recovery, 회복) 요소를 추가하여 가족과 정서를 좀 더 중점적으로 강화하여 살펴볼 필요성이 있음.

"LIFE에다가 회복(Recovery)을 하나 더 넣어가지고 거기에다가 지금 얘기했던 것들을 조금 더, 가족이나 정서에 대한 부분을 조금 더 강화시켜서 넣으면 어떨까. 그러면 좀 다른 거와 다르게 될 수 있지 않을까. 거기에 회복이라는 정의를 잘 내려줘야 되죠. 이 회복모델에 있어서 회복은 이런 거라는 조작적 정의를 잘 해주셔야 될 것 같고 그러면 조금 더 선생님들이 원하는 그런 회복 모델이 되지 않을까."(김)

"[연구자: 정서 안에서 트라우마를 다루는 것도 괜찮을까요?] 예, 그렇죠."(임)

"그러니까 키워드를 하나 정도 이렇게 넣어주면 되지 않을까. 너무 이론이라는 걸 너무 디테일하게 놓으면 나중에 한계점들이 더 많이 오고 공격을 받을 수 있어요. 내가 이론에 있어서는 이런 측면에서 다뤄봤다 하고 프로그램에 가서는 좀 더 다루는 것도 나쁘지 않은 것 같고."(김)

- 청소년 인터넷 중독에 대한 안전장치가 필요함.

"(회복은) 어떻게 보면 끊는다는 것이 시작이라고 볼 수 있는데 인터넷 같은 경우에는 끊을 수 있는 게 아니어서 아이들이 어떤 형태로든 계속 사용해야 해서 학교에서도 다 인터넷으로 하고 그런 부분은 어려움이 있어요. (인터넷 사용을) 하지 않음으로써 (회복과정을) 시작할 수 있는 게 아니라 (인터넷 사용을) 하면서 (회복과정을) 계속 만들어 나가야 하는 부분이. … 청소년들을 생각해볼 때 안전장치가 필요하지 않을까, 긴급하게 위기 사례와 같은."(이)

"안전장치가 이제 또 여기 환경하고는 밀접하게 되어 있을 수 있을 것 같아요. 개인의 환경, 가족의 환경, 지역사회 학교나 주변에 있는 환경에 따라서 그런 장치들을 어떻게 해줄 것인가, 그쪽으로 접근을 하는 것도 인터넷 중독에서는 조금 더 효과적으로 가져갈 수 있는 부분일 수 있을 것 같아요."(김)

– 생태(심리)학적인 접근을 보다 강조할 것

"강조할 키워드가 뭐 생태학적인 관점, 그런 환경, 그런 것들을 생각하잖아요. 마찬가지로 LIFE가 가지고 있는 독특함, 고유성 이것만큼은 다른 이론에서 없는 거. … 여기에다가 이제 문화적인 거에다가 생태까지 들어가면 좀 신선하겠다."(김)

"저는 개인적으로 생태심리학적인 접근 그걸 한 번 읽은 적이 있어요. 한 15년 됐는데요. 게슈탈트에 대해서 썼던 건데. 작년에 갔을 때 거기도 생태치료라고 하더라고요. 거주시설이 있고 그 사람들의 경험 자체를 중독이라는 현상으로 인해서 내가 나와의 관계를 차단시켰다. 모든 사회와의 연결성하고. 그래서 동네에 있는 체육관, 센터에 가서 같이 동네 주민들하고 축제에도 참여하고 같이 일도 하고 나눠 먹고 이러면서 서서히 그리고 하이킹 같은 걸 해서 그 지역에 마을 하나하나를 도는 거예요. 돌면서 이제 사진도 찍고 이야기를 나누고. 그게 이제 본인 환경은 아니지만 이런 안전한 환경에서 접하고 나서 실제로 가더라고요. 비로소 자신의 고향으로 갔을 때 경험해본 걸 가지고 다시 한번 익숙해지는, 그런 부분에 대해서 저도 한 번 좋아했었던 거고요."(임)

"문화 인류학적인 관점에서도 일본 다르크 같은 경우에도, 내[회복자]가 오사카에서 중독이 됐으면 오사카 내에서 회복하기보다는 멀리 떨어져 있는 곳에서 가서 회복하는 거를 권하거든요. 이런 것들에 대한 우리가 충분히 생각할 수 있는 거리가 많잖아요. 안전한 곳. 왜냐하면, 그 사회에서는 내가 중독자란 말이에요. 그래서 그걸 회복자로 바꾸기가 여간 힘들지 않아요. 사회적인 어떤 시선 때문에. 그래서 나가서 거기서 회복이 되어서. 준비됐을 때 아까 그런 식으로 다시 나중에 돌아올 수 있겠죠."(윤)

VI

연구결과

1. "K-LIFE" 최종 모델 구조

1) "K-LIFE" 최종 모델의 구성요소

"K-LIFE" 최종 모델은 참여연구원들에 의해 구성된 "K-LIFE" 초기 모델에 4대 중독 전문가 자문회의 결과가 반영되어 완성되었다. "K-LIFE" 최종 모델의 구성요소는 'L: Life purpose(삶의 의미)', 'I: Individual(나의 발견)', 'F: Family(가족의 힘)', 'E: Ecological system(생태: 순환하는 삶)'으로 개념화되었다. 이들 구성요소는 유동적인 성질을 지니고 유기적인 통일을 이루어 "생명"이라는 궁극적인 의미로 연결되게 된다.

"K-LIFE" 최종 모델은 한국형 치유모델로서, 중독자와 중독회복자의 삶에서 가족의 역할과 기능의 중요성을 부각하고, 회복자산으로서 가족의 힘을 강조하였다. 또한, 생태체계학적 개념에 초점을 두고, 중독에서 회복하는 과정을 지역사회 구성원으로서 일상을 유지하면서 개인과 환경 사이의 건강한 관계를 형성하고 발전시키는 데에 초점 두고 있음을 확인하였다. 더욱이 환경 속의 인간(Person In Environment; PIE)으로서 끊임없이 타인과의 상호관계를 이루며 공동체 가치는 성취해나가는 중독회복자의 역동을 'Family' 및 'Ecological system' 체계 안에서 살펴보고자 하였다.

"K-LIFE" 최종 모델의 구성요소는 아래의 <표 Ⅵ-1>과 같다.

<표 Ⅵ-1> "K-LIFE" 모델의 구성요소

초기 모델		K-LIFE	최종 모델	
Life purpose	삶의 의미 재구축	L	Life purpose	삶의 의미
Individual	자기탐색	I	Individual	나의 발견
Family	가족 및 공동체의 가치 탐색	F	Family	가족의 힘
Environment	환경 다루기	E	Ecological system	생태: 순환하는 삶

2) "K-LIFE" 최종 모델 구조도

"K-LIFE" 최종 모델을 그림으로 제시하면 다음과 같다.

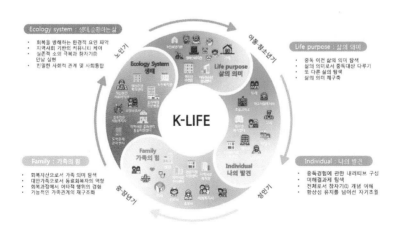

[그림 Ⅵ-1] "K-LIFE" 최종 모델 구조도

2. "K-LIFE" 최종 모델 내용

1) L : Life purpose(삶의 의미)

(1) 목적

"L : Life purpose(삶의 의미)"는 중독회복 과정에서 삶의 의미를 탐색하고 회복과정으로서의 현재의 시점에서 행복한 삶의 의미를 이해함으로써 과거의 삶의 형태를 수용하고 왜곡된 삶의 방식에 도전하여 더 나은 미래를 향해 나아가기 위한 삶의 의미를 재구축하고자 한다.

(2) 이론적 배경

의료모델과 회복모델

의료모델에서는 중독을 유전적 요인과 뇌의 문제로 설명하는데, 유전모델에 의하면, 중독은 유전적 취약성을 지닌 개인과 환경과의 부정적 상호작용으로 인해 생성된 발현물로, 유전적 요인이 중독에 영향을 주는 정도는 약 60%이었다(이해국 외, 2012; Schuckit, 2014). 중독을 뇌의 문제로 보는 연구는 뇌의 보상기제에 주목하는데, 반복되는 물질의 투입과 도박 등 행위의 반복은 뇌의 보상회로와 도파민과 같은 신경전달물질에 다양한 변화를 초래하여 더 많은 물질과 더 많은 충동적이고 강박적인 행동을 요구한다(이민규 외, 2003; 손덕순·정선영, 2007; Bargnardi et al., 2001). 의료모델은 환자를 중독자라는 낙인으로부터 자유롭게 하지만 의사의 권력에 예속되게 하며, 높은 재발율로 인해 다른 개입과 관리의 필요성을 제기한다.

한편, 회복모델에서의 회복이란 균형 상태로의 재귀환, 자아존중감의 제고와 자기 삶의 주체적 향유, 새로운 도전과 생산적 삶의 창조 등으로 개념화한다(Pearsall and Trumble, 2002; Henderson, 2004; Scott et al., 2007; Delaney and Lynch, 2008). 회복모델에서 전문가들은 조력자, 협력자의 위치에 있어야 하고, 회복의 궁극적인 주체는 당사자들이다(Fontaine, 2003; Noiseux and Ricard, 2008). 또한, 회복모델에 있어 지역사회는 중독을 지니고 있음에도 불구하고 생산적이고 충만한 삶을 영위할 수 있는 '자기실존의 장'인 동시에 '전문가와 당사자들의 상호협력이 일어나는 장'이다. 이러한 전문가주의의 지양, 지역사회기반 실천을 강조하는 회복모델은 중독자들의 임파워먼트와 긴밀하게 연결되어 있다.

삶의 의미

삶의 의미는 중독에서 벗어날 수 있게 하는 회복자산(Recovery Capital) 중 하나이자 삶의 목적으로서, 중독자의 삶에서 매우 중요하게 다루어져야 하는 개념이다(Granfield and Cloud, 1999; White and Cloud, 2008; Keane, 2011). 중독회복에 있어서 삶의 의미 탐색과 재구성은 회복의 시작을 촉진하고, 회복을 유지하는 닻과 같은 역할을 하며, 회복을 강화시키는 원천으로 작용한다(White et al., 2006).

회복과 영성

회복은 단주나 단도박을 통해 중독 이전의 상태로 돌아가는 것이 아니라, 손상된 관계가 회복되고 사회적 지위와 역할이 회복되는 희망을 가진 존재로서의 전인적 회복을 의미한다(전수미, 2014). 회복은 알코올이나 약물 등의 심각한 문제로부터 신체적, 정서적, 존재론적(영성, 삶의 의미), 관계적, 직업적 건강이 회복되는 일련의 과정이며 지속적으로 문제해결 과정에 개입하는 방법(White et al., 2006)으로, 다양한 요인들이 관여되는 복합적인 과정이며, 성장과 발전을 추구하는 과정이라는 점이 강조되고 있다(김나미 외, 2019). 영성은 삶의 의미와 목적을 추구하도록 동기를 부여하는 힘(Ellison, 1983)으로, '조화로운 상호관계성', '초월성', '통합적 에너지', '삶의 의미와 목적'이라는 속성이 '신체적, 정신적, 사회적, 영적 안녕상태'의 결과로 나타났다(오복자·강경아, 2000).

중독을 대하는 신학적 접근에서는 자아의 한계성과 무기력을 인정하고 초월자에게 의지할 때 회복이 시작된다고 보고 외부로부터의 도움에 적극적인 자세를 취한다. 중독을 대하는 동양적 수행에서는 자아의 조절능력을 높여서 중독문제를 해결할 수 있다고 보고 마음수행에 초점을 둔다. 동양적 수행법을 활용한 중독치료 연구로는 인지행동치료 연구(Im et al., 2007), 요가 니드라 프로그램(서미희, 2003), 자기사랑하기 프로그램(박상규, 2002), 명상 프로그램(윤혜진, 2017), 마음챙김(박상규, 2018) 등이 있다. 개신교에서는 자신의 무력함을 인정하고 신의 도우심을 적극적으로 수용하기는 하지만, 그리스도인이 가져야 할 중요한 삶의 방식의 하나로 절제와 자기훈련을 강조하는 점에서 동양적 수행 방식과 유사한 면이 있다(신승범, 2015). 요약하면, 중독은 총체적이고 전인적인 자기조절 손상으로 볼 수 있고, 회복은 자기통제력을 높이는 훈련을 통해 일어나기도 하고, 종교적 회심을 통해 일어나기도 하지만, 모든 회복의 과정에서 영성이 중요한 역할을 하는 것을 알 수 있다.

(3) 실천 내용 및 방법

첫째, 중독 이전의 삶의 의미를 탐색한다. 이를 위해 전문가는 참여자에게 어린 시절부터 자신이 원했던 삶과 중독 이전의 삶의 목표나 꿈에 관한 질문을 한다. 둘째, 삶의 의미로서의 중독대상을 다룬다. 이를 위해 전문가는 참여자에게 중독대상, 즉 술이나 마약, 도박, 인터넷 등을 통해 얻고자 했던 것과 그로 인해 잃은 것이 무엇인지에 대한 질문을 한다. 셋째, 또 다른 삶을 탐색한다. 이를 위해 전문가는 참여자에게 중독대상보다 자신에게 더 소중하고 가치 있는 것이 무엇인지, 그 이유에 대해 질문한다. 넷째, 삶의 의미를 재구축한다. 이를 위해 전문가는 참여자에게 현재 자신의 인생 목표가 무엇인지와 그 이유에 관해 묻고 삶의 목표 달성을 위한 실천에 대해 질문한다. 이때 전문가는 사전에 질문 목록을 작성하고 대화 도구로 인생 그래프를 작성하여 활용할 수 있다.

<표 VI-2> "L : Life purpose"의 주제 및 내용, 방법, 준비사항

주제	내용	방법	준비사항(자세)
삶의 의미	중독 전 삶의 의미 탐색	[질문] • 어린 시절부터 내가 원했던 삶은 어떤 삶인가? • 중독 전 삶의 목표(꿈)는 무엇이었는가?	• 사전에 질문 목록 준비 • 인생 그래프를 대화의 도구로 활용 가능
	삶의 의미로서의 중독대상 다루기	[질문] • 중독대상(술, 도박, 마약 등)을 통해 얻고자 했던 것은 무엇이었는가? • 중독대상을 통해 무엇을 얻었고, 무엇을 잃었는가?	
	또 다른 삶의 탐색	[질문] • 중독대상보다도 나에게 소중한 (가치 있는) 것은 무엇인가? 그 이유는 무엇인가?	
	삶의 의미 재구축	[질문] • 현재 내 인생의 목표는 무엇인가? 그 이유는 무엇인가? • 삶의 목표를 달성하기 위해 나는 무엇을 하고 있는가?	

2) I : Individual(나의 발견)

(1) 목적

"I : Individual(나의 발견)"은 과거 경험에 대한 새로운 의미를 부여하고 의미 있는 전체로서의 자기를 이해하면서 자아 초월 능력을 함양하여 균형 있는 시각으로 자신을 바라보고자 한다.

(2) 이론적 배경

내러티브 연구

인간의 삶은 이야기 형식을 띠고 있고 사람들은 이야기를 만들고 또 그 이야기에 의해 자신의 삶을 형성해 나가기 때문에, 치료자는 내담자를 원치 않는 방향으로 이끌어 가는 문제적 이야기를 수정해 다시 쓸 수 있도록 도와줄 수 있다(고미영, 2000). 그리고 화자가 이야기하는 과정에서 경험에 대한 기존의 의미가 새로운 의미로 바뀔 수 있다(정연옥·박용익, 2012).

실존주의 심리치료

게슈탈트 심리학을 기반한 실존주의 심리치료에서 인간은 어떤 대상을 부분으로 보지 않고 '의미 있는 전체'로 체계화해서 받아들인다(Perls, 1973). 예를 들어, 우리는 사람을 인식할 때 팔, 다리, 얼굴을 따로 인식하지 않고 하나의 전체적인 사람으로 인식한다. 이때 만일 얼굴에만 관심을 가질 경우 얼굴은 전경으로 다가오고 나머지는 배경으로 물러난다. 중독의 경우도 마찬가지다. 누군가 만약 중독대상에만 관심을 갖는다면 그것이 전경으로 다가오고 나머지는 모두 배경으로 물러난다. 보통 사람은 갈증과 같은 다른 욕구가 발생할 경우 중독 행위를 멈추고 물을 마시러 갈 것이다. 이때는 물이 전경으로 다가오고 중독대상은 배경으로 자연스럽게 물러난다. 이것이 인간의 전체성이 유지되는 과정이다. 이러한 작용을 통해 유기체는 항상성을 유지하면서 환경에 적응할 수 있다. 그러나 중독자는 오직 특정 행동이나 물질에만 관심을 갖기 때문에 자신의 신체 감각이 주는 신호를 무시한다. 결국, 이렇게 고착된 사고나 행동은 인간의 전체성을 무너뜨린다. 그렇기 때문에 게슈탈트 심리치료는 알아차림을 통해 주체가 자기 자신을 찾고 원래의 전체성을 회복하는 데 관심을 갖는다(김정규, 2009; Perls, 1973).

인간은 자신의 욕구에 따라 배경을 전경으로 떠올려 적절히 게슈탈트(전체성)를 형성할 수 있다. 하지만 적절히 욕구를 해소하지 못할 경우 그 욕구는 지속적으로 전경으로 떠오르게 된다. 가령 결핍이나 충족되지 않은 욕구가 미해결과제로 남아 게슈탈트를 붕괴시킨다.

자아초월이론

자아(ego) 초월이란 자신을 대상화하거나 객관화할 수 있다는 것을 의미하며, 이러한 능력으로 인해 인간은 스스로를 인식하고, 반성하며, 탐구할 수 있다(박성현, 2015). 또한, 사색하는 훈련을 통해 평범하고 일상적인 것을 넘어 보다 높은 차원의 것들을 고려하게 함으로써 삶의 방향을 중독이 아닌 회복의 방향으로 이끌 수 있다.

A.A.의 12단계

20세기 중반 미국에서 시작한 알코올중독자 모임(Alcoholics Anonymous: A.A.)의 12단계 프로그램은 기독교 영성을 활용한 회복프로그램으로서 영성, 정신, 육체, 물질, 관계, 시간, 역할, 도(道)등 8가지 삶의 전 영역을 회복시키는 전인적 치료의 과정으로 평가된다(김한오·박선희, 2013).

12단계는 단주모임(A.A.) 뿐만 아니라 단약모임(Narcotics Anonymous: N.A.), 단도박모임(Gambling Anonymous: G.A.) 등 다양한 중독치료에서 효과를 인정받고 있다. 이것은 기독교적 배경에서 출발하였으나 실제로는 기독교라기보다 영적 원리에 더 가깝다. 12단계에서 사용하는 신(神)이나 위대한 힘이라는 표현은 개인적으로 믿고 의지하는 신적인 존재일 수도 있지만, 초월적 능력, 신앙공동체, 자조모임, 동료애 등의 의미가 될 수도 있다(김원·민은주 역, 2016: 33; 박종주, 2018:132).

(3) 실천 내용 및 방법

첫째, 인문학적 이야기 치료로, 중독 경험에 대한 내러티브를 구성한다. 이를 위해 전문가는 참여자에게 중독 이전의 삶과 중독된 계기, 중독된 이후의 삶, 중독에서 벗어나기 위한 노력에 관한 질문을 한다. 그리고 참여자는 자전적 글쓰기를 통해 연습한다. 이때 전문가는 사전에 질문 목록을 준비하고 사진, 그림 등을 활용하여 내러티브를 구성할 수 있다.

둘째, 게슈탈트 심리치료의 일환으로 미해결과제를 탐색한다. 이를 위해 전문가는 참여자를 대상으로 미해결과제의 개념과 원인, 특징을 이해하도록 교육한다. 그리고 참여자는 중독과 관련된 미해결과제를 탐색하는 연습을 한다. 이때 상담가는 미해결과제 관련 이론들을 이해하고 있어야 한다.

셋째, 하나의 전체로서 자기(self)를 이해한다. 이를 위해 전문가는 참여자를 대상으로 중독으로 인한 게슈탈트 붕괴의 위험성을 교육하고 자신의 현재 욕구, 감정, 감각 등에 대한 알아차림을 훈련한다. 이때 상담가는 게슈탈트 붕괴 및 알아차림의 원리를 이해하고 있어야 한다.

넷째, 항상성 유지를 넘어 자기를 초월한다. 이를 위해 전문가는 참여자를 대상으로 자아초월에 대한 이론을 제시하고 교육한다. 그리고 참여자는 분주함을 멈추고 사색을 통해 자신을 객관적으로 바라보는 훈련과 내면의 영성, 즉 위대한 힘을 자각하고 성숙한 삶의 방향을 정하는 훈련을 한다. 이때 전문가는 중독회복의 12단계 모델인 영적 성장의 과정 및 위대한 힘과 관련지어 설명하는 것이 필요하다. 다만, 전문가는 참여자의 종교적 신념을 고려하여 개별 믿음에 맞게 영성이나 위대한 힘을 이해하도록 할 필요가 있다.

<표 VI-3> I : Individual의 주제 및 내용, 방법, 준비사항

주제	내용	방법	준비사항(자세)
자기탐색	중독 경험에 대한 내러티브 구성 (인문학적 이야기 치료)	[질문] • 중독 전 어떤 삶을 살았는가? • 중독의 계기는 무엇인가? • 중독된 후 어떤 삶을 살았는가? • 중독에서 벗어나기 위해 어떤 노력을 해왔는가? [연습] • 자전적 글쓰기	• 사전 질문 목록 준비 • 사진, 그림 등을 활용한 내러티브를 구성할 수 있음.
	미해결과제 탐색 (게슈탈트 심리치료)	[교육] • 미해결과제의 개념, 원인, 특징 이해 [연습] • 중독과 관련된 미해결과제 탐색하기	• 전문가는 미해결과제와 관련한 이론들을 이해하고 있어야 함.
	하나의 전체로서 자기(self) 이해	[교육] • 중독으로 인한 게슈탈트 붕괴의 위험성 교육 [훈련] • 자신의 현재 욕구, 감정, 감각 등에 대해 알아차리기기	• 전문가는 게슈탈트 붕괴 및 알아차림의 원리를 이해하고 있어야 함.

주제	내용	방법	준비사항(자세)
자기탐색	항상성 유지를 넘어 자기 초월로	[교육] • 자아초월에 대한 이론 제시 [훈련] • 분주함을 멈추고 사색을 통해 자신을 객관적으로 바라보기 • 내면의 영성, 즉 위대한 힘을 자각하고 성숙한 삶의 방향 정하기	• 중독회복의 12단계 모델(영적 성장의 과정) 및 위대한 힘과 관련지어 설명하는 것이 필요함. • 주의: 개인의 종교적 신념을 고려하여 개별 믿음에 맞게 영성이나 위대한 힘을 이해하도록 할 필요가 있음.

3) F : Family(가족의 힘)

(1) 목적

"F : Family(가족의 힘)"는 가족과 동료 회복자의 의미를 이해하고 회복자산으로서의 가족의 역할과 대안가족으로서의 동료 회복자의 기능을 살펴보고 이타적 행위를 통해 자신을 재발견하고 타인을 책임지는 존재로 거듭날 수 있는 훈련과 기능적인 가족관계를 재구조화 하고자 한다.

(2) 이론적 배경

가족, 회복동료

가족, 회복동료(협심자) 등은 회복과정에서 지지체계로 작동한다. 특히, 가족과 동료 등 중독(회복)자를 둘러싼 가까운 체계들은 이들이 중독에서 벗어날 수 있게 하는 회복자산(Recovery Capital)의 역할을 한다 (Best and Laudet, 2010; Granfield and Cloud, 1999; Keane, 2011; White and Cloud, 2008).

체계이론

체계이론은 집단 구성원들의 상호작용 형태와 어떻게 서로 영향을 주고받는지의 체계를 이해하는 하나의 방법을 제시해 주어 집단 구성원들 간의 관계를 분석가능하게 하며(Atherton, 1989), 인간 개인의 자기 탐색, 외부세계에 대한 자신의 내적 반응 이해, 타인과의 상호작용 등을 분석하고 데에 유용하다(Preston-Shoot and Agass, 1990; Woods and Hollis, 1990). 또한, 체계이론을 통해 한 개인의 공적 영역과 사적 영역이 어떻게 상호작용하고, 그 관계에 어떠한 매개체가 작용하는지 등을 살펴볼 수도 있다. 체계이론 원리를 적용한 사회복지실천에서는 가족, 친구, 동료 등과 같은 비공식 또는 자연체계와 지역사회 집단들, 노조 등과 같은 공식체계, 병원, 학교 등과 같은 사회체계에 특히 집중한다(Pincus and Minahan, 1973).

가족치료이론

가족치료이론은 순환성 및 항상성의 원리를 기본으로 하는데, 순환성의 원리는 가족 구성원들이 각각 서로에게 영향을 미치는 동시에 서로를 통제하는 존재라는 전제를 바탕으로 한다. 가족 구성원들은 감정의 흐름과 생각의 흐름을 공유함으로써 구성원들의 행동을 통제하는 하나의 흐름을 구성하게 된다(Hoffman, 1981). 가족 구성원들의 상호작용 방식은 일정한 체계를 만들어 내고, 가족은 자체적으로 관계양식을 조절하며 체계를 변화시키는 기제를 지니고 있다(Beavers, 1977; Hoffman, 1981; Guttman, 1991). 이러한 원리는 항상성의 원리로서, 가족구성원들은 자체적으로 전체 구성원들의 행동과 관계하는 양식을 통제하고 조절하는 기능을 지니고 있다. 가족이 오랜 역사를 통해서 발전시킨 상호작용의 결과인 구조와 형태가 병리적 모습을 가지고 있을 때 가족구성원 중에 누군가는 증상을 들고 치료의 장면에 나타난다. 증상은 가족의 병리구조와 형태를 반영하는 중요한 요인이므로, '가족치료자'는 클라이언트의 증상 뒤에 숨겨져 있는 가족의 구조와 형태를 밝히는 일을 일차적으로 해야 한다. 가족의 병리구조를 파악하기 위해서 가족치료자는 클라이언트가 증상을 통해서 어떤 역할을 하고 있으며, 무엇을 얻으려고 하는가 하는 점을 파악하여야 한다. 그런 다음 가족치료자는 증상을 통해서 보이는 가족의 병리적 체제와 상호작용에 대한 변화를 시도한다.

이타적 행위

여러 연구에서 봉사활동과 같은 이타적 행위가 중독회복에 긍정적인 영향을 미친다고 보고하고 있다(Davis et al., 2017; Johnson et al., 2018; Pagano et al., 2015; Zafiridis and Lainas, 2012). 특히, 이타적 행위는 회복과정에서 재발률을 낮추고 중독(회복)자 자신의 삶의 의미를 찾는 데에 도움이 되는 것으로 확인되었다.

공동체적 인본주의

타자는 나를 책임지는 존재로 거듭나게 한다(Levinas, 1974).

> "주체가 주체로서의 의미를 갖는 것은 지식 획득이나 기술적 역량에 달린 것이 아니라 타인을 수용하고 손님으로 환대하는 데 있다고 본다. 헐벗은 모습으로, 고통받는 모습으로, 정치적, 경제적, 사회적 불의에 의해 짓밟힌 자의 모습으로 타인이 호소할 때 그를 수용하고 받아들이고, 책임지고, 그를 대신해서 짐을 지고, 사랑하고 섬기는 가운데 주체의 주체됨의 의미가 있는 것이다(강영안, 2005: 32)."

인본주의 심리학을 바탕으로 하는 인본주의 상담에서는 인간은 기본적으로 합리적이고 사회화되고 스스로 자기실현을 해나갈 수 있는 존재라고 본다. 인간은 기본적으로 모든 일에 건설적이고 협조적이며 믿음성이 있는 존재이며, 본능적 방어 욕구가 필요하지 않을 때에는 긍정적이고 전진적이며 건설적으로 행동한다고 본다. 인간은 누구나 어떠한 환경에 적응하지 못하는 행동에서 심리적 적용의 행동으로 옮겨가려는 경향성이 있는데, 적절한 상황이 마련되기만 하면 자신을 인도하고 통제하고 조정할 능력을 갖추고 있으며 다만 이러한 상황이 결여되었을 때만 외부의 통제 기능이 발휘되어야 한다고 본다(주은선 외, 2007: 571).

대표적인 인본주의 상담으로는 인간 중심 상담을 들 수 있는데, 이는 Rogers의 상담이론에 근거하여 발전된 상담의 한 접근방법이다. Rogers 학파에 의하면, 인간이 부적응하고 정신 병리적인 문제를 갖고 있는 이유는 적절한 성장 환경이 주어지지 못했기 때문이다. 적절한 성장 환경은 상담 장면에서 치료자가 제공해야 하는데, 인간 중심 상담은 치료적 관계와 치료자의 자질을 강조한다. Rogers는 자기실현을 돕는 관계의 세 가지 특성을 제시한다. 첫째는 공감적 이해(Empathic Understanding)로, 이는 상담자가 '나'이기를 멈추고 내담자의 속에 들어가서 내담자처럼 느끼고 생각하는 것이다. 둘째는 무조건적 긍정적 수용(Unconditional Positive Regard)인데, 이는 내담자가 진실로 그 자신일 것을 용납하고 내담자 자신이 되도록 돌보는 것이다. 셋째는 일치성(Congruence)인데, 이는 내담자가 자기를 정직하게 직면하려면 상담자 스스로가 솔직하고 거짓이 없어야 한다(주은선 외, 2007: 571-572).

(3) 실천 내용 및 방법

첫째, 가족의 의미를 탐색한다. 이를 위해 전문가는 회복자산으로서의 가족의 역할을 고려하여 참여자에게 자신의 가족의 긍정적 의미와 부정적 의미, 회복과정에서 받은 가족의 도움, 가족을 위한 자신의 노력 등에 관한 질문을 한다. 이때 전문가는 모든 가족 구성원이 긍정적인 영향을 미치는 것은 아니라는 것을 염두에 두어야 한다.

둘째, 동료 회복자의 의미를 탐색한다. 이를 위해 전문가는 참여자와 동료 회복자와의 관계가 대안가족으로서의 기능 가능성을 살피고, 회복자 동료의 긍정적 의미와 긍정적 의미, 동료 회복자에게 받은 도움, 동료 회복자를 위한 자신의 노력 등에 대해 질문을 한다. 이때 전문가는 '모든 동료 회복자가 긍정적인 영향을 미치는 것은 아니다'라는 것을 염두에 두어야 한다.

셋째, 이타적 행위를 통해 자기를 재발견하고, 타인을 책임지는 존재로 거듭난다. 이를 위해 전문가는 이타적 행위 경험을 공유하도록, 참여자에게 이타적 행위의 효과와 중요성에 관한 교육을 하고, 이타적 삶에 대한 경험을 묻고 이타적 행위의 이유와 교훈에 관한 질문을 한다. 또한, 참여자는 봉사경험을 실제로 하고 봉사경험에 대한 나눔을 통해 선행을 통해 배운 점을 정리하는 연습을 한다. 이때 전문가는 누구나 작은 것일지라도 선행을 베푼 경험이 있기 때문에 그 기억을 회상하고 당시 느꼈던 감정을 재경험하게 하는 것이 중요하다. 그리고 전문가는 참여자에게 봉사를 권할 수 있으나 봉사경험을 제안하더라도 항상 자발성에 기초해야 함을 염두에 둔다.

넷째, 기능적인 가족관계를 재구조화한다. 이를 위해 전문가는 참여자에게 가족사나 가족 구성원과의 관계에서 받은 상처나 트라우마, 자신이나 가족의 중독문제로 인한 공동의존을 어떻게 수용(극복)했는지에 대한 질문을 한다. 이때, 전문가는 참여자가 정서를 표출하기에 안전한 환경과 분위기를 조성하고 긍정적인 수용과 이해를 통해 부정적인 정서에 머물지 않고 자기 통찰에 이르도록 충분한 시간을 확보할 필요가 있다.

<표 Ⅵ-4> F : Family의 주제 및 내용, 방법, 준비사항

주제	내용	방법	준비사항(자세)
가족의 힘	가족의 의미 탐색 (회복자산으로서 가족의 관심과 지원)	[질문] • 가족은 나에게 어떤 의미 인가? (긍정/부정 요인 확인) • (긍정요인으로서) 회복과 정에서 가족은 나에게 어 떤 도움을 주었나? • 가족을 위해 무엇을 할 수 있는가?	• 모든 가족이나 동료 회복자가 긍정적인 영향을 미치는 것은 아니라는 것을 염두 에 둘 것
	동료 회복자의 의미 탐색 (대안가족으로서 동료 회복자의 역할)	[질문] • 동료 회복자들은 나에게 어떠한 의미인가?(긍정/부 정 요인 확인) • (긍정요인으로서) 동료 회 복자들은 나에게 어떤 도 움을 주었나? • 동료 회복자들을 위해 나 는 무엇을 할 수 있는가?	
	이타적 행위를 통해 자기를 재발견하고, 타인을 책임지는 존재로 거듭나기 (이타적 행위 경험 공유)	[교육] • 이타적 행위의 효과와 중 요성에 관한 교육 [질문] • 타인을 위해 어떤 일을 했 는가? (아주 작은 경험이라도 공 유하기) • 이타적 행위를 한 이유는 무엇인가? • 이타적 행위를 통해 배운 것은 무엇인가? [훈련/연습] • 봉사했던 경험에 대해 나누 고, 선행(善行)을 통해 배운 것은 무엇인가?	• 작은 경험이라도 누 구나 선행의 경험이 있기 때문에 그 기 억을 회상하고 당시 의 느낌과 감정을 다시 경험하는 것이 중요함. • 봉사를 권할 수 있 지만, 항상 자발성 에 기초한 제안을 해야 함.

주제	내용	방법	준비사항(자세)
가족의 힘	기능적인 가족관계 재구조화	[질문] • 가족에게 받은 상처가 무엇인가? 어떻게 수용(극복)했나? • 가족문제로 발생한 트라우마가 무엇인가? 어떻게 수용(극복)했는가? • 자신이나 가족의 중독문제로 인한 공동의존이 있었나? 어떻게 수용(극복)했는가?	• 정서를 표출하기에 안전한 환경과 분위기를 조성하고 긍정적인 수용과 이해를 통해 부정적인 정서에 머물지 않고 자기통찰에 이르도록 충분한 시간을 확보함.

4) E : Ecological system(생태: 순환하는 삶)

(1) 목적

"E : Ecological system(생태: 순환하는 삶)"은 회복을 어렵게 만드는 환경 및 회복을 위한 자원을 파악하고 실존적 소외를 극복하고 참만남을 실현하고 중독 이전의 삶과 이후의 삶과의 소통과 함께 자신이 살아나는 사회와의 친밀한 관계를 맺으며 사회통합을 하고자 한다.

(2) 이론적 배경

생태계적 관점

생태체계이론(Bronfenbrenner, 1979)은 체계이론과 생태이론이 합성된 용어로, 인간과 환경은 서로 분리된 존재가 아닌 지속적인 상호교류 안에서 존재하는 하나의 체계로 바라본다. 즉 개인은 환경과 분리될 수 없으며, 서로 영향을 주고받는 관계이다.

생태도

동일한 생활공간 내에서 상호 관련 있는 체계들을 발견하고 그 체계들이 영향을 주고받는 양상을 그림으로 묘사하는 실천도구이다(권중돈, 2014; 엄명용 외, 2016).

친밀한 사회적 관계

친밀한 사회적 관계 또한 중독에서 벗어날 수 있게 하는 회복자산 (Recovery Capital)의 역할을 한다(Laudet and White, 2008; Pettersen et al., 2019; White and Cloud, 2008). 친밀한 사회적 관계를 유지하기 위해서는 먼저 '실존적 소외'에서 벗어나 독립적인 존재가 되어야 한다.

실존적 소외

실존적 소외는 자신과 타인과의 연결될 수 없는 큰 간격 혹은 개인과 세상 사이의 분리라는 근원적 소외를 의미한다(Yalom, 1980).

> "소외를 두려워하는 사람은 일반적으로 대인관계를 통해서 공포를 완화하려고 한다. 그래서 자기의 존재를 확인하기 위해 타인이라는 존재를 필요로 한다. 그리고 자신보다 뛰어난 다른 사람에게 삼켜지기를 갈망한다(Yalom, 1980: 481)."

어떤 관계도 소외를 제거할 수 없으며, 우리들 각자는 실존적으로 혼자, 즉 단독자이다. 우리가 실존적 소외 상태에 있음을 인정하고 단호하게 맞설 수 있다면 타인에게 애정을 가지고 다가갈 수 있다(Yalom, 1980).

커뮤니티 케어

커뮤니티 케어(Community Care)는 돌봄(Care)이 필요한 사람들이 자신의 살던 곳(집)이나 지역사회(Community)에 거주하면서 개별적 욕구에 부합하는 지원을 받고, 지역사회에서 고립되지 않고 함께 어울려 살아가면서 인간 본연의 존엄성과 독립성을 유지하고 자아실현을 할 수 있도록 하는 것을 지향한다(최윤, 2019). 커뮤니티 케어는 탈시설화와 복지대상자들이 지역사회 내에서 최대한 적응하며 삶을 살아갈 수 있는 여건 조성을 강조하면서 주목받고 있는 정책으로, 한국의 커뮤니티 케어의 케어는 단순히 돌봄뿐 아니라 주거, 복지, 보건, 의료 등을 포괄하는 적극적인 성격의 사회서비스 개념으로 접근하고 있다(보건복지부, 2018). 의료·보건·복지 영역 등에서 아동, 노인, 장애인 등을 위한 다양한 서비스가 제도화되면서 복지대상자인 당사자의 욕구에 적합하고, 포괄적이며 통합적인 서비스를 제공하는 시스템을 구축할 필요성이 확대되었기 때문이다. 이런 맥락적 배경에서 4대 중독자 역시 국내에서 정신질환자로 관리받고 있으며, 특히 알코올중독이나 약물(마약)중독의 경우 의료·보건·복지 영역의 서비스를 종합적으로 다루어야 하는 영역이라는 측면에서 돌봄의 연속성에 대한 필요성이 제기된다.

커뮤니티 케어는 돌봄서비스를 지원받는 이용자를 관계적 존재로서 바라보고, 이용자가 평소 친숙하게 살아온 삶의 터전 안에서 평생을 관계 맺고 살아온 사람들과 함께 지속적으로 삶아갈 수 있도록 환경을 조성해주어 연속성을 보장하는 '자신이 살던 곳에서 나이 들어가기(Aging in Place)'를 지원하고, 인간 중심의 이해와 존중을 바탕으로 하는 돌봄을 지향하는 인본주의와 결을 같이 한다. 또한, 모든 이용자 당사자의 죽음의 순간까지 스스로의 삶을 자율적으로 통제하고 독립적으로 살아갈 수 있는 환경을 마련해주는 삶의 질을 고려한 돌봄을 지향한다. 통합적이고 사람 중심의 맞춤화된 돌봄을 제공하여, 개인 저마다의 상이한 욕구를 세심하게 고려하며, 세분화된 각각의 욕구를 충족하기 위해 노력한다. 더욱이 커뮤니티 케어는 의료적 처치가 필요 없는 경우에도 병원이나 시설에 머물러야 하는 비효율적인 돌봄의 경우를 지양하고, 지역사회 안에서 지속가능한 사회적 돌봄을 제고한다.

(3) 실천 내용 및 방법

첫째, 회복을 어렵게 만드는 환경과 회복을 위한 자원을 파악한다. 이를 위해 전문가는 참여자를 대상으로 생태체계이론과 생태도를 작성하는 방법을 설명한다. 그리고 참여자는 생태도(Eco-Map)를 작성함으로써 주변 환경을 이해하는 훈련을 한다. 이때 전문가와 참여자가 함께 생태도를 그리면서 회복의 위험요인과 보호요인을 동시에 파악할 필요가 있다. 특히, 환경요인을 다룰 때 한국의 문화적 특성, 예를 들어 가족중심 문화나 관계중심 문화 등을 고려할 필요가 있다.

둘째, 실존적 소외를 극복하고 참만남을 실현한다. 이를 위해 전문가는 참여자를 대상으로 실존적 소외의 개념과 문제 등에 관한 설명을 한다. 그리고 참여자는 자신의 인간관계와 실존적 소외 경험을 돌아보고, 융합된 관계에서 벗어나 참만남을 위해 필요한 것들에 대해 생각해 보는 훈련을 한다. 이때 의사소통훈련이 병행 가능하다.

셋째, 친밀한 사회적 관계를 통한 사회통합을 시도한다. 이를 위해 전문가는 참여자에게 회복과정에서의 일의 의미와 회복 친화적인 지역사회의 조건, 지역사회 구성원으로 자신이 할 수 있는 일에 대한 질문을 한다. 그리고 참여자는 직장, 사회단체 등 공식적인 사회활동에 대한 경험과 회복공동체나 자조집단 활동을 통한 변화 경험을 나누는 훈련을 한다. 이때 참여자가 소속되어 활동하고 싶은 직장, 사회단체, 지역사회,

공동체 등 다양한 조직의 구체적인 이미지를 그림이나 사진에서 찾아볼 수 있다.

<표 Ⅵ-5> E : Ecological system의 주제 및 내용, 방법, 준비사항

주제	내용	방법	준비사항(자세)
생태: 순환하는 삶	회복을 어렵게 만드는 환경 및 회복 요인 파악	[교육] • 생태체계이론 및 생태도 작성 　방법 설명 [훈련] • 생태도(Eco-map) 작성을 통한 　주변 환경 이해	• 생태도는 상담자와 내 　담자가 함께 그릴 것 • 생태도 작성을 통해 회 　복의 위험요인과 보호 　요인을 동시에 파악할 　필요가 있음. • 특히, 환경요인을 다룰 　때 한국의 문화적 특성 　(예: 가족중심 문화, 관 　계중심 문화 등)을 고 　려할 필요가 있음.
	실존적 소외 극복과 참자기(I)와 의 만남 실현	[교육] • 실존적 소외의 개념, 문제 등에 　대한 설명 [훈련] • 자신의 인간관계 돌아보기 • 실존적 소외 경험 돌아보기(소 　외에 직면하기) • 융합된 관계에서 벗어나 참만 　남을 위해 필요한 것들에 대해 　생각해보기	• 의사소통훈련을 병행 　할 수 있음.
	친밀한 사회적 관계를 통한 사회통합	[질문] • 회복과정에서 일은 나에게 어 　떤 의미인가? • 회복 친화적인 지역사회의 조 　건은 무엇인가? 지역사회 구성 　원으로 자신이 할 수 있는 일 　은 무엇인가? [훈련] • 직장, 사회단체 등 공식적인 사 　회활동에 대한 경험 나누기 • 회복공동체나 자조집단 활동을 　통한 변화 경험 나누기	• 직장, 사회단체, 지역사 　회, 공동체 등 소속되 　어 활동하고 싶은 조직 　의 구체적인 이미지를 　그림이나 사진에서 찾 　아볼 수 있음.

VII

"K-LIFE" 모델 활용방안

1. 실천현장에 따른 "K-LIFE" 모델 활용방안

지금까지 본 연구에서는 4대 중독(알코올, 마약, 도박, 인터넷)의 한국형 치유모델 "K-LIFE"의 개발을 수행하였다. 실천현장과 대상자별 개발된 "K-LIFE" 모델의 활용방안은 다음과 같다.

"K-LIFE" 모델은 정신보건, 상담, 사회복지 등 다양한 사회서비스 제공 현장에서 활용할 수 있다. 예를 들어 중독재활 관련 기관에서 활용할 수 있으며, 지역사회복지, 아동·청소년복지, 노인복지, 가족복지 등 다양한 분야에서 활용할 수 있다. 기본적으로 "K-LIFE" 모델은 중독재활 관련 기관에서 활용할 수 있는 데, 지역사회 내 중독관리통합지원센터, 도박문제관리센터, 중독재활전문병원 등에서 활용할 수 있다. 중독재활 관련 기관은 중독자에 대한 치료 및 재활을 담당함과 동시에 관련 연구를 수행하기 때문에 실천 과정에서 "K-LIFE" 모델을 적용할 수 있다.

실천현장 구분		대상	실천가	활용방안
중독재활 관련 기관	지역사회 중독관리통합 지원센터, 도박문제관리센터, 중독재활전문 병원 등	각 분야별 내담자 및 환자의 중독문제	의사, 간호사 상담사(임상심리사, 정신건강사회복지사 등), 연구원 등	중독자 상담 및 연구 시 활용
지역사회복지	지역사회복지관, 지역주민센터, 정신건강복지 센터 등	지역사회 취약 계층의 중독문제	사회복지사, 공무원, 상담사 등	사례관리 대상자 상담 및 가정방문 시 중독문제가 있을 경우 활용
아동·청소년	아동·청소년상담 센터, 학교 등	아동·청소년 중독문제	심리상담사, 학교사회복지사 등	아동·청소년 상담 시 중독문제가 있을 경우 활용
노인	노인복지관, 노인요양 기관 등	노인 중독문제	사회복지사, 간호사, 요양보호사 등	노인 상담 및 가정방문 시 중독문제가 있을 경우 활용
가족	건강가정지원센터, 다문화가족지원 센터 등	가족 구성원의 중독문제	사회복지사, 건강가정관리사, 상담사 등	가족상담 시 중독문제가 있을 경우 활용

지역사회복지 현장에도 "K-LIFE" 모델을 적용할 수 있다. 지역주민센터, 지역사회 내 정신건강복지센터, 종합사회복지관 등에서 활동하는 실천가들은 취약계층에 대한 사례관리를 수행할 때 종종 사례관리 대상자의 중독문제를 접하게 되는 데, 이때 이 모델을 적용해 볼 수 있다. 또한 아동·청소년 분야에서도 "K-LIFE" 모델을 활용할 수 있다. 아동·청소년상담센터, 학교 등에서 활동하는 실천가들은 학생들의 인터넷 게임, 도박 등의 중독문제를 다루게 되는 데, 이때 이 모델을 적용할 수 있다.

노인 관련 사회서비스 분야에서도 "K-LIFE" 모델을 활용할 수 있다. 노인 관련 분야에서 활동하는 실천가들은 노인의 알코올 문제, 도박 문제 등을 접하는 경우가 있다. 따라서 노인 상담 및 가정방문 시 중독문제가 있을 경우에 이 모델을 활용할 수 있다. 가족 관련 상담 분야에도 "K-LIFE" 모델을 적용할 수 있다. 가족은 부부 또는 부모-자녀라는 부분들이 상호작용하는 하나의 체계이기 때문에 가족구성원 한 사람의 중독문제는 가족 전체에 영향을 미친다. 이런 까닭에 실천가들은 가족상담 시 중독문제를 종종 다루게 되는 데, 이때 이 모델을 활용해 상담을 진행할 수 있다.

2. 생애주기별 "K-LIFE" 모델 활용방안

"K-LIFE" 모델은 중독의 원인을 본질적으로 그리고 전체적으로 이해하고 실천의 방향을 정할 수 있도록 고안된 하나의 '틀'이지만, 실천현장에서 실제로 활용할 때는 반드시 생애주기별 특성을 동시에 고려해야 한다. 인간발달은 생애주기 단계별로 성취해야 하는 발달과업이 다르고, 각 단계별 성숙정도 또한 상이하기 때문이다.

중독과 관련된 생애주기는 단계별로 ①아동·청소년기, ②성인기, ③중·장년기, ④노년기로 나눌 수 있다. "K-LIFE" 모델의 삶의 의미(L), 나의 발견(I), 가족의 힘(F), 생태: 순환하는 삶(E)의 각 구성요소는 생애주기별 모든 시기에 적용가능하다. 하지만 앞서도 언급했듯이 생애주기별 특성이 각각 다른 점을 고려하여 모델을 시기적절하게 적용할 필요가 있다.

생애주기별로 다르게 적용해야 할 점들을 제시하면 다음 <표 Ⅶ-2>

와 같다.

<표 VII-2> 생애주기별 "K-LIFE" 모델 활용방안

발달단계	연령구분		활용 내용
아동·청소년기	7~19세	L	• 중독 전후 삶의 의미 탐색 및 재구축 • 삶의 목표 설정(꿈의 지도 만들기, 성인역할모델 찾기 등) • 삶의 신념 구축(중독 대상보다 가치 있는 것들에 관한 탐구)
		I	• 중독 경험에 대한 자기 내러티브 탐색 및 구성 • 참자기(I) 알아가기(욕구, 감정, 감각 등)
		F	• 가족(현재가족)의 의미 탐색 및 관계 형성 • (가족역할 부재 시) 대리가족 형성 지원
		E	• 나를 둘러싼 환경이해(생태도 작성 및 회복자원 찾기) • 올바른 사회적 역할수행 및 관계 형성(또래 친구)
성인기	19~40세	L	• 중독 전후 삶의 의미 탐색 및 재구축 • 삶의 목표 재설정(새로운 직업, 중년기의 역할모델 찾기 등) • 삶의 신념 재구축(중독 대상보다 가치 있는 것에 관한 탐구)
		I	• 중독 경험에 대한 자기 내러티브 탐색 및 구성 • 참자기(I) 재발견(욕구, 감정, 감각, 미해결과제 등)
		F	• 가족(원가족, 현재가족)의 의미 탐색 및 관계 형성 • 원가족으로부터 자아분화(독립된 자아형성)
		E	• 나를 둘러싼 환경이해(생태도 작성 및 회복자원 찾기) • 올바른 사회적 역할수행 및 관계 형성(친구, 직장동료, 이웃)
중·장년기	40~65세	L	• 중독 전후 삶의 의미 탐색 및 재구축 • 삶의 목표 재설정(노년기 준비, 노년기의 역할모델 찾기) • 삶의 신념 재구축(중독 대상보다 가치 있는 것에 관한 탐구)
		I	• 중독 경험에 대한 자기 내러티브 탐색 및 구성 • 참자기(I) 재발견(욕구, 감정, 감각, 미해결과제 등)
		F	• 가족(원가족, 현재가족)의 의미 탐색 • 원가족으로부터 자아분화(독립된 자아형성) • 현재 가족관계 돌아보기(가족경계 점검)
		E	• 나를 둘러싼 환경이해(생태도 작성 및 회복자원 찾기) • 올바른 사회적 역할수행 및 관계 형성(친구, 직장동료, 이웃)
노년기	65세 이상	L	• 중독 전후 삶의 의미 탐색 및 재구축 • 삶의 목표 재설정(의미 있는 마무리를 위한 역할모델 찾기) • 삶의 신념 재구축(중독 대상보다 가치 있는 것에 관한 탐구)
		I	• 중독 경험에 대한 자기 내러티브 탐색 및 구성 • 참자기(I) 재발견(욕구, 감정, 감각, 미해결과제 등)
		F	• 가족(원가족, 현재가족)의 의미 탐색 • 원가족으로부터 자아분화(독립된 자아형성) • 현재 가족관계 돌아보기(가족경계 점검)
		E	• 나를 둘러싼 환경이해(생태도 작성 및 회복자원 찾기) • 올바른 사회적 역할수행 및 관계 형성(친구, 이웃)

먼저, 생애주기별 "삶의 의미(L)" 적용 시 유의점이다.

아동·청소년기는 전 생애에 있어 인생 초반기이기 때문에 클라이언트가 삶의 목표를 설정할 수 있게 개입하여 도움을 제공할 수 있지만, 성인기 이후에는 삶의 목표를 재설정할 수 있도록 기반이 되어야 한다. 또한, 각 생애주기별로 역할모델이 달라지는 것을 고려하여, 아동·청소년기에는 성인역할모델, 성인기에는 중년역할모델, 중·장년기에는 노년역할모델 등을 수행하고, 궁극적으로 노년기가 되어서는 의미 있는 인생을 마무리를 할 수 있도록 하는 역할모델을 도모하는 방법에 관한 도움을 제공할 필요성이 있다.

생애주기별 "나의 발견(I)" 적용 시의 유의점이다.

나(자아)의 발견에 있어서 생애주기의 아동·청소년기가 나의 욕구, 감정, 감각 등에 대한 자각을 통해 '참 나'를 알아가는 시기였다면, 성인기는 그동안 나라고 믿었던 '거짓된 나'로부터 벗어나 진정한 자신의 모습인, "참 나(Real Identity)"를 재발견하는 시기이다. 더욱이 성인기 이후에는 욕구, 감정, 감각뿐만 아니라 과거 경험에서 비롯된 나의 '미해결과제'까지 탐색하도록 도움을 지원할 필요가 있다.

생애주기별 "가족의 힘(F)" 적용 시 유의점이다.

가족에 대한 의미 탐색 시 아동·청소년기에는 아직 물리적으로 가족과의 분리 및 자립이 이루어지지 않은 부분을 고려하여, 클라이언트가 현재 함께 생활하는 가족에 대한 의미 탐색에 집중해야 한다. 하지만 성인기 이후에는 클라이언트의 현재 가족뿐 아니라 원가족에 대한 의미 탐색까지 이루어질 필요성이 있다. 특히, 아동·청소년기는 가족의 지지가 절대적으로 필요한 시기이기 때문에 방임, 폭력 등으로 인한 가족역할 부재 시 가족을 대신하여 보호 및 지지를 제공해 줄 수 있는 '대리가족'의 형성에도 관심을 가져야 한다. 또한, 성인기 이후에는 원가족에서 물리적으로 자립을 하는 등의 가족분화가 일어나는 시기로서, 원가족으로부터 자아가 성숙하게 적절히 분화될 수 있도록 도움이 되어야 한다. 중·장년기 이후에는 자녀의 독립, 배우자의 죽음 등의 가족구조 변화로 야기될 수 있는 가족관계를 돌아볼 기회를 제공하고, 변화된 환경 속에서 새로 구성된 '가족'에 대한 심리·정서적인 받아들임 또한 필요하다.

생애주기별 "생태체계: 순환하는 삶(E)" 적용 시 유의점이다.

발달단계에 있어 아동·청소년기에는 또래와의 관계가 가장 중요한 핵심관계가 되는 시기이기 때문에 이 시기 친구와 공감하며 유대관계를 잘 유지할 수 있도록 도와야 한다. 성인기와 중·장년기는 사회적 역할이 확대되는 시기이다. 따라서 아동·청소년기의 또래보다는 직장동료나 학교선·후배관계 등 사회적 관계를 원활하게 형성할 수 있도록 지원할 필요성이 있다. 일반적으로 직장 등의 사회적 은퇴 이후인 노년기에는 이웃 관계, 친구 등 지역사회를 기반으로 한 적절한 관계를 유지하는 것이 중요하며, 이러한 지역사회 중심의 관계망은 정보력에도 상당한 영향을 미치는 요인이다.

3. 지역 특성을 고려한 "K-LIFE" 모델 활용방안

<표 VII-3> 지역 특성을 고려한 "K-LIFE" 모델 활용방안

구분	특징		적용 시 고려사항
도시	높은 인구밀도와 큰 인구 규모 2·3차 산업 중심 이질성과 빈번한 이동 높은 익명성 보장 수준 (개인 중심)	E	• 도시지역 특성(인구밀도 및 산업특성)을 고려한 회복자원 찾기 • 이질성과 높은 익명성 수준이 관계 형성을 어렵게 할 수도 있지만, 관계 형성에 도움(주변 시선에 대한 부담 감소, 큰 인구 규모로 새로운 인간관계 형성 가능성이 높음)이 될 수도 있음
농어촌	낮은 인구밀도와 작은 인구 규모 1차 산업중심 동질성과 비이동성 낮은 익명성 보장 수준 (지역공동체 중심)	E	• 농촌지역 특성(인구밀도 및 산업특성)을 고려한 회복자원 찾기 • 동질성과 낮은 익명성 수준이 관계 형성에 도움이 될 수 있지만 관계 형성을 더 어렵게 만들(주변 시선에 대한 부담 증가, 작은 인구 규모로 새로운 인간관계 형성 가능성이 낮아짐) 수도 있음

"K-LIFE" 모델을 활용할 때 도시와 농어촌의 지역적 특성을 고려할 필요가 있다.

L·I·F·E 각각의 모든 구성요소에서 지역적 특성을 고려하지 않을 수 없지만, 특히 "생태체계: 순환하는 삶(E)"을 실천현장에 적용할 때에는 지역적 특성이 더욱 고려되어야 할 것이다. 도시와 농어촌 지역은 인구밀도, 산업구조, 문화 등에서 차이를 보이기 때문에 "K-LIFE" 모델을 적용할 때 도시와 농어촌 지역의 특성을 반영한 생태환경(물리적, 사회적 환경) 분석과 회복자원(물질적, 인적 자원) 찾기 등이 이루어져야 할 것이며, 지역동질성과 익명성 같은 문화적 측면을 고려하여 사회적 역할수행과 관계 형성이 이루어질 수 있도록 지원을 제공할 필요성이 있다.

참고문헌

강선경, 문진영, 양동현. (2016). "마약중독자들의 재발경험에 대한 질적 내용분석 연구", 교정연구, 26(1): 89-114.

강선경, 최윤. (2018). "약물중독자의 회복경험에 대한 현상학적 연구: 피해의식에서 책임의식으로의 성장", 한국사회복지질적연구, 12(1): 191-211.

강영안. (2005). 타인의 얼굴: 레비나스 철학. 문학과 지성사.

강준혁. (2018). "회복 중인 단도박자의 선행체험에 관한 연구", 생명연구, 46(1): 267-293.

고미영. (2000). "이야기 치료의 한국적 적용에 관한 연구", 가족과 가족치료, 8: 111-136.

권중돈. (2014). 인간행동과 사회복지실천. 학지사.

구로구중독관리통합지원센터. (2019). 중독관립통합지원센터 운영 현황.

김정규. (2009). 게슈탈트 심리치료. 학지사.

기광도. (2011). "알코올-범죄관계에 대한 이론적 논의", 법학연구, 18(2): 193-220.

김나미, 조현섭, 박경은. (2019). "국외 중독회복 패러다임의 변화와 발전과정", 상담학연구, 20(4): 133-153.

김남순, 윤강재, 박은지, 전진아, 김동진, 서제희. (2017). "보건의료 정책현황과 정책과제", 보건복지포럼, 243: 6-17.

김동수, 김옥환, 이상헌, 정태연. (2011). "한국인의 소득양극화 원인과 해결책에 대한 인식유형", 한국심리학회지: 문화 및 사회문제, 17(4): 461-483.

김미령. (2005). "북한이탈 주민들이 인지한 적응의 어려움과 극복자원이 우울성향에 미치는 영향 – 남성과 여성의 비교", 정신보건과 사회사업, 20: 95-124.

김미선. (2011). "도박중독과 범죄와의 관련성 검토", 한국중독범죄학회보,

1(1): 1-21.

김보영. (2018). "통합적 공공 복지전달체계를 위한 조건: 영국 사례 연구", 한국사회정책, 25(2): 403-428.

김수현, 강연정. (2014). "고등학생의 영적 안녕, 인터넷 중독, 공존병리의 관계에 관한 연구", 복음과 상담, 22(2): 80-125.

김연숙. (2011). "타자를 위한 책임으로 구현되는 레비나스의 양심", 윤리교육연구, 25: 95-110.

김영숙. (2017). 도박중독자들의 생애를 통해 바라본 도박경험의 본질적 의미에 관한 현상학 연구. 중앙신학대학원대학교 박사학위논문.

김영호. (2011). "대학생 문제도박의 성별 차이와 건강위험 행동과의 관련성. 보건교육", 건강증진학회지, 28(5): 61-71.

김용득. (2018). "탈시설과 지역사회 중심의 복지서비스 구축방안: 자립과 상호의존을 융합하는 커뮤니티 케어", 보건사회연구 콜로키움 자료집: 커뮤니티 케어와 보건복지서비스의 재편, 7-28.

김용득, 이계연. (2013). "영국 커뮤니티 케어와 서비스 공급주체 구성의 변화", 사회서비스 연구, 4(1): 145-17.

김용학. (2007). 사회연결망 분석. 박영사.

김용해. (2008). "현대 영성의 초월철학적 이해", 가톨릭철학, 10: 123-152.

김용환, 최금주, 김승돈. (2009). "한국에서의 영성 관련 연구동향 분석 및 학문적 함의", 상담학연구, 10(2): 813-829.

김은혜, 이주경. (2014). "중독이 성범죄 재범에 미치는 영향에 관한 탐색연구", 정신보건과 사회사업, 42(1): 5-30.

김재영, 신성만. (2018). "중독 이해의 패러다임으로서 재기(Recovery) 모델의 함의와 적용 가능성에 대한 고찰", 재활심리연구, 25(4): 717-736.

김재우. (2015). "사회적 지지와 연결망 배태: 자아연결망 다층분석의 활용", 한국사회학, 49(1): 43-76.

김정규. (2009). 게슈탈트심리치료. 학지사.

김한오, 박선희. (2013). "중독의 12단계 영적 치료", 한국중독정신의학회, 17(2): 61-67.

김형용. (2018). "커뮤니티 케어, 사회복지 실천현장에서 바라본 쟁점", 한국사회복지 시설단체 협의회 정책토론회 자료집: 커뮤니티 케어, 복지 분야별 쟁점과, 과제, 3-17.

김형중. (2012). "알코올과 범죄와의 상관성에 관한 연구: 음주범죄에 대한 허용성과 관용적 인식을 중심으로", 한국시민윤리학회보, 25(2): 1-30.

대검찰청. (2016). 2015년 범죄백서. 대검찰청.

대검찰청. (2019). 마약관련통계자료. 대검찰청.

문일경. (2009). "Ken Wilber의 통합이론에 기초한 심리치료의 통합적 접근", 상담학연구, 10(2): 1277-1290.

박민정. (2006). "내러티브란 무엇인가? 이야기 만들기, 의미구성, 커뮤니케이션의 해석학적 순환", 아시아교육연구, 7(4): 27-47.

박상규. (2002). "마약류 중독자를 위한 자기사랑하기 프로그램의 개발 및 효과", 한국심리학회지: 임상, 21(4): 693-703.

박상규. (2017). "도박중독 회복에서 영성의 활용", 한국심리학회지: 중독, 2(2): 1-14.

박상규. (2018). "중독자의 회복유지를 위한 새로운 패러다임: 한국적 상담모형", 한국심리학회지: 건강, 23(2): 293-326.

박선욱. (2010). 자녀와의 관계를 통해본 재활과정 알코올중독여성의 어머니경험. 고려대학교 대학원 박사학위논문.

박성수. (2019). "마약류범죄 분석을 통한 마약중독자 사회복귀 방향성", 교정담론, 13(2): 227-258.

박성현. (2015). "자아초월 상담을 통한 치유의 전략", 전북대학교 국제문화교류연구소 심포지움, 51-60.

박종주. (2018). "익명의 알코올 중독자들 모임의 12단계 프로그램에 스며있는 고해성사의 영성", 신학전망, (202): 128-169.

박주원, 김미숙, 이창문. (2019). "영화 <미쓰백>을 통해 본 아동학대 피해자의 내러티브 탐구: 자아 의미의 트랜스퍼스널적 접근", 사회복지연구, 50(1): 1-27.

박진실. (2015). "마약류 중독자에 대한 치료현황 및 대책에 대한 연구", 법학논문집, 39: 201-236.

박진실, (2017). "마약류사범 재범방지를 위한 해외 사례 및 도입방안에 관한 연구", 중앙법학, 19(3): 187-220.

백형의, 한인영. (2014). "약물중독자의 지역사회 내 회복경험: 세상에서의 되살이 경험", 정신보건과 사회사업, 42(3): 151-177.

보건복지부. (2013). 4대 중독 예방 및 단기개입 지침 개발.

보건복지부. (2018). 한국형 커뮤니티 케어(community care) 전문가와 현장의 참여로 함께 만든다. 보도자료 5월 18일(금) 조간.

보건복지부. (2019). 2019년 정신건강사업안내.

보건복지부, 국립부곡병원. (2013). 청소년을 위한 중독 예방 지침서.

보건복지부, 국립정신건강센터. (2019). 2019 전국정신건강관련 기관 현황집.

서미희. (2003). 요가 니드라 프로그램이 약물남용 환자의 불안완화에 미치는 영향. 창원대학교 석사학위논문.

석재은. (2018). "커뮤니티 케어와 장기요양 정책과제", 월간 복지동향, 238, 28-33.

손덕순, 정선영. (2007). "도박중독자 실태 및 중독 수준별 특성과 그 영향에 관한 연구", 정신보건과 사회사업, 26: 377-407.

신경림, 조명옥, 양진향. (2004). 질적 연구방법론. 서울: 이화여자대학교출판부.

신승범. (2015). "기독 청소년의 스마트폰 과다 사용문제에 대한 기독교 교육적 대안", 기독교교육정보, 46: 251-277.

신현주. (2016). "청소년기 후기 대학생의 도박중독 실태와 대응방안에 관한 연구", 한국중독범죄학회보, 6(1): 19-37.

심상우. (2019). "'공동체를 넘어선 공동체'로서의 마을공동체: 레비나스의 책임윤리를 중심으로", 현대유럽철학연구, 53: 264-397.

심수현. (2012). "도박 심각도, 삶의 만족도, 영성과의 관계 연구", 상담학연구, 13(3): 1065-1081.

양유성. (2004). 이야기치료. 학지사.

엄명용, 김성천, 오혜경, 윤혜미. (2016). 사회복지실천의 이해. 학지사.

오복자, 강경아. (2000). "영성(Spirituality) 개념 분석", 대한간호학회지, 30(5): 1145-1155.

유정, 최남희. (2015). "외상 후 성장과 내러티브 재구성", 한국위기관리논집, 11(1): 201-212.

윤혜진. (2017). "마약중독자의 자기조절을 위한 집중명상 적용 방안", 불교 상담학연구, 10: 75-97.

윤현준. (2013). 약물의존자 회복체험 연구. 성균관대학교 대학원 박사학위 논문.

이건세. (2018). "커뮤니티 케어를 어떻게 볼것인가?", 한국의료협회, 61(10): 586-589.

이경열, 김정희, 김동원. (2003). "한국인을 위한 영성척도의 개발", 한국심 리학회지: 상담 및 심리치료, 15(4): 711-728.

이민규, 김교헌, 김정남. (2003). "도박중독 실태와 도박중독자의 심리사회 적 특성-지역별 비교를 중심으로", 한국심리학회지, 8(2): 399-414.

이해국, 정슬기, 조근호, 최삼욱, 김현수, 이인혜, 이형초 외. (2012). 국가 중독 예방 관리 정책 및 서비스 전달체계 개발. 보건복지부.

전수미. (2014). 회복패러다임에 근거한 알코올 의존 회복척도 개발. 가톨릭 대학교대학원 박사학위논문.

전용호. (2018). "노인 돌봄의 연속성 측면에서 바라본 의료, 보건, 복지 서 비스의 이용과 연계", 보건사회연구, 38(4): 10-39.

정경희, 강은나, 이윤경, 황남희, 영찬미. (2016). 노인복지정책 진단과 발전 전략 모색. 세종: 한국보건사회연구원.

정귀화, 이치한. (2003). "선진유가의 인본주의-공동체주의를 중심으로", 지 역발전연구, 3(2): 357-373.

정연옥, 박용익. (2012). "인문학적 이야기 치료와 서사 인터뷰", 의료커뮤 니케이션, 7(2): 59-71.

조성남. (2009). "마약류 중독의 치료 및 재활 정책", 정신건강정책포럼, 3: 3-20.

주은선, 이혜경, 주은지. (2007). "한국적 인본주의 상담모형 모색 - 인본주 의 상담자들의 자기-보고 중심으로 -", 한국심리학회지: 상담 및 심 리치료, 19(3): 569-586.

주은선, Bae, S.H., & Orlinsky, D.E. (2003). "한국심리치료자들의 특성과 실무현황", 한국심리학회지: 상담 및 심리치료, 15(3): 423-439.

최남희, 유정. (2010). "트라우마 내러티브 재구성과 회복효과", 피해자학

연구, 18(1): 285-309.

최송식, 이솔지. (2008). "알코올 중독자의 회복경험에 관한 질적연구: 영성을 중심으로", 정신보건과 사회사업, 30: 418-448.

최윤. (2019). 중증뇌병변장애 청년의 자립 의미에 대한 포토보이스 연구. 서강대학교 신학대학원 박사학위논문.

통계청. (2017). 2016년 소득분배지표. 통계청.

한국정신재활시설협회. (2019). 한국정신재활시설 현황.

Acevedo, A. (2012). *Racial/Ethnic Disparities in Performance Measures for Outpatient Alcohol and Other Drug Abuse Treatment*. Brandeis University, The Heller School for Social Policy and Management.

Anthony, W. (1993). "Recovery from mental illness: The guiding vision of the mental health service system in the 1990s", *Psychosocial Rehabilitation Journal, 16*(4), 11-23.

Assagioli, R. (1965). *Psychosynthesis: A Collection of Basic Writings.* New York: Penguin.

Atherton, J. (1989). *Interpreting Residential Life: Values to Practice.* London: Tavistock.

Australian Institute of Health and Welfare. (2014). *Health Expenditure Australia 2012-13.* Canberra: AIHW.

Bagnardi, V., Blangiardo, M., La Vecchia, C., & Corrao, G. (2001). "A meta-analysis of alcohol drinking and cancer risk", *British Journal of Cancer, 85*(11), 1700-1705.

Balswick., J., & Balswick, J. (1989). *The Family: A Christian Perspective on the Contemporary Home.* Grand Rapids: Baker.

Beavers, W. (1977). *Psychotherapy and Growth: A Family Systems Perspective.* New York: Brunner/Mazel, Publishers.

Bernard, C. (1986). *Theory and Function of the Executive.* Cambridge: Harvard University Press.

Best, D., Gow, J., Knox, T., Taylor, A., Groshkova, T., & White, W.

(2012). "Mapping the recovery stories of drinkers and drug users in Glasgow: Quality of life and its associations with measures of recovery capital", *Drug and Alcohol Review, 31*(3), 334-341.

Best, D., & Laudet, A. (2010). *The Potential of Recovery Capital.* London: USA.

Bradshow, J. (1988). *The Family.* Deerbeach. FL: Health Communications, Inc.

Bronfenbrener, U. (1979). *The Ecology of Human Development.* Harvard Press.

Burkhardt, M. A. (1989). "Spirituality: analysis of the concept", *Holistic Nursing Practice, 3*(3), 69-77.

Choliz, M., & Saiz-Ruiz, J. (2016). "Regulating gambling to prevent addiction: more necessary now than ever", *Adicciones, 28*(3), 174-181.

Clandinin, D. J. & Connelly, F. M. (2000). *Narrative Inquiry: Experience and Story in Qualitative Research.* 소경희, 강현석, 조덕주, 박민정 공역 (2007), 『내러티브 탐구: 교육에서의 질적 연구의 경험과 사례』, 서울: 교육과학사.

Coleman, J. S. (1988). "Social Capital in the Creation of Human Capital", *American Journal of Sociology, 94*, S95-S120.

Cowley, A. S. (1994). "Transpersonal psychology and social work education", *Journal of Social Work Education, 30*(1), 32-41.

Davis, A. N., Carlo, G., Hardy, S. A., Olthuis, J. V., & Zamboanga, B. L. (2017). "Bidirectional relations between different forms of prosocial behaviors and substance use among female college student athletes", *The Journal of Social Psychology, 157*(6), 645-657.

Deegan, P. E. (1988). "Recovery: The lived experience of rehabilitation", *Psychosocial Rehabilitation Journal, 11*(4), 11-19.

Delaney, K. R., & Lynch, P. (2008). "Magnet forces: A structure for a transformation in inpatient psychiatric nursing", *Journal of the American Psychiatric Nurses Association, 14*(5), 346-352.

Elliot, D. (1993). "Social work and social development: Towards an integrative model for social work practice", *International Social Work, 36*(1), 21-36.

Ellison, C. (1983). "Spiritual well-being: conceptualization and measurement", *Journal of Psychology and Theology, 11*, 330-340.

Eversman, M. (2009). *Harm reduction in outpatient drug-free substance abuse treatment settings.* State University of New York at Albany.

Esposito, R. (2010). *Communitas: The Origin and Destiny of Community Cultural Memory in the Present.* Stanford: Stanford University Press.

Fontaine, K. L. (2003). *Mental Health Nursing (5th Ed.).* New Jersey: Pearson Education.

Garbarino, M. (1983). *Sociocultural Theory in Anthropology: A Short History.* Waveland Press.

German, C., & Gittlerman, A. (1980). "Life model of social work practice", *Journal of Education for Social Work, 16*(3), 121-122.

Gilgun, J. (1994). "A case for case studies in social work research", *Social Work, 39*(40), 371-380.

Goldstein, H. (1984). *Creative Change: A Cognitive-Humanistic Approach to Social Work Practice.* New York, Tavistock.

Granfield, R., & Cloud, W. (1999). *Coming clean: Overcoming Addiction without Treatment.* NYU Press.

Green, R. J. (1981). "An overview of major contributions to family therapy", In R. J. Green & J. L. Framo (Eds.), *Family Therapy: Major Contributions.* New York: International Universities Press.

Guttman, H. (1991). "Systems theory, cybernetics, and epistemology", In A. Gurman & D. Kniskern (Eds.), *Handbook of Family Therapy.* New York: Brunner/Mazel, Publishers.

Hanson, B. (1995). *General System Theory: Beginning with Wholes.* Washington, DC. Taylor & Francis.

Henderson, H. (2004). "From depths of despair to heights of recovery", *Psychiatric Rehabilitation Journal, 28*(1), 83-87.

Hearn, G. (1958). *Theory-building in Social Work*. Toronto, University of Toronto Press.

Hearn, G. (1969). *The General Systems Approach: Contributions Toward an Holistic Conception of Social Work*. New York, Council on Social Work Education.

Hoffman, L. (1981). *Foundations of Family Therapy: A Conceptual Framework for Systems Change*. New York: Basic Books.

Howden, J. W. (1992). *Development and Psychometric Characteristics of the Spirituality Assessment Scale*. Ph.D. diss. Texas Woman's University.

Hunt, C. L. (1989). *Women's Recovery from Alcoholism*. Ph.D. diss. Vanderbilt University.

Im, S. B., Yoo, E. H., Kim, J. S., & Kim, G. J. (2007). "Adapting a cognitive behavioral program in treating alcohol dependence in South Korea", *Perspective in Psychiatric Care, 43*(4), 183-192.

Jacobson, N., & Curtis, L. (2000). "Recovery as policy in Mental Health Service: Strategies Emerging from the State", *Psychosocial Rehabilitation Journal, 23*(4), 333-341.

Jacobson, N., & Greenley, D. (2001). "What is recovery? A conceptual model and explication", *Psychiatric Service, 52*(4), 482-485.

Jirek, S. (2016). "Narrative reconstruction and post-traumatic growth among trauma survivors: The importance of narrative in social work research and practice", *Qualitative Social Work, 16*(2), 166-188.

Johnson, B. R., Pagano, M. E., Lee, M. T., & Post, S. G. (2018). "Alone on the inside: The impact of social isolation and helping others on AOD use and criminal activity", *Youth & Society, 50*(4), 529-550.

Kabadaki, K. (1995). "Exploration of social work practice: Models for rural development in Uganda", *Journal of Social Development in Africa, 10*(1), 77-88.

Keane, M. (2011). *The role of education in developing recovery capital in* recovery *from substance addiction. The Soilse Drug Rehabilitation Programme.* <http://www.drugs.ie/resourcesfiles/reports/The_role_of_education_in_developing_recovery_capital_in_recovery_from_subst ance_addiction.pdf>

Kim, S., Keum, R., Kim, H. L., & Kim, S. E. (2010). "The perception of recovery and job satisfaction in community mental health professionals", *Journal of Korean Academy of Psychiatric and Mental Health Nursing, 19*(2), 163-172.

King, D. L., Delfabbro, P. H., Zwaans, T., & Kaptsis, D. (2014). "Sleep interference effects of pathological electronic media use during adolescence", *International Journal of Mental Health and Addiction, 12*(1), 21-35.

Laudet, A. B., & White, W. L. (2008). "Recovery capital as prospective predictor of sustained recovery, life satisfaction, and stress among former poly-substance users", *Substance Use & Misuse, 43*(1), 27-54.

Leamy, M., Bird, V., Le Boutillier, C., Williams, J., & Slade, M. (2011). "Conceptual framework for personal recovery in metal health: systematic review and narrative synthesis", *The British Journal of Psychiatry, 199*(6), 445-452.

Lederer, W. J., & Jackson, D. D. (1968). *The Mirages of Marriage.* New York: W. W. Norton.

Levinas, E. (1974). *Autrement qu'être ou au-delà de l'essence.* 김연숙, 박한표 역 (2010), 『존재와 다르게: 본질의 저편』, 고양: 인간사랑.

Liebowitz, B., & Brody, E. (1970). "Integration of research and practice in creating a continuum of care for the elderly", *Gerontologist, 10*, 11-17.

Litt, M. D., Kadden, R. M., Kabela-Cormier, E., & Petry, N. M. (2009). "Changing network support for drinking: Network support project two-year follow-up", *Journal of Consulting and Clinical Psychology,*

77(2), 229–242.

London, P. (1974). "From the long couch for the sick to the push button for the bored", *Psycology Today, 8*(1), 63-66.

Ludwig, A. M. (1988). *Understanding the Alcoholic's Mind: The Nature of Craving and How to Control It.* 김원, 민은주 역 (2016), 『중독자의 내면 심리 들여다보기: 중독의 늪, 충동과 유혹의 심리』, 서울: 소울메이트.

Mandelbaum, G. (1973). "The study of life history: Gandi", *Current Anthropology, 14(*3), 177-206.

Maslow, A. H. (1968). *Toward a Psychology of Being. (2nd Ed.).* New York: D. Van Nostrand.

Maslow, A. H. (1969). "The farther reaches of human nature", *Journal of Transpersonal Psychology, 1*(1), 1-9.

Maslow, A. H. (1970). *Religion, Values, and Peak Experiences.* New York: Viking.

Mead, G. (1962). *Mind Self and Society.* The University of Chicago Press, Chicago.

Mead, S., & Copeland, M. E. (2000). "What recovery means to us: Consumers' perspectives", *Community Mental Health Journal, 36*(3), 315-328.

Miermont, J., & Jenkins, H. (1995). *The Dictionary of Family Therapy.* Cambridge: Blackwell Publishers, Inc.

Miller, L. N., & Mercer, S. L. (2017). "Drugs of Abuse and Addiction: An integrated approach to teaching", *Currents in Pharmacy Teaching and Learning, 9*(3), 405-414.

Meyer, C. (1983). *Clinical Social Work in the Ecosystems Perspective.* New York: Columbia University Press.

Nichols, W. C., & Everett, C. A. (1986). *Systemic Family Therapy: An Integrative Approach.* New York: Guilford Press.

Noiseux, S., & Ricard, N. (2008). "Recovery as perceived by people with schizophrenia, family members and health professionals: A grounded theory", *International Journal of Nursing Studies, 45*(8), 1148-1162.

Pagano, M. E., Wang, A. R., Rowles, B. M., Lee, M. T., & Johnson, B. R. (2015). "Social anxiety and peer helping in adolescent addiction treatment", *Alcoholism: Clinical and Experimental Research, 39*(5), 887-895.

Paloutzian, R. F., & Ellison, C. W. (1982). "Loneliness, spiritual well-being and the quality of life", In I. A. Peplau, & D. Perlman (Eds.), *Loneliness: A Sourcebook of Current Theory, Research and Therapy.* New York: John Wiley and Sons, 224-236.

Payne, M. (1997). *Modern Social Work Theory (2nd Ed.).* 서진환, 이선혜, 정수경 공역 (2001), 『현대 사회복지실천이론』, 서울: 나남출판.

Perls, F. (1973). *The Gestalt approach & eye witness to therapy.* Palo Alto, CA: Science & Behavior Books.

Pearsall, J., & Trumble, B. C. (Eds.). (2002). *The Oxford English reference dictionary.* New York: University Press.

Pettersen, H., Landheim, A., Skeie, I., Biong, S., Brodahl, M., Oute, J., & Davidson, L. (2019). "How social relationships influence substance use disorder recovery: a collaborative narrative study", *Substance Abuse: Research and Treatment, 13.*

Pincus, A., & Minahan, A. (1973). *Social Work Practice: Model and Method.* Itasca, IL, Peacock.

Pine, F. (1985). *Developmental They and Clinical Practice.* New Haven, CT: Yale University Press.

Powers, J. (2013). "Positive Recovery", *Master of Applied Positive Psychology (MAPP) Capstone Projects, 89.*

Preston-Shoot, M., & Agass, D. (1990). *Making Sense of Social Work: Psychodynamics, Systems and Practice.* London: Macmillan Education LTD.

Putnam, R. (2004). *Democracies in Flux: The Evolution of Social Capital in Contemporary Society.* Oxford University Press.

Richardson, A., & Ritchie, J. (1989). *Developing Friendships: Enabling People with Learning Difficulties to Make and Maintain Friends.* London: PSI.

Robbins, S. P., Chatterjee, P., & Canda, E. R. (2012). *Contemporary Human Behavior Theory: A Critical Perspective for Social Work (3rd Ed.).* Pearson.

Ruggiero, K. M., & Taylor, D. M. (1997). "Why minority group members perceive or do not perceive the discrimination that confronts them: The role of self-esteem an perceived control", *Journal of Personality and Social Psychology, 72*(2), 373-389.

Russell, S. & Carey, M. (1974). *Narrative Therapy: Responding to Your Questions.* 최민수 역(2010), 『이야기 치료, 궁금증의 문을 열다』, 시그마프레스.

Saligman, M. E., Parks, A. C., & Steen, T. (2004). "A balanced psychology and a full life", *Philosophical Transactions of The Royal Society B, 359*(1449), 1379-1381.

See, P. (1990). *Introducing Network Analysis in Social Work.* London: Jessica Kingsley.

Schuckit, M. A. (2014). "A brief history of research on the genetics of alcohol and other drug use disorders", *Journal of Studies on Alcohol and Drugs, Supplement,* (s17), 59-67.

Schneiders, S. M. (1989). "Spirituality in the academy", *Theological Studies, 50*(4), 676-697.

Scott, C., White, W., & Dennis, M. (2007). "Chronic addiction and recovery management", *Counselor, 8*(2), 22-27.

Scotton, B. W. Chinen, A. B., & Battista, J. R.. (2008). *Textbook of Transpersonal Psychiatry and Psychology.* 김명권, 박성현, 권경희 공역 (2008), 『자아초월 심리학과 정신의학』, 학지사.

Slade, M., & Davidson, L., (2011). "Recovery as an integrative paradigm in mental health", In Thornicroft, G., Szmukler, G., Mueser, K. M., & Drake, R. E. (Eds), *Oxford Textbook of Community Mental Health*. Oxford University Press, 26-37.

Treno, A. J., Marzell, M., Gruenewald, P. J., & Holder, H. (2014). "A review of alcohol and other drug control policy research", *Journal of Studies on Alcohol and Drugs, Supplement*, (s17), 98-107.

Turner, F. J. (2004). *Social Work Treatment Interlocking Theroletical Approaches. (4th Ed.)*. 연세사회복지실천연구회 역 (2004), 『사회복지실천이론의 이해와 적용』, 나남출판.

van Deurzen, E. (2012). *Existential Counselling & Psychotherapy in Practice*. 한재희 역 (2017), 『실존주의 상담 및 심리치료의 실제』, 학지사.

Victoria's Hub for Health Services & Business. (2018). *Alcohol and other drug program guidelines*. <https://www2.health.vic.gov.au/alcohol-and-drugs>

von Bertalanffy, L. (1969). *General System Theory: Foundations, Development, Application*. New York: George Braziller, Inc.

Wegner, D. (1995). "A computer network model of human transactive memory", *Social Cognition, 13*(3), 319-339.

Westgate, C. E. (1996). "Spiritual wellness and depression", *Journal of Counseling & Development, 75*(1), 26-35.

White, W. L. (2009). "The mobilization of community resources to support long-term addiction recovery", *Journal of Substance Abuse Treatment, 36*(2), 146-158.

White, W., & Cloud, W. (2008). "Recovery capital: A primer for addictions professionals", *Counselor, 9*(5), 22-27.

White, W., Laudet, A., & Becker, J. (2006). "Life meaning and purpose in addiction recovery", *Addiction Professional, 7*, 56-59.

White, W. L., Kelly, J. F., & Roth, J. D. (2012). "New addiction-recovery support institutions: Mobilizing support beyond professional addiction treatment and recovery mutual aid", *Journal of Groups in Addiction & Recovery, 7*(2-4), 297-317.

Whittaker, J. K. (1986). "Integrating formal and informal care: The utilization of social support networks", *The British Journal of Social Work, 16*, 39-62.

Wilber, K. (2006). *Integral Spirituality: A Startling New Role for Religion in the Modern and Postmodern World.* Boston: Integral Books.

Wood, M., & Hollis, F. (1990). *Casework: A Psychological Process (2nd Ed.).* New York: Random House.

Yalom, I. D. (1980). *Existential psychotherapy.* 임경수 역 (2007), 『실존주의 심리치료』, 학지사.

Yussen, S. R., & Ozcan, N. M. (1996). "The development of knowledge about narratives", *Issues in Education: Contributions from Educational Psychology, 2*, 1-68.

Zafiridis, P., & Lainas, S. (2012). "Alcoholics and narcotics anonymous: A radical movement under threat", *Addiction Research & Theory, 20*(2), 93-104.

〈국내 인터넷 검색자료〉

게임과몰입 힐링센터. <http://www.game-clinic.org>
광주·전남마약퇴치운동본부. <http://gjdrugfree.or.kr>
구로중독관리통합지원센터. <http://www.gracc.or.kr>
부산마약퇴치운동본부. <http://www.busandrugfree.or.kr>
한국도박문제관리센터. <https://www.kcgp.or.kr>
한국마약퇴치운동본부. <http://www.drugfree.or.kr>
한국정신재활시설협회. <http://www.kpr.or.kr>

〈일본 인터넷 검색자료〉

国立精神研究センター(국립정신연구센터). (2019). 薬物乱用防止啓発事業
(약물남용방지계발사업). <https://www8.cao.go.jp/souki/drug/kachou
kaigi/h280115/pdf/s4-2.pdf>

法務省(법무성). (2020). アルコール健康障害対策基本法(알코올 건강 기본법).
<https://elaws.e-gov.go.jp/search/elawsSearch/elaws_search/lsg0500/
detail?lawId=425AC1000000109>

日本新薬株式会社(일본신약주식회사). (2020). アルコール依存症を調べる.
アルコール依存症の治療(일본신약 알코올의존증 안내 및 인지행동
요법). <http://alcoholic-navi.jp/about/flow/step/>

精神保健福祉センター(정신보건복지센터). (2019). <https://www.ncnp.go.jp/
nimh/seisaku/data>

厚生労働省(후생노동성). (2019). <https://www.mhlw.go.jp/content/12200000/
000472446.pdf>

厚生労働省(후생노동성). (2019). <https://www.kantei.go.jp/jp/singi/gambletou_
izonsho/setsumeikai/dai1/siryou4.pdf>

厚生労働省(후생노동성). (2019). 2018 ギャンブル等依存症対策基本法, ギャ
ンブル等依存症対策 都道府県説明会(도박 등 의존증 대책 기본법
및 도박 등 의존증 대책 도도부현 설명회). <https://www.kantei.
go.jp/jp/singi/gambletou_izonsho/setsumeikai/dai1/siryou4.pdf>

厚生労働省(후생노동성). (2019). アルコール依存症 治療法(알코올 의존증
치료법). <https://www.mhlw.go.jp/kokoro/speciality/detail_alcohol.html>

厚生労働省(후생노동성). (2020). 都道府県等依存症専門医療機関・相談員等
合同全国会議(도도부현 등 의존증 전문 의료기관 상담원 합동 전국
회의 자료집). <https://www.ncasa-japan.jp/pdf/document12.pdf>

厚生労働省(후생노동성). (2020). 麻薬及び向精神薬取締法(마약 또는 향정
신성 의약품 취급법). <https://www.mhlw.go.jp/web/t_doc?dataId=
81102000&dataType=0&pageNo=1>

서강대학교 생명문화연구소

서강대학교 생명문화연구소는 대학부설연구기관으로 1991년 '세상의 생명을 위하여 (promundi vita)'라는 기치를 내걸고 창립된 지 현재 30년이 되었다. 생명문화운동의 이론적 정초와 확산보급이라는 설립목적의 실천을 위해 자살, 낙태, 안락사, 호스피스 등의 전통적인 생명윤리 주제들과 복지, 빈곤, 차별, 중독 등과 같은 전 인류적 생명윤리 주제들을 다루고 있고, 생존 주체로서 한 인간의 개인 문제와 사회문제, 더 나아가 동물, 생태, 환경 차원의 주제들까지 총망라하여 연구하고 있다. 2017년부터 한국연구재단의 '인문사회분야 대학중점연구소'로 선정되어 사회적 생명 차원의 4대 중독(알코올, 마약, 도박, 인터넷) 문제에 대한 연구를 집중적으로 진행하고 있다.

4대 중독의
한국형 치유모델 개발 연구
"K-LIFE" 모델

초판인쇄 2020년 7월 31일
초판발행 2020년 7월 31일

지은이 강선경·문진영·김진욱·신승남·박소연·강준혁·이소영·최윤·김미숙
펴낸이 채종준
펴낸곳 한국학술정보㈜
주소 경기도 파주시 회동길 230(문발동)
전화 031) 908-3181(대표)
팩스 031) 908-3189
홈페이지 http://ebook.kstudy.com
전자우편 출판사업부 publish@kstudy.com
등록 제일산-115호(2000. 6. 19)

ISBN 979-11-6603-008-6 93330